꽃을 피우기 위해
흔들리는 소년들,
그리고 그들을 위해
오늘도 최선을 다하는
어른들을 위해 썼습니다.

정성과 진심을 담아
이 책을 드립니다.

소년을 위한 재판

소년을 위한 재판

소년부 판사, 소년법을 답하다

심재광(서울가정법원 판사) 지음

성

프롤로그

소년법에 대한 사형선고

《2017년 9월 1일 오후 8시 30분. 부산 사상구의 한 공장 앞 인적 드 문 도로. 한 무리의 여중생들이 '평소 선배에 대한 태도가 불량하다'는 이유로 후배 여중생을 철골 자재, 소주병, 의자 등을 이용하여 마구잡이 로 폭행했다.》

온 국민이 너무나 잘 알고 있는 이른바 '부산 여중생 폭행 사건' 입니다. 이 사건은 폭행 방법이 너무 잔인하고 피해 결과도 심각 했습니다. 뿐만 아니라, 폭행 과정이 적나라하게 찍힌 CCTV 영 상과 피해소년의 부릎 낳은 사진, 소년사건 설자를 조롱하는 SNS 대화 내용이 캡처된 사진까지 상세히 공개되면서, 국민들의 분노 를 자극하기 시작했습니다.

그 후 강릉, 대전, 인천, 서울……. 전국 각지에서 부산 여중생 폭행 사건과 유사한 여중생들의 집단폭행 사건 보도가 줄을 이었습니다.

국민들은 가해소년들의 '잔인함'과 '영악함'에 큰 충격을 받았고 가해소년들로부터 이 사회를 지켜내야 한다는 인식이 번져갔습니다.

저는 서울가정법원에서 소년보호재판을 담당하고 있는 판사입니다. 한 달에 100건이 넘는 소년보호사건을 처리하면서 숱한 폭행 사건을 다루고 있지만, 저 역시 피를 흘리며 무릎 꿇고 있는 피해소년의 사진을 보면서 너무나 참담한 기분이 들었고, 소년사건 절차를 조롱하는 대화 내용을 접하면서 치밀어 오르는 분노를 참을 수 없었습니다. 저도 이 사회의 어른이고 부모인 입장에서 당시 공포심과 수치심을 넘어 절망감에 휩싸였을 피해소년의 입장, 그 부모의 입장에 자연스럽게 감정이 이입되었습니다.

그런데 시간이 지나면서 국민들의 분노는 점점 커져 가해소년들에게만 국한된 것이 아니라 주변에서 불안감을 조성하는 소년들, 어른에게 대드는 버릇없는 소년들과 같이 불특정 소년들 전반으로 확대되었습니다. 급기야 성난 민심은 이러한 소년 강력사건의 공범으로 '소년법'을 지목하기 시작했고 소년들을 소년답지 않게 만든 것은 때때마다 소년들을 감싸주기만 하는 소년법의 과잉보호 때문이므로, 이제는 소년법과 소년보호제도도 책임을 져야 한다고 주장하게 되었습니다.

결국 수많은 국민이 청와대 홈페이지로 몰려가 '소년법 폐지 청원'에 동참했고, 그 숫자가 20만 명을 넘어서 청와대는 공식 입장을 내야 하는 상황에까지 이르게 되었습니다.

상황이 이렇게 심각해지자 저는 슬슬 당황하기 시작했습니다. 사실 저는 그동안 소년보호재판의 실무 최전선에서 일하면서 '내 생애 가장 보람 있는 일을 하고 있다'고 자부하고 있었습니다. 그런데 성난 민심은 제가 맡고 있는 재판의 성과와 진정성을 의심하기 시작한 것이었습니다. 한참 소년보호사건을 들여다보고 재판을 거듭하면서 '우리 사회가 성숙해서 소년 한 사람 한 사람에게 이렇게 많은 관심과 정성을 쏟고 있구나' 하고 감탄하고 있었는데, 국민들은 '소년법과 제도가 이 사회를 해치는 것이니 폐지해야 한다'고 외치고 있는 이 상황이 안타까울 수밖에 없었습니다.

'혹시 소년법과 제도의 본 모습이 제대로 알려지지 않아서 그런 것은 아닐까? 제대로 알려지면 국민들의 불편한 마음에 좀 위안이 되지 않을까?'

솔직히 말하자면 10년 이상 판사로서 임하고 있는 저도 아직 알지 못하는 법이 너무나 많습니다. 그리고 소년법소차도 실제로 재판업무를 맡으면서 알게 되었지 그전에는 소년법과 제도가 어떤 것인지 그저 추측해 보는 정도에 불과했었습니다. 소년법과 제도를 직접 접해보지 않았다면 판사도, 검사도, 변호사도 소년분류심사원이 뭔지, 6호 시설이 뭔지 잘 알지 못하는 것이 현실입니다. 법조인도 그런데 막상 잘못을 저질러 법정에 오는 소년들과 그 보호자들은 더할 나위 없을 것입니다.

'몇 날 몇 시에 법정으로 출석하라'는 통지를 받으면 놀란 마음에 어떻게 해야 하는지 이리저리 알아보지만 명쾌하게 알려주는 데가 별로 없어 보입니다. 기껏해야 인터넷 팁 게시판에서 주워들은 가짜 뉴스 정도로 준비하고 온다고 하는데, 그 가짜 뉴스들은 근거 없는 소문에 따른 허무맹랑한 것들이 대부분입니다.

많은 국민이 소년사건의 공범인 소년법에 대한 '사형'을 계속 주장하고 있습니다. 소년법을 폐지시키고 소년들을 어른들과 똑같이 처벌하여 소년들에게 범죄에 대한 응징이라는 게 얼마나 무서운지 제대로 보여주어야 한다는 주장입니다.

이 사회의 주인, 법과 제도의 주인은 분명히 국민이므로, 국민이 일치하여 그렇게 하자고 하면 소년법은 그 운명을 받아들여야만 합니다.

다만, 소년법의 입장에서도 사형선고를 받고 폐지되기 전에 할 말이 있을 것 같습니다. 저는 소년부 판사로서, 그리고 소년법을 잘 알고 아껴왔던 입장에서 소년법을 위해 어떤 변명이 필요할지 고민하다가 일단 소년법과 제도가 뭔지 제대로 알려드리는 게 우선이라는 생각이 들었습니다.

어제도 오늘도 내일도 소년 강력사건은 계속되고, 소년법 폐지 청원 또한 나날이 증가하고 있습니다. 풍전등화와도 같은 소년법의 운명에 대해 국민들의 신중한 결정이 필요한 시점에서, 부디 소년법과 소년보호제도에 관한 진실을 알리려는 저의 진심이 통하길 바랄 뿐입니다.

1

왜 가정법원인가요?

　아마 대부분의 사람들은 소년보호사건이 가정법원에서 진행된다는 사실을 알지 못할 것이다. 나 역시 2017년에 서울가정법원으로 전보되기 전까지는 이 점에 대해 매우 의아해했었다. 소년보호사건은 형사사건의 일종인데, 왜 이혼사건을 하는 가정법원에서 진행할까?

　판사도 이런데 경찰서에서, 또 검찰청에서 수사를 받은 소년과 그 보호자의 입장에서 '몇 날 몇 시에 가정법원 00호 법정으로 오라'고 하니 가기야 가겠지만 계속 의문이 남는 것은 이해하고도 남는다.

　이에 대해 여러 가지 설명을 더해야겠지만 일단 법원, 나아가 가정법원에서 무슨 일을 하는지부터 알려드리는 게 순서인 것 같다.

왜 가정법원인가요?

'법원'이라고 하면 대부분의 사람은 아마도 범죄자에 대해 형벌을 선고하는 곳이라는 인상을 갖고 있을 것이다. 뉴스, 드라마, 영화에서 법원은 수의를 입은 사람들이 호송차에서 내려 황급히 들어가거나, 숱한 유명인들이 수많은 기자진에 둘러싸여 포토라인에 서서는 "물의를 일으켜 죄송합니다. 재판에 성실히 임하겠습니다" 하며 한마디 하고 들어가는 곳으로 각인되어 있다. 사실 그런 장면이 법원에서는 매우 드라마틱한 장면이기도 하다.

그러나 법원은 보이는 것과 다르다. 실제 법원은 그 구조상 그러한 '형사(刑事)'적인 부분보다 재산상, 신분상 분쟁을 해결하는 '민사(民事)'적인 부분이 훨씬 크고 다양하다. 피상적으로 판사의 숫자, 직원의 숫자, 나아가 사무실의 숫자, 법정의 숫자 등을 헤아려 볼 때, 어림잡아 민사 부분이 70% 정도이고 그 나머지가 형사 부분이라고 설명할 수 있겠다.

법원은 민사재판부, 형사재판부를 큰 축으로 하고 양 재판부에서 파생된 특수재판부가 있다고 설명하면 아마도 이해하기 쉬울 것이다. 그리고 특수재판으로는 가사재판, 회생파산재판, 특허재판 등을 그 예로 들 수 있다.

서울가정법원은 원래 서울지방법원에 속해 있다가 가사소년재판을 담당하는 특수법원으로 독립했다.

그런데 묘한 것이 서울가정법원이 담당하는 재판은 다시 민사적인 부분과 형사적인 부분으로 나뉜다. 민사적인 부분은 우리가 흔히 알고 있는 이혼, 재산분할 재판 등이라고 할 수 있고, 형사적

서울 전역의 소년보호사건을 관할하고 있는 서울가정법원

인 부분은 가정폭력, 아동학대에 관한 재판과 더불어 소년보호재판이 포함된다.

그럼 왜 소년보호재판을 가정법원에서 담당하도록 한 것인가? 부부싸움을 하다 칼 들고 위협하고 때리고 그러다가 자녀까지 때리고 하는 가정폭력, 아동학대 사건이야 가정법원에서 담당해도 수긍이 되겠지만, 소년이 오토바이를 훔치거나 학교에서 때리고 싸우고 하는 사건들을 왜 가정법원에서 담당해야 하는지 의문이 드는 것은 당연하다.

이 부분부터는 실무상 경험을 들어 설명하는 것이 필요하다. 나 역시도 이 일을 직접 맡아 담당하기까지는 전혀 알지 못했기 때문이다.

사건으로 접수된 소년보호사건 기록을 열어보면 비행 사실에 대한 수사는 이미 수사기관에서 다 마쳐져 있다. 고소·고발이 되었든, 수사기관이 직접 인지한 것이든 소년들의 비행은 성인들의 형사사건처럼 일단 경찰서에서 수사가 된 후, 검사의 수사를 거쳐 소년부 송치 결정으로 소년보호사건으로 접수되는 것이 가장 일반적인 사례다.

그런데 소년보호재판은 장래 개선 가능성이 있는 소년에 대해 성행(性行)의 개선 교화를 위해 보호처분을 하는 것을 그 목표로 하므로, '장래 개선 가능성이 있는지', '성행의 개선 교화를 위해 어떠한 보호처분이 필요한지'를 알아보기 위해서는 해당 비행 사실에 대한 수사 이외에도 다른 각도에서의 면밀한 조사가 더 필요하다. 그래서 소년보호재판은 일반 형사재판보다 좀 더 품이 많이 드는데, 이러한 조사는 보호관찰소나 비행예방센터 또는 법원 조사관 등을 통해 이루어진다.

판사에게 한 사건 당 보고되는 조사 보고서의 양은 첨부서류를 제외하고도 10여 페이지가 넘는다. 소년의 성장력, 가족력, 병력, 학력, 음주·흡연력, 교우관계, 심리검사 결과, 면담태도 등 한 사람의 인생과 그 부모의 인생까지 총망라된 보고서를 보게 되면, 이제 답이 나온다.

소년비행의 주원인은 '가정'이고, 비행의 주해결책 역시 '가정'이다.

　정확한 통계수치는 없지만, 한 달에 100건 남짓하는 사건을 처리하면서 체감상 100건 중 70건 이상의 소년보호사건 주인공들은 우리가 흔히 말하는 결손가정에서 성장하고 있는 소년들인 것 같다.

　부모가 이혼했거나 일찍 돌아가시거나 빈번하게 가정폭력이 있었거나 아니면 부모에게 심각한 정신질환이 있거나, 알코올 중독이거나…… 부모가 이혼해서 조부모에게 맡겨졌는데 조부모가 알코올 중독이거나 치매거나 우울증이 있거나…….

　그렇다고 해서 혹시 말을 바꿔 '부모의 이혼을 겪거나 일찍 부모를 잃거나 해서 결손가정에서 자라게 되면 소년들은 사고를 치게 된다'고 단순하게 이해하면 정말 곤란하다. 단지 비행을 저지른 소년들의 성장력을 살펴보았더니 가정에 어려움이 있었다는 것이고, 여기에 더하여 소년들이 어려운 상황을 견뎌내지 못하는 또 다른 사정이 있었고, 소년이 결국 견디지 못해 가출하여 불량한 친구를 사귀게 되는 등의 추가적인 사정까지 더해져야 비행에 이르는 전 과정을 설명할 수 있기 때문이다.

　어쨌든 그러한 불행의 시작은 가정의 어려움에 있다는 것을 지적하는 것이고, 태어난 지 불과 10여 년 남짓하여 두뇌와 인성이 한창 성장하고 있는 소년들에게 이러한 가정의 어려움을 그냥 견뎌내라고만 하기에는 너무 가혹하다는 것을 지적하려는 것이다.

잠깐 내 소년 시절 애기를 곁들일까 한다.

중학교 3학년, 교실에서는 또 푸닥거리가 시작되었다. 전교에서 싸움으로 세 손가락 안에 든다는 기정(가명)이는 항상 '꼬붕'으로 데리고 다니던 옆 반 석태(가명)가 말을 잘 안 들었는지, 어느 날 그 아이를 우리 교실 안으로 밀어 넣더니 무자비하게 폭행하기 시작했다. 석태는 이미 교실 밖에서 심한 폭행을 당해 얼굴은 눈물, 콧물 범벅이 되어 있었고, 온몸을 바들바들 떨면서 바닥에 무릎을 꿇고 머리를 조아리며 두 손 모아 살려달라고 빌었다. 기정이는 책상과 의자를 들어 내리찍기도 하고, 대걸레 자루든 뭐든 손에 잡히는 것은 닥치는 대로 잡아 휘둘렀다. 그래도 기정이는 분이 안 풀렸는지 갑자기 허리띠를 뽑아 들었다. 기정이는 석태를 향해 허리띠를 채찍 삼아 수십 차례 휘두른 후에야 분을 삭일 수 있었다.

이런 장면은 일반적인 소년 폭행 사건으로 보기엔 뭔가 좀 특이한 점이 있다. '허리띠'……. 다른 어떤 무기보다 하잘 것 없는 도구지만, 허리띠는 가장 마지막에 등장해서 강한 인상을 남기고 폭행을 갈무리 지었다. 기정이는 도대체 어디서 허리띠를 이용해 폭행하는 것을 배웠을까? 내 추측으로는 기정이가 집에서 그런 일을 당했거나 혹은 그런 일을 당하는 장면을 지켜보았기 때문이 아닐까 싶다.

서울가정법원에서 소년보호사건을 담당하는 판사들은 가정보호, 아동보호사건을 함께 담당하고 있다. 이 세 가지를 합해 보호사법이라고도 하는데, 내 경험상 이들 사건은 유기적으로 연결되어 있는 경우가 많다. 하나가 또 다른 하나의 원인이 된다는 말이다. 대표적인 예를 들어보면 아래와 같다.

　첫 번째 경우는 부부싸움에서 비롯된다. 아빠, 엄마가 부부싸움을 한다. 결국 말로 해결되지 않아서 술을 마시고 흉기를 들고 협박하거나 심한 폭행을 하게 된다. 그것도 소년이 보는 앞에서……. 소년은 아빠와 엄마의 싸움을 말리다가 한쪽 편을 든다는 이유로 폭행을 당한다. 소년은 며칠간 충격에서 헤어나지 못하고 방안에만 틀어박혀 지내다가 SNS를 통해 같은 처지에 있는 친구들과 어울리게 된다. 그리고 그 친구들과 가출팸(가출+패밀리. 가족처럼 지내는 가출친구들을 일컬음)을 구성하고 모텔비, 유흥비, 담뱃값을 마련하기 위해 절도, 성매매 등에 가담하게 된다. 도식화하면 [가정폭력 → 아동학대 → 소년비행]의 케이스다.

　두 번째 경우는 소년의 일탈에서 비롯된다. 소년이 동네에서 자전거를 훔친다. 그 일로 아빠는 경찰서에 출석하게 되고 집에 돌아와서는 엄마 탓을 하기 시작한다. "집구석에서 도대체 뭘 하길래 애가 저 모양이 됐냐"고 비난한다. 고성이 오가더니 흥분한 아빠가 가구를 던지고 엄마를 때렸고 소년은 그 장면을 보고 정서적으로 충격을 받았다. 그리고 그날 이후로 아빠와 엄마는 소년의 사소한 잘못에도 훈육을 한다는 이유로 효자손, 야구방망이 등을 이용하여 체벌하는 일이 잦아졌다. 이런 경우를 도식화하면 [소년

비행 → 가정폭력 → 아동학대]의 케이스다.

　세 번째 경우는 아동학대에서 비롯된다. 엄마는 오래 전 이혼하고 혼자서 소년을 키워오다 몇 년 전 어떤 아저씨를 만나면서부터 같이 살게 되었다. 아저씨는 처음엔 잘 대해주었으나 엄마와의 관계를 쉽게 받아들이지 못하는 소년과 갈등이 생겼고, 급기야 소년의 버릇없는 행동을 참지 못한 아저씨는 어느 날 소년을 마구 때렸다. 이에 소년도 반항하면서 주먹과 발로 아저씨를 마구 때렸다. 소식을 듣고 집으로 급히 달려온 엄마는 소년이 맞는 것을 보고 흉기를 들어 아저씨를 위협했고, 이에 아저씨는 엄마를 제압하고 폭행을 가했다. 이런 경우를 도식화하면 [아동학대 → 소년비행 → 가정폭력]의 케이스다.

　대표적인 사례들을 도식화했는데, 보고서에서 드러나는 구체적인 사정들은 훨씬 더 절절하다. 아빠가 매일 술 마시고 들어와 아무런 이유 없이 가족들을 두들겨 패는 가정은 다반사고, 부모가 너무 일찍 철없는 나이에 소년을 낳은 다음 조부모에게 맡겨두었는데 알코올 중독인 할아버지는 매일 저녁 "너 때문에 되는 게 없어!"하며 소년을 타박하는 경우, 소년이 어려서부터 발달이 좀 늦고 집중력이 저하되는 ADHD(Attention Deficit Hyperactivity Disorder, 주의력 결핍 및 과잉 행동 장애) 증상을 보이는데도 정신과 치료는 안 된다는 아빠 때문에 적절히 치료를 받지 못하고 병을 키우는 경우, 부모가 평소 몸이 아픈 형에게만 매달려 있어 소년이 학교는 잘 다니고 있는지 누구랑 싸웠는지 어디 아픈 건 아닌지 도통 관심을 갖지 않는 경우, 소년이 미혼모에게서 태어나 입양기관을 통해 어려서 입양되었고 그 사실을 모르고 성장했는데 어느 날 부모로부터 파양하겠다는 말을 들은 경우 등 다양하고 험난한 가정사들을 엿볼 수 있다. 이렇듯 부실함을 넘어 지옥과도 같은 가정환경에서 자라나는 소년들에게 상식적인 가정에서 자라나는 아이들과 같기를 바라고 똑같은 기준으로 바라보는 것은 욕심이 과한 것이 아닐까?

뜨거운 태양 아래 물 한 모금도 얻기 어려운 황무지에 씨앗을 뿌려놓고 "너는 왜 담장 안의 장미처럼 예쁘게 자라지 못하느냐"고 타박하는 꼴이 아닐까?

그래서 가정에서 제대로 된 보호를 받지 못하고 집을 뛰쳐나와 곧바로 어두운 사회와 어울린 소년들을 바로잡아 주는 가장 기본적인 방법은 '가정'의 회복일 수밖에 없다.

구체적으로는 뒤에 언급하겠지만, 소년보호재판의 보호처분 중 많은 부분은 가정과 연결되어 있다. 그런데 오랜 기간 비뚤어져 있던 가정이 법원재판을 한 번 거친다고 해서 모범적인 가정으로 회복되길 기대하는 것은 너무도 순진한 생각일 것이다. 다만, 궁극적인 해결을 위해 가정이 필요하다면 소년과 더불어 부모도 특별교육을 시켜보는 방법, 부모로는 도저히 어려우면 소년을 주기적으로 만나 어려움을 들어주고 조언해 줄 수 있는 사람에게 맡기는 방법, 더 이상 소년을 그런 가정에 두었다가는 그릇된 성장을 도

저히 막을 수 없다고 판단되면 가정과 같은 분위기로 소년을 보호
해 줄 수 있는 곳에 보내는 방법 등 다각적인 노력을 할 수 있고,
또 해야만 한다.

중한 비행을 저질러 소년분류심사원에 위탁되었다가 한 달 만
에 법정에서 만나는 소년들의 반성문에는 항상 가족이 등장한
다. 판사 입장에서 아빠가, 엄마가 보고 싶다는 소년들의 말은 늘
듣는 말이라서 무뎌질 법도 한데 '누런 종이에 연필심을 꾹꾹 눌
러 아빠, 엄마라는 말을 쓰는 그 순간만큼은 적어도 소년들이 진

심으로 아빠, 엄마를 떠올리고 부모에게 의지하고 싶은 마음이겠지……' 하는 생각을 하게 된다.

소년이 한 달간 심사원에 위탁되어 있는 동안 부모는 하루가 멀다 하고 소년을 면회하러 간다. 그리고 법정에서 "이 모든 책임은 부모에게 있고 앞으로는 이 아이를 위해 여러 가지 계획을 하고 있으니 한 번만 가족의 품으로 보내주세요"하고 애원한다. 판사 입장에서 부모들의 그런 말은 늘 듣는 말이라서 무뎌질 법도 한데, 막상 부모의 눈동자와 마주치면 적어도 그 순간만큼은 그들의 진심을 들여다보게 된다.

물론 가정이 회복되지 않아 다시 일탈을 하고 법정에 서는 경우는 생각보다 많은 편이다. 또다시 법정에서 만난 소년과 보호자를 보면 허탈하고 힘든 마음이지만, 돌이켜보면 법정에 다시 오지 않는 소년들도 꽤 많다는 생각을 하며 스스로 위안을 삼는다. 그때 그 소년들이 어디서 어떻게 지내고 있는지 궁금하기도 하지만, 이제는 가정에서 좀 나은 생활을 하기 때문에 적어도 다시 비행은 저지르지 않고 사는 게 아닐까 하는 희망 섞인 추측을 하곤 한다.

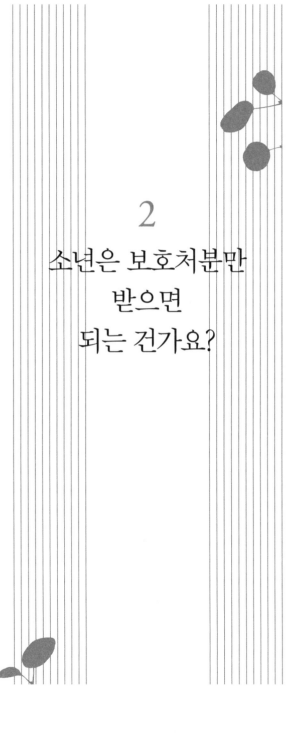

2
소년은 보호처분만
받으면
되는 건가요?

　소년법이 비판의 중심에 서게 된 이유는 잘못을 저지른 소년에게 주어지는 것이 '처벌'이 아니라 '보호처분'이라는 점 때문일 것이다. 소년들이 아무리 훔치고 때리고 부수고 해도 그저 교육 몇 시간 받고 봉사 몇 시간만 하면 쉽게 용서받는 것으로 알려져 있기 때문에, 소년들이 정신을 차리고 두려움을 느낄 수 있도록 어른들처럼 형벌로 다스리자는 주장이리라.

　하지만 그런 주장에는 크게 두 가지 맹점이 있다.

　첫 번째는 소년들의 입장에서 보호처분이 형사처벌보다 결코 가볍지만은 않다는 점이다. 흔히 생각하는 것처럼 보호처분에는 교육이나 봉사만 있는 것이 아니다. 6개월 내지 2년 동안 시설에 위탁되거나 소년원에 보내짐으로써 자유를 박탈당할 수 있다는 점을 보면 소년들에게 보호처분은 오히려 벌금형이나 집행유예 같은 형사처벌보다 더 무겁고 부담스러운 것일 수 있다.

그리고 흔히 생각하는 것처럼 형사처벌을 받는다고 해서 반드시 교도소에 보내지는 것도 아니다. 소년들이 흔히 저지르는 절도, 폭행을 성인범죄와 같은 기준으로 판단하게 되면 아마도 많은 소년들이 집행유예 또는 선고유예를 받고 그냥 풀려날 것이다. 성인들이야 집행유예의 의미를 알기 때문에 그 무거움을 실감할 수 있지만 별생각 없는 소년들은 잘못을 해도 그저 사회로 다시 돌아간다는 사실만으로 기뻐하기만 한다.

그런데 보호처분은 좀 다른 면에서 소년들을 매우 귀찮게 할 수 있다. 비행이 반복되거나 죄질이 좋지 않은 경우인데 소년들 입장에서 운 좋게 시설에 보내지는 처분을 받지 않게 된다고 하더라도, 이른바 '풀세트 처분'을 받게 되면 이곳저곳 다녀야 할 곳도 많고 간섭하는 사람도 많아져서 힘든 것이 사실이다. '풀세트 처분'이란 소년들 사이의 은어로 1호, 2호, 3호, 5호를 한꺼번에 부과하는 처분을 말한다. 보호처분이 한 가지만 부과되는 경우는 별로 없다. 만약 소년이 풀세트로 보호처분을 받게 되면, 보호자를 대신하는 위탁보호위원의 감호에 위탁되어 6개월간 일주일에 한 번 이상 만나서 생활을 보고해야 하고(1호 처분), 법원에서 정한 수강기관에 가서 40시간 정도의 상담 또는 교육을 받아야 하므로 일주일에 2시간씩 20번 정도 수강기관에 출석해야 하며(2호 처분),

보호관찰소에서 정하는 단체에 가서 40시간 정도의 사회봉사를 해야 하므로 9시간씩 4~5회 정도 봉사를 해야 하고(3호 처분), 2년 간 보호관찰관의 감독을 받으므로 2년 동안 주기적으로 보호관찰소에 출석하여 면담을 해야 한다(5호 처분). 만약 이러한 보호처분을 불성실하게 이행하면 판사는 보호처분 기간을 연장하거나 더 중한 보호처분으로 변경할 수 있으니 소년들에게 보호처분은 매우 부담스럽다. 더군다나 통상적으로 보호관찰처분에 부가되는 야간외출제한명령이 있으면 2~6개월간은 야간에 집에 있는 걸 확인받기 위해 새벽에 일어나 야간전화를 받아야 하는 고통이 따르기도 한다. 그냥 재판받고 집행유예로 풀려나는 경우와는 그 불편함의 정도가 확실히 다르다. 물론 형사재판을 받는 경우에도 보호관찰, 사회봉사 등이 부과되는 경우가 있긴 하지만 소년형사재판에는 그러한 부가처분이 대체로 부과되지 않는 것이 현실이다.

소년에 대한 형사재판 결과 소년부 송치 결정을 받는 경우도 있는데, 눈치 빠른 변호사들은 소년부로 송치하지 말고 집행유예 판결을 해달라고 요청하는 경우도 많다. 그만큼 집행유예 판결이 소년부로 송치되어 보호처분을 받는 것보다 편하다는 것을 방증하는 것이다.

두 번째 맹점은 소년도 보호처분만 받는 것이 아니라 형사처벌을 받을 수 있다는 점이다. 현행 형법 제9조에서는 "14세 미만에 대해서는 처벌하지 않는다"(법률상의 나이는 만〈滿〉 나이다. 이하 본문의 나이는 모두 만 나이로 표기했다. - 편집자주)고 되어 있다. 그래서 현행법 하에서 14세 이상의 소년은 검사의 선택에 따라 형사재판을 받을 수도 있고, 소년보호재판을 받을 수도 있게 된다. '인천 초등생 살인 사건'의 미성년 공범이 성년인 공범과 함께 형사재판을 받은 것이 이 경우에 해당한다. 그러므로 소년법이 있다고 해서 소년이면 모두 형사처벌을 피한다고 보는 것은 명백한 오산이다.

오히려 14세 미만의 소년에 대해서는 형법에서 처벌할 수 없도록 규정되어 있으므로 이를 그대로 둘 수 없다고 보고 '만 10세부터 만 13세까지의 소년(법 개념상 촉법소년이라고 함)'에 대해서는 보충적으로나마 보호처분이라도 받게 하려는 것이 소년법이라고 보면 될 것 같다. 소년법을 폐지하자는 주장이 꼭 그런 것은 아니겠지만 이를 단순히 받아들여서 소년법을 폐지해버리면, 10세부터 13세까지의 소년은 형법에 따라 무죄이기 때문에 오히려 그들의 잘못에 대해 아무것도 할 수 없다는 모순된 결과가 나올 수도 있다.

다만, 다른 각도의 논의로써 형법상 14세 미만의 소년 기준을 좀더 하향하자는 입법논의는 충분히 가능하다고 본다. 14세 이상의 소년만 형사재판과 소년보호재판을 받을 수 있게 하는 현행 형법을 수정하여 그 연령을 13세로 낮춤으로써 13세 이상이면 소년보호재판뿐만 아니라 형사재판을 받을 수도 있도록 하자는 것이다.

언제부턴가 '중2병'이라는 말이 주변에서 유행하게 되었다. 오죽하면 '북한이 우리의 중학교 2학년생들이 무서워서 함부로 쳐

들어오지 못한다'는 우스갯소리가 돌 정도로 중학교 2학년생은 공포의 대명사가 되었다. 실무를 경험해 본 입장에서도 그런 얘기는 일리가 있다고 본다. 정말 희한하게도 중학교 2학년만 되면 소년들은 마치 감추었던 본색을 드러내듯 급격하게 변한다. 초등학교 때 전교회장을 하고 각종 대회 수상을 휩쓸었던 모범 소년이었는데, 중학교 1학년 말이 되자 불량한 친구들과 어울리면서 담배를 피우고 자전거를 훔치기 시작하더니, 중학교 2학년이 되면서는 밤에 무리지어 다니며 오토바이를 훔치다가 급기야 가출을 하고 본격적으로 어둠의 세계로 접어드는 패턴을 나는 사건을 통해 수없이 많이 보아왔다. 그 위험한 중학교 2학년생의 나이가 바로 만 13세 또는 만 14세다. 법률상 나이를 '만(滿)'으로 따지기 때문에 같은 학년 공범 친구들 중에도 생일이 지났는지에 따라, 어떤 친구는 소년보호재판을 받고, 어떤 친구는 형사재판을 받는 다소 불합리한 경우가 있을 수 있다. 인터넷이 일상화되고 스마트 기기가 광범위하게 보급되면서 소셜 네트워크 구축과 정보 습득 면에서 지나치게 '영악'해진 소년들의 사회적 성장을 반영하자면, 형법상 책임능력을 13세 정도로 낮추어 만 13세 이상 소년이면 형사처벌을 받을 수 있도록 개정하는 것은 충분히 의미 있는 입법논의라고 생각한다.

그렇다면, 소년들에게 보호처분과 형사처벌 중 어느 것이 더 효과적일까?

소년보호재판을 담당하는 나로서는 당연히 보호처분이 효과적이라고 서슴지 않고 말할 수 있다. 오히려 형사처벌이 소년들에게 무슨 효과가 있는지 되묻고 싶은 심정이다.

실무 경험상 소년비행의 가장 큰 특징은 '충동적'이라는 점과 '반복한다'는 점이라고 말할 수 있다. 이러한 소년들에게 일회적인 형사처벌이 과연 어떤 효과가 있을까?

우리는 흔히 잘못된 형사처벌의 예로 장발장의 경우를 들곤 한다. 빵 한 조각을 훔친 장발장이 교도소에서 19년간 복역한 이유는 빵을 훔쳤기 때문만은 아니고 교도소에서 계속 탈출을 시도했기 때문이다. 장발장은 밖에서 굶고 있을 조카를 생각뿐이었기 때문에 계속 탈출을 시도하다가 잡혀서 형량이 계속 늘어났고 결국 19년이라는 긴 세월을 갇혀 지내야만 했다. 빵 한 조각에서 시작된 일이지만 결국은 미숙한 장발장의 그릇된 판단으로 인해 인생의 많은 부분이 교도소 생활로 채워져야만 했다. 애초에 '빵을 훔쳤다'는 이유만으로는 교도소에 보낸 것이 아니라 교육을 받거나 사회봉사를 하게 했더라면 어땠을까?

적절한 예인지 모르겠지만, 여기에는 시사할 점이 있다. 만약 자전거를 훔쳤다는 이유만으로 소년에게 형사처벌을 받게 해서 벌금형이나 집행유예를 선고한다면, 과연 그것이 소년에게 무슨 의미가 있겠는가? 벌금형을 선고받으면 부모가 벌금을 내고 말 것이고, 집행유예를 선고받으면 그냥 집으로 돌아갈 뿐이다. 소년은 자신이 무엇을 잘못했는지, 앞으로 어떻게 해야 하는지 잘 알지도 못한 채 다시 똑같은 비행을 반복한다. 자전거 한 대에서 시작되었지만 집행유예 기간 중 재범하는 경우, 계산대로라면 소년은 집행이 유예된 형까지 복역해야 해서 아주 오랜 기간을 교도소에서 보내야 한다. 결국 한창 열심히 배워야 할 시기에 아무것도 배우지 못하고 교도소에서 지낸다면 출소한 후 다시 범죄를 저지를 수밖에 없는 상황이 될 것이다.

'충동적인' 소년들의 비행 '반복'을 멈추게 하기 위해서는 그들이 깨달을 수 있는 방법으로 다루어야 하는데 아쉽게도 형사처벌은 그러한 역할을 제대로 수행하지 못할 것이다. 형사처벌은 자신이 저지른 범행의 의미를 깨닫고 교도소에서 갇혀 지내는 게 자신의 사회생활에 얼마나 불리한 것인지를 알 수 있는 성인들에게는 효과가 있을지 몰라도 소년들에게는 그런 의미가 부족하다.

교도소에서 또는 구치소에서 소년들에게 이 사회의 질서를 재교육할 수 있는 시간이 부여되지 않는다면, 뭔가 배워야 할 시기에 아무것도 하지 않은 채 성인들 사이에서 악감화(惡感化, 나쁜 영향을 받게 됨)만 될 뿐이다. 가끔 형사재판을 받기 위해 몇 개월씩 구속되어 있다가 드디어 소년부 송치 결정을 받고 소년보호재판을 받으러 오는 소년들이 있다. 그 소년들에게 "구속되어 있는 기간 동안 거기서 뭘 했느냐"고 물으면 "힘든 시간, 반성하는 시간을 가졌다"고 한다. 그런데 그뿐이다. 더 물어서 확인할 것도 없이 그 소년은 한창 뭐든 배워야 할 시기에 아무것도 하지 않고 그저 성인범들과 어울려 허송세월을 보내고 온 것이다.

최근 교도소를 소재로 한 유명 드라마 〈슬기로운 감빵생활〉에

서 '법자'라는 말을 들은 적이 있다. '법자'는 '법무부의 자식'이라
는 의미의 은어로 이려서부터 구치소, 교도소를 들락거리며 법무
부 교정시설에서 주는 밥으로 컸다는 의미다. 우스갯소리인 것 같
지만 참으로 뼈 있는 단어일 수밖에 없다. 그 사람의 성행 때문일
수도 있지만 너무 어려서부터 교정시설에서 지내는 경우, 미래는
암울할 수밖에 없다는 의미이기도 하다.

앞서도 말했듯 소년보호재판은 '장래 개선 가능성' 있는 소년들
의 '성행을 개선 교화'하여 '재비행을 예방'하는 것을 목표로 하고
있다. 그 목표를 달성하기 위해 소년법에서는 소년에 대해 심도
있는 조사를 하도록 규정하고 있고, 그러한 조사를 토대로 소년에
게 맞는 다양한 보호처분을 열거하고 있다. 그리고 그 보호처분은
최장 2년간 소년원에 송치되는 10호 처분을 포함해서 결코 형사
처벌보다 가볍다고만은 할 수 없다.

또, 죄질이 중하고 범행의 잦은 반복으로 더 이상의 개선 가능
성이 없는 경우라면 소년보호재판이 아니라 형사재판을 받게 할
수 있다. 그때는 아마도 소년과 소년의 미래를 보호한다기보다는
당장 그 위험한 소년으로부터 이 사회를 보호한다는 목적이 더 우
선할 때일 것이다.

그러나 앞길이 구만리 같은 소년의 인생을 두고 '너는 앞으로
어떻게 해도 절대 개선될 수 없다'고 장담할 수 있는 경우가 과연
몇이나 될까…….

3

소년을 법정에서
마주하다

소년들이 도대체 어떤 범죄를 저지르길래

우리나라의 소년사건에 대한 재판은 소년보호재판과 형사재판으로 이원화되어 있다. 독일의 경우에는 하나의 절차에서 보호처분과 형사처벌을 한꺼번에 다루기도 하지만 미국, 일본 등 대부분의 나라는 절차가 이원화되어 있고, 가정법원이나 소년법원에서 소년보호재판을 맡고 있다.

그럼 어떤 소년이 소년보호재판을 받고, 어떤 사건이 형사재판을 받는 것일까?

엄밀히 말하자면 소년부 판사인 나는 그에 관해 정확히 말할 수 없다. 우리나라는 다른 나라와 달리 검사가 우선 그것을 선택하기 때문이다. 뒤에 다시 이야기하겠지만 소년사건에 대한 처리 절차가 이원화되어 있는 우리 법체계는 신가한 문제가 있다. 그러한 문제점에 관한 논의는 뒤로 미루어 두고, 현행 법제도 안에서 어떤 경우에 보호재판을 받게 되는지, 어떤 경우에 형사재판을 받게 되는지는 우선적으로 검사의 재량에 달려 있다고 말할 수밖에 없다.

다만 여러 사례에 비추어 볼 때, 아마도 비행의 죄질이 심각하게 중한 경우나 비행을 너무 자주 반복하는 경우는 형사기소를 하는 것으로, 그렇지 않은 경우는 소년부 송치를 하는 것으로 보인다. 물론 어떤 일률적인 기준이 있는 것은 아닐 테고 각 소년사건 담당 검사의 재량에 달려 있을 것이다. 그렇다고 해서 검사가 형사재판을 선택하여 기소를 하면 꼭 형사처벌을 받는다는 얘기는 아니다. 기소 후 형사재판부는 사건을 심리한 결과, 소년에 대해 형사처벌보다 보호처분이 필요한 경우라고 판단되면 소년부 송치 결정을 할 수 있는데 그런 경우는 생각보다 매우 많은 것이 현실이다.

소년부 판사의 결정 몫이 아니라서 위의 질문에 정확히 답변할 수는 없지만, 다음과 같은 질문에는 명확하게 답할 수 있다. 그럼 어떤 소년에게 보호처분이 적합하고, 어떤 소년에게 형사처벌이 적합한 것인가? 실무 경험상 살인 사건처럼 피해가 너무 참혹하여 회복할 수 없거나, 이미 10호 처분을 받은 전력이 있어 소년이 더 이상 보호처분을 어려워하지 않는 경우를 제외하고는, 대부분의 소년에게는 형사처벌보다 보호처분이 더 적합하다고 답하고 싶다. 실제로 형사기소되는 사건과 소년부 송치되는 동종 유형의 사건을 놓고 볼 때 어느 사건이 더 중한 것인지 경중을 따질 수 없는 경우가 많다. 그래서 가능하다면 일단 소년의 장래 개선 가능성을 놓고 면밀한 조사를 할 수 있도록 소년부로 송치되는 것이 좋다고 생각한다. 만약 소년부 판사가 조사결과를 토대로 영 개선 가능성이 없는 소년이라고 판단한다면 그때 사건을 다시 검사에게 보내면 되므로, 일단 소년이라면 소년부로 송치하는 게 좋겠다.

내가 처음 소년보호재판을 맡았을 때 '일반 형사사건으로 따지면 매우 중한 범죄인데 이렇게 중한 범죄도 소년부로 송치되는구나' 하고 놀랐던 경험이 있다. 그만큼 소년보호재판에서는 거의 대부분의 소년범죄*를 다룰 수 있다고 생각하면 될 것 같다.

나는 형사재판부에서 일한 경험이 있는데 소년비행이 성인범죄와 좀 다른 점이 있다면, 일단 소년들은 일정한 직업(아르바이트 제외)이 없는 경우가 많기 때문에 업무와 관련된 범죄, 예를 들면 횡령이나 배임, 업무 관련 특별법위반 등의 사건은 좀처럼 찾아볼 수 없다. 아무래도 소년이라는 특성 때문에 절도, 폭행 등의 전통적인 범죄 사건이 주류를 이룬다고 할 수 있다.

소년보호사건을 하다 보면 "기억에 남는 사건이 있느냐"는 질문을 많이 받는다. 그런 질문에 딱 '이 사건이다'라고 답하기는 좀

---

* 소년보호사건에서는 '범죄'나 '범행'이라는 개념보다는 '비행'이라는 개념이 적절하다. 다만, 이 장에서는 소년이 잘못을 저질러 소년보호재판뿐만 아니라 형사재판을 받는 경우까지 아우르고 있으므로, 꼭 소년보호사건에 국한되는 것이 아닌 부분에서는 '범죄' 또는 '범행'이라는 용어를 쓰기로 한다.

어렵다. 정확히 말하자면 소년들이 저지르는 비행들이 대부분 비슷해서 기억에 남는 사건은 사실 별로 없는 반면, 기억에 남는 소년은 너무 많다. 소년보호사건은 일반 형사사건보다 '사람'에 더 치중하는 면이 있다. 어차피 절도, 폭행 등 전통적인 범죄가 계속 반복되는 소년비행의 특성상 그 소년이 저지른 비행보다는 그 소년의 이름이, 그 소년의 환경이 더 기억에 남는다.

이것은 비단 내 얘기만은 아니다. 소년부 판사들이 대부분 그렇다. 소년부 판사들과 함께 점심식사를 하는 자리에선 1단독의 김모 군, 2단독의 박모 양, 3단독의 권모 군, 4단독의 최모 양, 5단독의 임모 군의 이야기가 오르내린다. 이를테면 3단독의 권모 군은 워낙 유명해서 서울가정법원의 모든 소년부 판사들이 그 소년을 알 정도다. 하지만 그 권모 군이 무슨 비행을 저질러서 법정까지 오게 되었는지는 잘 알지 못하고 사실 관심도 별로 없다. 대부분 뻔하기 때문이다. 오히려 그 권모 군의 부모가 어떤 사람인지, 어떤 가정환경에서 자라왔는지, 그 친구가 몇 단독에서 재판받은 누구인지, 전에 어떤 시설에 있었는지…… 보고서를 통해 알 수 있는 그런 얘기들에 관심이 있을 뿐이다.

그렇다고 이 지면을 통해 그 소년들의 인생에 관한 얘기를 함부로 하는 것은 좋은 방법이 아닌 것 같다. 차라리 소년사건들을 종류별, 유형별로 하나씩 설명하고 실무 경험으로 알 수 있는 최근 소년범죄의 추세를 알려드리는 것이 소년보호재판을 이해하는 데 더 도움이 될 거라고 생각한다.

최근 소년범죄의 추세를 '잔혹'하고 '흉포화'되었다고들 한다. 기사로 접하는 사건들을 보면 면면이 잔혹하고 흉포한 범죄인 것은 맞다. 어떻게 소년들이 그런 생각을 하고 범죄를 저지르는지 참으로 기가 차는 경우가 많은 것도 맞다. 다만 그렇다고 해서 요즘 소년범죄의 추세가 예전에 비해 더 잔혹하고 흉포화되고 있다고 보는 것은 다소 성급한 결론이 아닐까 싶다. 아래의 통계자료를 들어 차근히 설명하고자 한다.

최근 11년간 소년범죄 통계

구분	계	강력범죄(흉악)	강력범죄(폭력)	재산범죄
2007	88,104	1,928	23,275	33,659
2008	134,992	3,106	34,067	39,687
2009	113,022	3,182	29,488	45,774
2010	89,776	3,106	23,276	40,478
2011	83,060	3,289	22,233	37,978
2012	107,490	3,107	32,774	47,605
2013	91,633	2,775	22,119	45,735
2014	77,594	3,158	19,352	36,271
2015	71,035	2,713	17,473	32,068
2016	76,000	3,343	19,476	33,088
2017	72,759	3,463	21,043	29,056

출처 : 대검찰청 범죄분석(http://www.spo.go.kr)

위의 통계자료는 최근 11년간 수사기관에서 고소·고발 또는 인지 등을 통해 사건화된 소년사건의 수치를 보여주고 있다. 사실 이 통계에는 함정이 있다. 범죄의 절대량(범죄 자체의 발생을 의미)이 통계에 반영된 것이라기보다는 수사기관이 처리한 사건수치가 기재된 것이므로, 수사기관의 수사의지가 통계에 영향을 미쳤을 수 있다.

아마도 2012년경 수치가 단연 높은 이유는 그 무렵 한창 학교 폭력에 관한 사회적 관심이 높아져서 경찰이 각 학교를 상대로 폭력사건을 전수조사했기 때문이 아닐까 싶다. 이러한 통계의 함정에도 불구하고 범죄라는 것이 수사기관에 인지되지 않는 한 파악될 수 없기 때문에 최근 소년범죄의 추세를 설명하는 데 위의 통계만 한 자료는 없다.

최근 11년간 강력범죄(살인, 강도, 강간, 방화)의 수치를 보면, 사실 유의미한 변화를 발견하기는 어렵다. 매년 3,000건 안팎으로 오르락내리락하고 있을 뿐, 크게 증가하는 경향을 찾아볼 수는 없다. 소년형사정책을 연구하는 학자들도 최근 소년범죄가 유독 잔혹하고 흉포화되었다고 보지는 않는 것 같다. 어떤 학자는 소년범죄가 잔혹하고 흉포화되었다는 얘기는 이미 20~30년 전부터 매년 나오는 얘기라고 할 정도다.

오히려 통계수치만 놓고 보면 최근 소년범죄의 절대량은 줄고 있는 경향을 발견할 수 있다. 2008년에는 13만 건에 이르던 소년

사건이 2017년에 7만 2천 건 정도로 줄었으니 말이다. 이 부분은 아마도 저출산으로 인한 청소년 인구의 감소 현상이 반영되었기 때문이 아닐까 싶다.

다만, 최근 소년범죄를 들여다보면 다른 차원에서 주목할 만한 부분이 있다. 앞서 말한 것처럼 양적인 면에서는 소년범죄의 유의미한 변화가 있다고 보기 어렵지만, 질적으로 변화된 새로운 범죄 유형이 등장하고 있다는 데 주목할 필요가 있다. 내가 말하는 '새로운 유형의 범죄'란 범죄 그 자체로 인한 피해뿐만 아니라 심각한 2차 피해를 동반하는 경우를 의미한다.

부산 여중생 폭행 사건을 예로 들자면, 여중생들이 집단으로 폭행하는 장면 자체가 잔혹하기도 하지만 그것만으로는 과거와 다른 유형의 범죄라고 보긴 어렵다. 더욱 주목할 것은 그렇게 폭행하는 장면을 스마트 기기로 촬영하여 자기들 SNS에 올려놓고 피해자를 조롱했다는 점이다. 이러한 2차 피해로 피해자는 더 이상 학교를 다니기 어려울 정도로 심각한 명예훼손을 당하게 되고 폭행의 트라우마에서 벗어나지 못하게 된다.

최근 전 사회적으로 스마트 기기가 광범위하게 보급되어 범행 장면의 촬영이 쉬워지고 또 SNS를 통해 급속히 확산될 수 있게 되어, 2차 피해가 너무 쉽게 발생하고 또 회복하기 어려울 정도로 심각해졌다. 물론 이러한 경향은 비단 소년사건에만 국한되는 것은 아니다. 성인범죄에서도 자주 일어나지만 멀리 보지 못하고 책

● 최근 소년범죄의 경향(질적 변화)

엇, 이게 뭐야?

이거 우리 옆 반 애 아니야?

세상에. 이럴수가!

다음 날 아침

수근 수근

킥킥, 학교 전체에 소문 다 나니까 기분이 어때?

자 퇴 서

본인은 ( )ㅇ
고자 하오니 허락하여
ㅏ.

학년   반   현

저런, 더 이상 학교를 다니기 어려울 정도로 폭행의 트라우마에 시달리게 되었구나.

임의식이 미약한 소년들에게 더욱 만연한 경향이 있다는 점을 지적하고 싶다.

절도 관련 범죄

소년들에게 절도는 가장 보편적인 범죄다. 수차례 재비행을 저질러 법정에 오는 소년들의 비행 역정을 들여다보면, 대부분 처음은 절도에서 시작한다.

절도의 개념을 좀 더 자세히 설명하는 것도 좋겠다. 일단 잃어버린 물건을 가져가는 것은 절도라기보다 점유이탈물횡령죄가 성립한다. 점유이탈물횡령죄란 말 그대로 누군가가 점유(가지고 있음)하고 있었는데, 거기서 이탈된(잃어버린) 물건을 횡령(함부로 가지는 것)하는 경우에 성립되는 죄다. 여기서 '잃어버린'이라는 개념을 잘 따져야 한다. 잃어버린 사람이 잃어버리기는 했지만 나중에라도 어디서 잃어버렸는지 확인하고 다시 찾으러 올 수 있는데 가져간 것이라면 절도죄에 해당한다.

좀 더 알기 쉽게 예를 들어 설명해 본다. 소년이 편의점에서 컵라면을 먹고 있는데, 옆에 있던 사람이 지갑을 두고 갔다. 소년이 그 지갑을 가져가는 경우, 아마도 대부분은 절도죄에 해당할 것이다. 지갑을 놓고 간 사람이 '아차' 싶어서 지갑을 찾으러 금방 돌아오는 경우가 많기 때문이다.

한편, 소년이 길을 가다가 누군가 떨어뜨린 신용카드를 주워갔다면, 길가에 떨어뜨린 신용카드는 대체로 어디서 잃어버렸는지 분실한 사람이 잘 알지 못하는 경우가 많기 때문에 그걸 가져가면 점유이탈물횡령죄에 해당한다.

절도보다 가중하여 처벌하는 범죄로 특수절도가 있다. 소년이 혼자 훔친 것보다 두 명 이상 공동하여 훔치는 경우라면 '특수'절도에 해당한다. 형법상으로는 둘이서 계획적으로 일을 분담해서 범행을 저질렀으므로 혼자 하는 것보다 죄질이 중하다고 하여 가중처벌을 하지만, 소년범죄에서는 그것이 그렇게 큰 의미가 있는 것 같지는 않다. 대부분 소년들의 특수절도 대상은 '자전거', '오토바이', '술·담배' 등인데, 한 명은 망보고 한 명은 실행하는 경우라서, 혼자서 대담하게 훔치는 경우보다 죄질이 더 중하다고 단정하기 어렵기 때문이다.

절도죄와 같은 재산범죄에서는 피해회복, 즉 피해자와의 합의가 중요하다. 보통은 소년의 보호자들이 피해자를 찾아가 피해를 변상하고 처벌불원서를 받아서 제출한다. 피해변상과 더불어 고액의 합의금을 요구하는 경우도 없지는 않지만, 어린 소년이기 때문에 대가 없이 처벌불원서를 작성해 주는 피해자들이 대부분이다. 소년이 이미 여러 번 훔치는 것을 보아왔고 경각심을 주기 위해서 신고한 것이지, 소년이 처벌받는 걸 원한 것이 아니라는 친필 편지를 작성해서 제출하는 사례도 있다. 갈수록 각박해지는 이 사회에서 아직 남아 있는 '관용'의 마음을 느낄 수 있는 따뜻한 순간이다.

1) 자전거 절도

아마 대부분 자전거를 잃어버린 경험이 있을 것이다. 아니, 정확하게 말하면 자전거를 도둑맞은 경험이 있을 것이다. 실무상 경험을 해보니 '그래서 그랬구나' 싶을 정도로 자전거를 훔치는 소년들은 정말 많다. 그런데 소년들의 면면을 들여다보면 꼭 가정형편이 어려워서, 자전거가 꼭 갖고 싶어서 훔치는 경우만 있는 건 아니다. "내 자전거를 훔쳐가서 나도 그랬다"는 소년이 있는가 하면 "날씨는 너무 덥고 학원까지 걸어가기엔 너무 멀어서 그냥 눈앞에 보이는 자전거를 타고 갔다"는 소년도 있다. 한편 친구랑 싸워서 그 친구를 골탕 먹이려고 친구의 자전거를 가져가는 경우도 있고, 길모퉁이에 너무 낡은 자전거가 오래도록 방치되어 있어서 버린 자전거인 줄 알고 타고 가는 경우도 있다. 대체로 자전거를 훔치는 소년은 많은 생각을 하지 않는다.

소년들 중 법정에 와서 억울하다고 호소하는 대표적인 경우는 망을 본 경우다. 자전거를 훔치는 경우는 대부분 CCTV에 찍혀서 발각된다. 그런데 자신은 친구가 자전거의 자물쇠를 풀고 하는 것을 옆에서 지켜보고 있다가 CCTV에 찍혔을 뿐인데, 그것을 망본 것으로 여기고 비행을 함께했다고 하는 것은 억울하다는 주장들이다. 사실, 그 순간 소년이 실제로 역할을 분담하려고 마음먹은 것인지는 좀처럼 알기 어렵다. 그런데 그 소년에게 "친구로부터 훔치겠다는 계획을 듣고서도 현장에 함께 있었고, 만약 누군가 지나갔더라면 분명히 그 친구에게 누가 온다고 말해 주었을 거 아니냐?"고 물으면 다들 그렇다고 대답한다. 나는 소년에게 앞으로는 친구로부터 그런 비행 계획을 들으면, 적극 말리거나 만약 말리지 못할 것 같으면 그 현장에 있으면 안 된다고 설명한다. 그렇지 않으면 사정을 모르는 제3자의 입장에서는 그렇게 의심할 수밖에 없다고 설명하면, 억울해하던 소년도 고개를 끄덕이며 수긍하는 경우가 대부분이다.

자전거 절도죄로 법정에 오는 경우는 대부분 14세 미만의 촉법소년이다. 14세 이상 범죄소년인 경우는 대부분 검찰에서 기소유예로 끝나기 때문에 재판까지 받지는 않는 것 같다. 그러나 촉법소년 사건은 검찰을 거치지 않고 경찰서장이 바로 소년부로 송치하므로 기소유예가 불가능하다.

좀 아이러니하지만 만약 15세인 형이 자전거를 직접 훔치고 13세인 동생이 주변에서 망을 본 경우, 비행을 주도한 형은 수사만 받고 검사의 기소유예 처분으로 쉽게 끝날 수 있는데, 비행을 도와 준 동생은 수사를 다 받고도 법정에 오고 교육을 받아야 하는 부담이 있다. 이런 경우, 촉법소년 입장에서는 좀 불편한 마음이 생길 수 있다.

자전거를 절취하여 법정에 오는 소년들을 보면 다른 소년들에 비해 더 앳되고 제법 빈듯한 경우가 많다. 언뜻 보기에도 가정의 보호를 충분히 잘 받고 있는 소년들인 경우가 대부분이고, 순간적인 호기심과 유혹을 이겨내지 못할 만큼 어려서 그랬을 거라는 생각이 많이 든다.

자전거를 절취하는 소년들은 법정에 오기 전에 법원의 명령에 따라 비행예방센터(청소년꿈키움센터의 법률상 명칭) 또는 법원 조사관으로부터 '처분 전 교육'을 받고 오는 경우가 많다. 처분 전 교육을 마치면 심리기일 이전에 그 보고서가 판사에게 도착하는데, 교육 보고서는 소년의 처분을 결정하는 데 많은 영향을 미친다.

대부분의 소년은 정시에 출석하여 바른 자세로 수업에 참여하며, 적극적인 수업태도를 보인다. 물론 비행을 저지른 것은 잘못한 것이지만 교육 자체로는 모범생이 많다. 그런 소년들은 다른 특별한 사정이 없으면 법정에서 다시는 그러지 않겠다고 맹세를 한 다음 유리한 결정을 받고 마무리하는 경우가 대부분인데, 체감상 자전거 절도로 온 소년들 중 재비행을 저질러 법정에서 다시 만나는 소년은 10명 중 2명 남짓 되는 것 같다.

간혹 교육받으면서 졸거나 반항하거나 불성실한 태도를 보이거나, 계획적으로 여러 차례에 걸쳐 자전거를 훔치는 경우는 보호처분의 강도를 좀 더 높여 보기도 한다. 경험상 그런 소년들은 다시 법정에 오는 경우가 적지 않기 때문이기도 하다.

2) 편의점 절도

소년들이 편의점에서 가장 관심 있는 대상은 담배와 술이다. 이미 성인들의 기호식품 세계에 빠져든 이상 끊을 수 없고, 또 친구들이랑 어울리려면 담배와 술이 필요하다. 고등학생 정도 되면 과감하게 다른 사람의 주민등록증을 제시하고 구입하기도 하지만, 중학생들은 어떻게 해도 어려 보여서 그런 방법으로는 편의점 아르바이트생을 속일 수 없다.

편의점 절도는 보통 혼자서 하지는 않고 대부분 2~3명이서 편의점 아르바이트생의 주위를 산만하게 하는 역할, 망보는 역할, 슬쩍 가방에 넣는 역할 등을 분담하여 계획적으로 비행을 저지른다. 하지만 편의점에는 CCTV가 여러 대 있고, 고화질로 너무 잘 찍힌다. 대부분 물건진열대를 돌면서 슬쩍 들고 가는 것은 그 품목이 뭔지 한눈에 봐도 잘 알 수 있고, 만약 소년이 현장에서 비행에 성공했다고 하더라도 금방 그 소년을 찾아낼 수 있을 만큼 선명하게 찍혀 있다. 편의점주도 좁은 공간에 부피가 작은 소매품을 판매하면서 그런 절도 비행이 있을 것이라고 충분히 예상하여 여러 가지 조치를 해놓았을 텐데, 소년들이라서 그런지 그들은 안 걸릴 거라 생각하고 대담하게 비행을 저지른다.

편의점 절도 사건은 일단 수사기록을 좀 실펴보아야 한다. 소년들이 가출하여 돈이 없어서 먹을 것 또는 담배나 술을 구하려고 비행을 저지른 경우가 적지 않기 때문이다. 수사기록에 가출에 관

소년을 법정에서 마주하다

한 별다른 얘기가 없는 경우는 일단 '처분 전 교육'부터 진행되지만, 가출 얘기가 나오면 보호관찰소나 비행예방센터를 통해 면밀한 조사절차에 들어간다. 처분 전 교육의 대상이라고 하더라도 가출한 소년들은 그 교육에 참석하지 않는 경우가 많고, 그런 사실이 보고되면 중한 사건으로 분류할 수밖에 없다.

3) 화장품 절도

남자소년들의 비행 입문(?)이 자전거 절도라면, 여자소년들의 비행 입문은 화장품 절도라고 해도 과언이 아니다. 요즘은 초등학교 문방구에만 가도 화장품을 판다고 하니 여자소년들에게 화장품은 워낙 관심이 많이 가는 아이템이다. 또, 중국 손님들에게 한국산 저가 화장품의 인기가 많아지면서 사람들이 많이 몰리는 강남 한복판이든, 조그만 지하철 역사든 우리 주변에서 화장품 가게는 어렵지 않게 접할 수 있다. 화장품 자체가 워낙 마케팅에 신경을 많이 쓰는 제품인지라 특히 감수성이 예민한 여자소년들에게 아기자기한 화장품을 꼭 가지고 싶게 만들어서(머스트 해브 아이템, must have item) 그런 것인지, 화장품 절도로 법정에 오는 여자소년들도 대부분 반듯하고 가정의 보호를 충분히 받고 있는 경우가 대다수다.

보통 화장품 가게에 진열된 화장품들은 부피가 작고 손님들이 쉽게 만질 수 있게 해놓아서 그런지 화장품 절도는 편의점 절도처럼 조직적이거나 계획적이지 않다. 그냥 만지다가 가방이나 점퍼

주머니에 쓱 집어넣으면 그만이다. 그런데 화장품 가게의 주인이야말로 당연히 그런 일을 충분히 예상하고 있을 것이기에 화장품 가게의 CCTV는 편의점보다 그 숫자가 많고 화질도 더 선명하다. 그렇지 않고서야 화장품 가게를 운영하면서 수지 남는 장사를 기대할 수는 없으리라.

　요즘 여자소년들이 화장에 얼마나 집착하는지 보여주는 단편적인 사건이 있었다. 화장품 절도로 소년부 송치가 되었는데 나이도 어리고 그동안 다른 처분을 받은 적도 없어서, 처분 전 교육 정도만 진행하려고 했던 여자소년이 있었다. 그런데 그 소년이 교육을 거부했고, 그 이유가 놀라웠다. 비행예방센터 규칙으로 화장을 금지하고 있는데 소년이 절대 화장을 못 지우겠다고 고집을 피웠다는 것이다. 자꾸 그렇게 거부하면 소년분류심사원에 갈 수 있다는 경고를 받았는데 "상관없다"고 답하면서 교육을 거부했다고 보고서에 적혀 있었다.

　아닌 게 아니라 그 소년은 법정에도 어울리지 않는 진한 화장을 보란 듯이 하고 들어왔다. 나는 이미 마음의 준비를 하고 있었지만 나이가 너무 어리고 비행 자체가 경미해서 잘 타일러 훈계하고 돌려보내려 했는데, 그 소년은 법정에서도 완강한 태도를 고수했고 찬찬히 들여다보니 자기 잘못을 반성하는 태도도 아니었다. 이쯤 되면 판사는 고민에 휩싸이게 마련이다. 심리진행이 미리 준비해온 것과는 영 반대 방향으로 가고 있는데 '소년이 이대로 집으로 돌아가면 이 절차를 무시하고 분명 재비행의 길로 접어들 것 같다'는 걱정과 더불어 한편으로는 '그래도 잘못에 비례하는 조치를 해야 한다'는 신념 사이에서 나는 갈등할 수밖에 없었다. 법정에서 한참 동안 메모지를 만지작거리고 펜을 들었다 놨다 하며 고민하다가, 결국 소년을 소년분류심사원에 보내는 중한 절차를 선택했다.

소년분류심사원에 위탁된 후, 화장품 없이 한 달이 지나고 법정에서 다시 만난 그 소년은 누가 봐도 영 다른 사람으로 착각할 정도였다. 심사원에서 분명 고생스런 시간을 보냈을 텐데도 소년 스스로도 느낄 수 있을 만큼 한층 순수하고 예뻐진 얼굴이었다. 어른들은 소녀 같은 피부를 원해서 화장품을 바르는 것일 텐데, 그 소년은 자신이 얼마나 예쁜 사람이었는지 고생스런 시간을 겪고 나서야 새삼 깨닫게 되었던 것 같다.

4) 오토바이 절도

우리는 보통 '불량소년'이라고 하면 오토바이를 타고 무리지어 다니는 소년들을 떠올린다. 밤늦은 골목길 어귀에는 소년들이 오토바이를 한 대씩 몰고 와 담배를 피우며 큰 소리로 소란 피우는 경우를 심심치 않게 볼 수 있다. 그만큼 소년들의 세계에서 오토바이는 그들의 자신감을 상징하는 표상으로서 한 자리를 차지하고 있다.

그런데 실무에서 보니 소년들이 타고 다니는 오토바이 중 상당

수는 훔친 오토바이거나 배달용 오토바이라는 것을 알 수 있었다. 오토바이를 타고 광속 스피드를 즐기는 소년들의 로망은 그 정도를 넘어서서 길가 또는 주차장에 있는 오토바이를 훔치는 짜릿함에 이르게 된다. 잠시 배달을 위해 오토바이 시동을 걸어둔 채 자리를 비운 사이 소년들이 오토바이를 타고 가기도 하지만, 대부분 소위 '딸키'라고 불리는 만능키를 이용해서 비행이 이루어진다. 나는 처음에 수많은 오토바이 절도 사건들을 접하면서 그 많은 딸키가 어디서 그렇게 만들어지는지 궁금했다. 나중에 알고 보니 일정 배기량 이하의 오토바이는 시동키가 대부분 비슷해서 다른 오토바이 키를 조금만 손봐서 사용하면 시동이 걸린다고 한다. 특히 저렴한 오토바이는 차량과 같은 정도의 고품질 보안장치를 구비하기 어려운 것으로 보인다. 정교한 솜씨를 자랑하는 소년 중에는 소주병을 이용해서 딸키를 만들 수도 있다고 하니, 오토바이 생산 업체는 시동키 문제에 좀 더 신경을 썼으면 하는 바람이다.

실무 경험을 하다 보니 오토바이를 한 번도 안 훔쳐본 소년은 있을지 몰라도 단 한 번만 훔쳐본 소년은 거의 없다고 해도 과언이 아닐 정도로, 오토바이 절도 비행은 수없이 반복된다. 또한 폭행을 한 소년도 오토바이 절도 사건이 곁들여 있고, 성폭행을 한 소년도 오토바이 절도 사건이 곁들여 있을 정도로 매순간 등장하는 오토바이 절도는 소년비행의 상징이기도 하다.

그러다 보니 오토바이를 절취한 소년들은 면밀한 조사를 하지 않을 수 없다. 오토바이 절도를 했다는 것은 자전거 절도와 달리 본격적인 비행을 시작했다는 징표가 될 수 있기 때문이다. 조사과 정에서 학교 무단결석, 학업유예, 자퇴, 가출 등의 사정이 드러나 기도 하고, 이미 보호관찰 중인 친구들이 여럿 되는 불량교우 관계가 드러나기도 한다.

오토바이 절도는 대부분 도로교통법위반(무면허 운전)죄와 연결된다. 오토바이 면허가 있는 소년들은 아르바이트를 하건 부모님에게 용돈을 받건 능력껏 오너드라이버가 되어 오토바이를 타고 다닐 수 있지만, 돈도 없고 오토바이 면허를 취득할 수 없는 연령의 중학생들은 오토바이를 훔치지 않는 한 제대로 타 볼 기회가 없기 때문에, 여럿이서 과감하게 오토바이 절취 계획을 짜고 실행하게 된다.

오토바이 절도를 저질러 소년부로 송치되는 소년들은 적어도 2~3건 이상 같은 종류의 절도 비행으로 함께 송치되거나, 이미 검찰에서 오토바이 절도로 수차례 기소유예를 받은 전력이 있는 경우가 보통이다. 지난번에는 친구가 오토바이 훔칠 때 망을 봐주었지만 이번에는 기술을 배워 직접 과감하게 오토바이의 시동을 걸어 타고 가기도 한다. 그리고 오늘 법정에서 엄한 훈계를 듣고 눈물을 흘리며 '다시는 오토바이 근처에도 가지 않겠다'고 다짐하지만, 오늘 밤 골목길 어귀에 주차된 오토바이를 보면 괜히 또 심장이 두근거리는 건 어쩔 수 없는 것 같다.

만약 형사재판을 받는다면 소년은 절도의 습벽이 인정되어 '상습절도(특정범죄로 가중처벌됨)'로 무거운 형을 피할 수 없을 것이다. 특히 반복성이 주된 특징인 오토바이 절도죄에 있어 소년이 '습벽 있는' 사람으로 자라지 않게 하려면 교육이든 상담이든 계속되어야 한다. 그들의 비행이 그러하듯이 소년을 변화시키기 위한 절차도 한 번의 꾸짖음으로는 부족하다. 계속 반복되어야 한다.

5) 인형뽑기방, 코인노래방 절도

요즘, 소년들 사이에 인형뽑기방과 코인노래방이 아주 인기다. 비교적 저렴한 비용으로 즐길 수 있는 장점이 있어서 그런지 소년들로부터 사랑을 받아 청소년 오락실의 절반은 인형뽑기방과 코인노래방으로 채워지기 시작했고, 사람들이 붐비는 곳에는 어렵지 않게 인형뽑기방과 코인노래방을 발견할 수 있다. 특히 업주 입장에서는 장소를 마련해서 지폐교환기만 설치하면 되고 인건비 등 다른 부대비용이 상대적으로 적게 들기 때문에 투자 대비 수익률이 좋아서 한창 인기인 것 같다. 그런데 무인으로 운영되는 경우가 많아 인형뽑기방과 코인노래방에 설치된 지폐교환기가 자주 소년들의 비행 대상이 되어 업주들은 낭패를 보기 십상이다. 소년들은 여러 가지 방법으로 지폐교환기를 열고 그 안의 현금을 가져가는데, 문제는 그 안에 있는 돈보다 지폐교환기의 수리 비용이 만만치 않아서 그 피해가 막심하다는 것이다.

지폐교환기를 열고 그 안의 돈을 가져갈 정도로 과감하다면 그곳에 있는 CCTV를 속이려고 나름대로 짜임새 있게 계획을 세우지만, 요즘은 CCTV가 매장 내부뿐만 아니라 곳곳에 많이 설치되어 있고 차량 블랙박스 등 곳곳의 눈이 이용되어 어렵지 않게 범인을 잡을 수 있는 모양이다.

다른 절도와 비교할 때 인형뽑기방, 코인노래방 절도는 충동적으로 이루어진 것이라기보다는 철저히 계획적으로 이루어지므로 죄질이 중하여 소년범죄답다고 보기 어렵다. 특히 이 정도의 비행을 저지를 정도로 과감하다면 자전거 절도나 편의점 절도의 전력쯤은 이미 가지고 있는 재비행인 경우가 많으므로 보호관찰소의 결정전 조사 등 면밀한 조사를 거쳐 중한 처분을 받게 되는 것이 보통이다.

6) 그 외의 절도 사례

지금까지의 절도 사례 외에도 찜질방 탈의실 물품보관함 안의 물건을 가져가거나 찜질방에서 잠자는 사람의 휴대폰을 훔쳐가는 사례도 제법 많은 편이고, 야간에 주차장에 주차된 차량 안에 있는 물건을 훔치는 사례도 유형화되어 있다고 할 정도로 많은 편이다.

성인 절도범의 경우에는 주거에 침입해 집 안의 물건을 가져가는 경우가 대표적인 절도범의 모습인데 반해, 소년의 경우 그렇게까지 치밀하고 과감한 경우는 매우 드물고 간혹 친구가 없는 사이에 친구 집에 잠깐 들어갔다가 물건을 훔치는 경우가 있기는 하다.

7) 준강도, 강도상해

일반적으로 잘 알려진 개념은 아닌데 형사사건에서 심심치 않게 등장하는 개념 중에 '준강도'라는 것이 있다. 법률적으로는 "절도범이 재물을 탈환(奪還)하거나 체포를 면탈(免脫)하거나 죄적(罪跡)을 인멸(湮滅)할 목적으로 폭행 협박을 하는 경우는 강도에 준하여 처벌한다"는 것이다. 말이 어려워서 그렇지 쉽게 말하면 절도범이 발각된 후, 그대로 도망가는 것이 아니라 반항하는 경우에는 강도에 준하여 처벌된다는 말이다. 소년들의 경우 안 그래도 조마조마한 상황인데 비행이 발각되면 쉽사리 흥분하고 저항하므로 준강도를 저지를 가능성이 매우 높은 편이다.

쉬운 예로 소년이 담배를 훔치려다가 걸려서 도망가려 했는데 담뱃가게 아주머니한테 바짓가랑이를 잡혀 이를 뿌리쳤다면 준강도죄에 해당한다. 순순히 절도만 했더라면 6년 이하의 징역에 해당되는데 괜히 뿌리치고 도망가려다가 3년 이상 30년 이하의 중죄에 해당되는 안타까운 순간이다. 더 나아가 담뱃가게 아주머니가 손에 상처를 입거나 넘어져 허리라도 삐끗하게 된다면 상황은 아주 심각해진다. 이렇게 되면 강도상해죄에 해당하여 무기징역 또는 징역 7년 이상 30년 이하의 중죄에 해당하게 된다. 강도상해죄가 되어버리면 소년임을 감안하여 한 번 감경된다고 하더라도 3년 6월 이상의 징역형에 해당하고 심신미약, 미수 등 다른 사유가 있어 추가로 감경되지 않는다면 집행유예가 불가능하게 된다.

우리가 쉽게 생각하는 강도상해란 범인이 복면을 쓰고 나타나

칼로 사람을 찌르고 물건을 강제로 뺏어가는 극악무도한 경우를 떠올리지만, 위의 사례처럼 담배를 훔치다가 걸려 반항하려다가 경미하게 다치게 하는 경우도 법정형에 있어서만큼은 동일하다.

내 생각으로는 이런 경우, 형사재판보다 소년보호재판이 소년의 여러 가지 사정을 고려한 다양한 보호처분으로 사건을 유연하게 해결하는 데 도움이 될 거라 생각한다. 소년의 성정에 비추어 당황하여 충동적으로 이루어진 행동이고 피해자도 처벌을 원하지 않는데 한 차례의 자비도 없이 교도소로 보내지는 것은 누가 보아도 가혹한 처사일 것이다.

폭행 협박 관련 범죄

폭행도 소년들에게 매우 보편적인 범죄다. '질풍노도의 시기'라는 말답게 소년들은 쉽게 흥분하고 불편한 감정을 그대로 표현한다. 최근에는 '분노조절장애'라는 정신의학적, 심리학적 용어가 대중들에게 보편적으로 알려져 있다. 분노조절장애는 통상적인 사람이라면 외부의 자극에 대한 분노 감정을 이성으로 잘 조절하여 참을 수 있지만, 그러한 조절 능력에 문제가 있는 경우를 일컫는 말이다. 비단 소년사건뿐만 아니라 가정보호, 아동보호 등 내가 맡고 있는 보호사건의 발생 원인에는 거의 대부분 분노조절장애가 등장한다.

감정을 조절하는 두뇌 부분은 전두엽 부분인 것으로 알려져 있으나, 최근 연구결과에 비추어 보면 꼭 그렇지만은 않은 것 같다. 정신의학에 관한 소양이 부족한 까닭에 더 이상 자세한 설명을 하기는 어려우나, 실무 경험상 소년들은 두뇌가 전반적으로 미성숙한 상태이므로 특별한 정신적인 문제가 있지 않더라도 어른들보다 분노를 조절하는 데 어려움이 있는 경우가 매우 많다.

비행소년에 대한 조사절차에서는 대부분 심리검사를 실시하는데, 심리검사 결과, 분노조절장애와 함께 자주 등장하는 단어는 ADHD다. 이 증상 역시 대중적으로 잘 알려져 있다. ADHD가 있는 소년들은 단체교육 등에서 특이한 행동으로 쉽게 눈에 띈다.

비행예방센터의 교육, 보호관찰소의 조사를 받고 법정에 왔다가 소년분류심사원에 위탁되는 절차를 거치는 과정에서 소년들이 받아들이는 심리적 부담은 매우 크다. ADHD가 있는 소년들도 마찬가지로 큰 부담을 느끼고 판사에게 잘 보여야 한다는 생각이 들겠지만, 그런 처지에서도 순간순간 감정 통제가 잘 되지 않는다. 단체교육을 받다가 갑자기 엉뚱한 질문을 하면서 일어나 돌아다니는가 하면, 특별한 이유 없이 옆에 있는 소년이 마음에 들지 않는다고 닥치는 대로 던져버리고, 심지어는 법무부 공무원에게 욕설을 하면서 멱살을 잡기도 한다. 처분을 앞두고 있는 중요한 순간에 자신의 어처구니없는 행동이 어떤 결과를 가져올지 알고 있으면서도 그들은 순간순간 참지 못한다.

소년을 법정에서 마주하다

소년분류심사원의 보고서에는 의례적으로 '분노조절장애'와 'ADHD'가 기재되어 있을 정도로 증상을 겪고 있는 소년들이 너무 많기 때문에, 소년에게 분노조절장애와 ADHD 증상이 있다는 사유는 특별한 고려 대상이 되지 못할 정도다. 이러한 정신적 어려움의 원인은 딱히 어느 것이라고 단정할 수 없겠지만, 소년의 어린 시절 가정형편이 많은 영향을 미치는 것 같긴 하다. 경제적으로 안정되어 있고 부모가 소년에 대해 충분한 관심을 가진다면 보통 조기에 이런 증상을 발견하고 인근 소년정신건강의학과를 방문하여 약물치료, 심리치료 등으로 교정이 가능한 것으로 보인다. 물론 치료에 부작용이 있거나 해서 소년이 치료를 거부한다면 상황이 썩 좋지는 않다.

만약 태중에 있을 때부터 좋지 않은 환경(엄마의 음주, 흡연, 약물남용 또는 아빠의 가정폭력 등)에 접했고 태어난 이후 부모에게 정신적 문제 또는 알코올 문제가 있어 학대라도 당하게 된다면 소년에게 정신적 어려움의 가능성은 훨씬 높은 것 같다. 이러한 정신적 어려움은 제때 손쓰지 않으면 성인이 되어서도 지속된다는 점에서 소년 시절에 얼마나 빨리 적극적으로 대처하느냐가 중요한데, 당장 생활비가 궁핍하고 생계유지에 급급한 보호자들이 소년을 정신과 병원에 데려가 치료시키는 것은 요원해 보인다.

소년들이 정신적인 어려움이 있어 범죄를 저질렀다고 하더라도, 소년에게 또 그 보호자에게 일차적인 책임이 있는 것은 당연하다. 그러나 소년과 보호자가 소년의 정신적 어려움을 스스로 해결할 수 있는 여건이 되지 않는다고 하여 그대로 방치할 수만은 없다. 사회가 나서서 소년의 정신적 어려움을 함께 해결하지 못한다면 그로 인한 피해는 온전히 사회의 몫으로 돌아오기 때문이다. 당장 나와 내 가족이 아무 이유도 없이 피해자가 될 수도 있다.

한편으로는 사회가 이에 대해 할 수 있는 가장 손쉽고 저렴하면서 확실한 해결책은 '처벌'이라고 쉽게 생각할 수도 있을 것이다. 그냥 가둬버리면 된다는 생각이다. 그러나 적어도 소년에게만큼은 그것은 해결책이 아니다. 그들을 그냥 가둬버리는 것은 잠시 사회로부터 떼어놓아 그저 외면하고 싶은 마음에서 비롯된 미봉책일 뿐이다. 소년이 사회로 다시 돌아와 함께 살아야 하는 오랜 기간을 감안한다면 우리는 보다 멀리 내다보아야 한다. 이것이 소년의 정신적 어려움을 함께 고민하고 그 치료를 위해 사회가 적극적으로 나서야만 하는 이유다.

폭행 사건에서는 특히 더 고민해야 할 것이 있다. 바로 피해회복 부분이다. 차라리 뭘 훔쳤더라면 피해배상을 통해 물질적으로 또 감정적으로 많은 부분이 회복되겠지만, 폭행은 다른 차원의 문제다. 심각한 후유증을 남기는 경우가 많고 또 왕따 등 2차 피해도 만만치 않기 때문이다. 소년 폭행 사건에 있어시 피해자 역시 소년인 경우가 대부분이다.

'소년보호'라는 말답게 가해소년뿐만 아니라 피해소년도 보호되었으면 정말 좋겠는데, 피해소년을 보호하는 법적, 제도적 장치는 아직까지 미흡한 것이 사실이다. 가해소년에 대해 상담하고 지원하는 것에서 나아가 피해소년에 대해서도 공적인 지원이 절실하다.

간혹 왕따 피해를 당한 소년이 더 이상 당하지 않기 위해 센 척하려고 일진 친구들 옆에서 지내다가 그 친구들이 시키는 대로 폭행 등 비행에 가담하는 경우도 있다. 혹시 모를 다른 피해를 막기 위해서라도 소년들이 피해를 당했을 때 즉각적으로 개입하여 피해를 보듬고 치료하려는 적극적인 노력이 꼭 필요하다고 본다.

1) 학교폭력

오래된 일이긴 하지만 내 학창 시절을 떠올려 본다. 초등학생 시절부터 고등학생 시절까지 학교에는 항상 '싸움 전교 1등(요즘 말로는 '짱'에 해당함)'이 존재했고 싸움의 전교 순위는 학생들 사이에서 언제나 큰 관심거리였다. 초등학생 시절에는 친구들 사이에서 주도권을 잡고 높은 순위를 차지하기 위해 수시로 싸움이 일어났고, 중학생 시절에는 초등학생 시절 어느 정도 형성된 순위를 놓고 교내에서 짬짬이 모임을 가지면서 옆 학교를 넘보았다. 고등학생 시절에는 불량서클(요즘 말로는 '일진'에 해당함)이 형성되어 선·후배간 돈독한 관계를 맺었던 것 같다.

내 학창 시절, 남자소년들의 세계는 정글과도 같았다. 특히 가장 기억나는 장면은 중학교 3학년 때 우리 학교와 옆 학교의 세력

전쟁이었다. 어느 날, 우리 학교뿐 아니라 지역 내 1등이었던 철중 (가명)이를 잡겠다고 옆 학교 불량소년 20여 명이 각목, 쇠파이프, 오토바이 체인 등을 손에 들고 버스 정류장으로 몰려들었다. 당시 귀가하려고 버스를 기다리던 학생들은 이상한 분위기를 감지하지 못하고 있었는데, 길 건너편에서 철중이가 우리 학교 불량소년들 몇몇과 등장하면서 상황은 심각해졌다. 영화에서나 볼 수 있는 극적인 단체 격투가 벌어졌고 얼마 지나지 않아 주도권을 빼앗긴 우리 학교 소년들은 뿔뿔이 도망쳤다. 신고를 받은 경찰이 출동했을 당시 집단구타를 당한 철중이는 피투성이가 되어 있었다. 지역 1 등의 자존심에 상처를 입은 철중이는 그 후 지역 내에서 큰일(?)을 하시는 형들의 도움으로 복수하여 자존심을 회복했다고는 하나 자세히는 알 수 없는 일이다.

이 사건 당시 주민의 신고를 받고 출동한 경찰은 몇몇 학생들을 불러 경위를 물어보고 병원 치료를 받으라고 한마디 하고는 그냥 떠나버렸고, 학교 선생님들은 사건을 아는지 모르는지 별다른 처분도 없었다. 요즘 같으면 유튜브 동영상 검색 순위에라도 오를 만한 심각한 사건이었는데 말이다.

내 학창 시절에는 '아이들은 싸우면서 자라는 것'이라는 어른들의 인식이 확고했다. 학교에서 서로 싸우면 벌을 서게 하거나 약간의 체벌을 하는 정도였고 중·상해를 입지 않는 한, 선생님들도 학부모들도 그런 것에는 심각하게 신경 쓰지 않았다. 오히려 항의

소년을 법정에서 마주하다

방문한 피해학생 부모에게 교내 문제에 개입하는 건 지나치다는 인식이 있을 정도였다. 돌이켜보면 그런 무관심 때문에 상처 입고 비뚤어진 친구들도 많았고 한편 신체의 자유와 안전을 해치는 폭력 행위에 대해 어린 시절부터 너무 안이하게 받아들이게 되었던 것 같기도 하다. 학교 선생님의 공중 이단 옆차기 체벌도 용인되던 시절이었으니 지금과는 아주 다른 세상 이야기로 여겨진다.

그 후 30여 년이 지난 요즘의 학교를 들여다보면 내가 말하는 그 '옛날'에 비해 폭력의 빈도와 정도는 많이 개선되었다. 한때 학교폭력을 '4대악' 중 하나로 규정하면서 뿌리 뽑겠다는 정부의 의지가 있었던 만큼 사회적으로 학교폭력을 심각하게 받아들이는 인식이 널리 퍼지기도 했고, 무엇보다 '자녀교육은 학교에 일임하는 것이 아니라 가정과 학교가 함께 하는 것'이라는 인식과 더불어 국민들의 기본권에 관한 인식 수준이 전반적으로 향상된 것도 한 몫했다.

그러나 내가 겪었던 그 시절에 비해 자녀를 학교에 보내는 부모의 마음이 더 편안해진 것 같지는 않다. 단체 생활을 해야만 하는 학교의 특성상 학생들 간의 갈등 관계는 끊임없이 일어나고, 감수성이 예민한 소년들은 사소한 것에도 큰 상처를 입는다. 요즘 학생들은 단순히 맞은 상처보다 친구들 사이의 '관계'에서 입은 상처를 더욱 크게 받아들이는 경향이 있고, 가해소년의 입장에서도 단순히 때리는 것에 만족하지 않고 때린 것을 공개하여 망신을 주는 것에서 더 큰 의미를 찾는 것 같다. 피해를 입은 소년들이 극단적인 생각까지 하게 되는 것도, 당장 아픈 게 문제라기보다는 앞으로 견뎌내지 못할 외로움과 절망감 때문인 것도 같기도 하다. 폭행당하는 장면을 스마트 기기로 너무 쉽게 촬영하고 또 SNS를 통해 그것을 너무 쉽게 공개할 수 있는 시절이다. 오늘 폭행당한 소년은 내일이면 이미 전교생이 자신의 망신스런 모습을 알아볼 것이기 때문에 학교에 제대로 다닐 수가 없다. 폭행을 가한 소년들은 버젓이 무리지어 다니면서 피해소년을 조롱하고 있는데, 오히려 잘못이 없는 피해소년은 학교도 다니지 못하고 전학을 알아보고 있다는 안타까운 내용의 탄원서가 사건 기록에 자주 등장한다.

학교폭력이 발생하는 경우, 그 처리절차는 복잡하다. 몇 년 전부터 학교에는 학교폭력대책자치위원회(이하 학폭위)가 설치되어 있다. 학교폭력이 발생하면 피해학생 측의 요구에 따라 관련 공무원과 학부모로 구성된 학폭위에서 사건을 조사하면서 쌍방 의견을 듣고 서면사과, 접촉금지, 교내봉사, 특별교육, 강제전학 등 다양한 보호조치를 결정한다. 이러한 학폭위의 처분 결과에 대해서는 해당 교육청 행정심판위원회에 행정심판을 청구할 수 있고, 행정심판 결과에 대해서는 행정소송을 제기할 수도 있다.

학교폭력이 발생하여 수시기관에 고소하는 설차는 학폭위 절차와는 별개로 진행된다. 학폭위 절차를 군이 거치지 않고 수사기관에 고소하여 소년보호사건만 진행되는 경우도 있고, 한참 학폭위 절차를 진행하다가 고소하는 바람에 소년사건의 결과를 보기 위해 학폭위 질차가 중단되는 경우도 있으며, 학폭위 절차가 이미 다 끝났는데 새삼 고소하여 소년보호사건이 진행되는 경우도 있다. 간혹 소년보호재판 당시 학폭위 처분에 대한 재심결정을 취소해 달라는 행정소송이 진행 중이어서, 오늘은 서울가정법원에서 소년보호재판을, 내일은 같은 청사에 있는 서울행정법원에서 재심결정 취소소송재판을 받는 경우도 있었다.

한편 학폭위나 형사고소 절차와 별도로 민사상 손해배상을 구하는 소를 제기하는 것도 가능하다. 피해소년 측에서 그동안의 치료비와 위자료 등을 구하는 소송을 일반 법원에 민사재판으로 제기하는 것인데, 손해배상 재판은 사건의 경위와 책임의 소재를 밝혀야 할 뿐만 아니라, 책임이 인정되는 경우에는 적정한 손해배상액까지 산정해야 해서 꽤나 복잡하고 오랜 시간이 소요된다.

학폭위와 재심을 거쳐 행정소송까지 이르는 데는 적어도 수개월이 걸린다. 그렇게 시간이 흘러가는 사이에 소년들은 어떻게 되었을까? 사건은 사건이고 예전처럼 친구로 잘 지내고 있는 경우도 종종 있고, 그 후로 같은 학교를 다니면서 큰 문제가 또 생기지는 않았지만 이전의 사건 때문에 서먹하게 지내는 경우도 있다. 그러나 대부분의 소년들은 마음에 큰 상처를 입고 예전처럼 학교생활을 하기 어렵다.

가해소년은 '범법자'라는 인식 때문에 친구들 사이에서 멀어지게 되고, 피해소년은 '너 때문에 일이 복잡해졌다'는 주위의 시선 때문에 학교생활을 견디지 못하는 경우도 많다. 모든 절차가 신속하게 이루어지고 갈무리되는 것이 바람직하지만 대부분의 경우가 그렇지 못하다. 게다가 절차가 진행되다 보면 막상 사건의 주인공들은 해당 소년들이 아니라 그 부모들이 되는 경우가 많다. 그렇게 절차가 진행되면서 감정에 상처 입은 부모들의 화해 문제가 소년들의 화해를 방해하는 안타까운 상황이 되어버리곤 한다.

내가 다루었던 사건 중에 초등학교 교실 내에서 사소한 다툼 끝에 두 소년의 얼굴에 생채기가 난 사건이 있었다. 다행히 선생님이 즉시 개입하여 소년들은 서로 화해했고 별 탈 없이 집으로 돌아갔다. 그런데 한 소년의 부모가 얼굴의 상처를 보고 즉각 담임 선생님에게 연락하면서 사건화되었고, 다른 소년의 부모 역시 야밤에 응급실까지 가서 진단서를 발급받아 제출함으로써 사건은 복잡하게 흘러갔다. 양측 소년의 부모들은 학폭위 소집을 요구했는데 학폭위 절차에서 서로 심한 말이 오고 가더니 학폭위 처분 결과에 대해 각자 재심을 청구한 다음 행정소송을 진행했고, 그와 별도로 형사고소도 하여 소년보호사건이 접수되었다. 한편 각자 민사소송을 제기하여 그 재판에서 변호사까지 선임하면서 심각하게 설전을 이어가던 중이었다.

앞서 말한 것처럼 이 사건에서는 소년들이 직접 몸에 입은 상처만 문제 되는 것이 아니다. 이미 학교에 소문이 다 나고 학폭위까지 개최된 만큼, 만약 소송에서 지게 되면 소년도 부모도 앞으로 학교에서 친구들 사이의 '관계'에 심각한 상처를 입게 되는 상황으로 번져 있었다. 부모로서는 자기 자식이 학교에 떳떳하게 다니게 하려면 꼭 소송에서 이겨야 한다는 마음뿐이었다. 그러는 몇 개월 사이에 소년들은 대인기피증이 생기는 등 상태가 심각해져 심리치료를 받아야 하는 지경이 되어버렸다. 보통 상황이 그쯤 되면 한쪽은 지치게 마련이다. 그런데 다른 쪽이 끝까지 이기려고 하면 어쩔 수 없이 끌려가면서 보호자들도 심각한 마음의 상처를 입게 된다.

내가 법정에서 소년들과 보호자들을 마주했을 때, 이미 그들은 너무 많이 지쳐 있었다. 그들도 이제는 꼭 이기려는 마음보다 이 지긋지긋한 굴레의 끈을 누군가 끊어주기만을 바라는 것처럼 보였다. 나는 일단 법정에서 가해소년 측과 피해소년 측의 얘기를 끝까지 다 들어주었다. 그리고 보호자들에게 과거에 집착하고 보호자들의 자존심을 생각하기보다는 마음의 상처가 곪아버린 소년들을 돌아보길 당부하고 또 당부했다. 보호자들은 법정에서 할 말을 마지막까지 다 쏟아놓은 터라 내가 당부할 때는 분을 삭이고 들으려 했고, 나는 남아 있는 민사소송에서도 서로 양보할 것을 독려하는 의미로 소년들을 부모의 감호에 맡기는 정도의 처분만 했다. 부디 민사소송에서도 좋은 마음으로 화해하고 갈무리되길 바라는 마음이었다. 그 법정에 있던 모두의 마음이 그러했다.

이처럼 학교폭력 사건이 소년보호사건으로 법원에 접수되었을 때, 꼭 법정에서 시시비비를 가려 보호처분을 하는 절차만 있는 것은 아니다. 소년법에서는 '화해권고'라는 특수한 절차를 두고 있다. 원래 화해권고는 민사절차에서 자주 이용되는 절차인데, 재판부에서 양측이 양보할 수 있는 적정한 수준의 화해조항을 정해 양측에 권고하고 쌍방이 이에 대해 이의를 제기하지 않으면 판결이 확정되는 것과 같도록 하는 제도다. 소년보호사건은 원래 형사절차라 화해권고라는 게 적절한지 의문이 들 수 있지만, 특히 학교폭력 사건과 같은 경우에는 큰 효과를 발휘한다.

앞서 언급한 바와 같이, 학교폭력이 발생한 후 법정으로 오기까지는 도중에 다양한 절차들이 있다. 학폭위 절차에서 쌍방간 합의가 논의되기도 하고, 형사사건으로 접수되면 수사 단계에서 형사조정절차가 진행되기도 한다. 그런데 학폭위에는 양측의 이해관계를 조절해 줄 수 있는 전문가가 없는 경우가 많고, 형사조정절차는 배상금 지급을 넘어서 양측이 요구하는 사항을 충분히 반영하기 어려운 경우가 많은 것 같다.

법원까지 이른 사건들은 이미 합의를 위한 절차를 여러 번 거쳤기 때문에 화해권고가 쉬운 상황은 아니다. 그러나 일단 화해권고 절차가 진행되면 변호사, 상담사 등 갈등해결 전문가로 구성된 화해권고위원들이 주도하여 3~4시간씩 양측의 이야기를 들어주고 맞춰보는 과정을 거치게 되는데 다행히 꽤 만족스런 결과가 나오는 경우가 많다. 최근에는 '회복적 사법'이라는 기치로 갈등해결

소년을 법정에서 마주하다

을 전문으로 하는 연구단체까지 구성되어 활약하는 경우도 있다고 하는데 심지어는 살인 사건에서도 화해를 성공시킨 예가 있다고도 한다.

화해권고절차에 임하는 양측의 태도는 사뭇 진지하다. 가해소년 측으로서는 화해가 성립된다면 이를 감안한 유리한 처분을 받을 수 있기 때문에 적극적으로 임할 수밖에 없고, 피해소년 측 입장에서도 화해권고절차에 응하지 않으면 새삼 민사소송을 제기해야 하는 등의 번거로움을 잘 알기 때문에 적극적으로 임할 수밖에 없다.

화해권고의 결과물인 합의서에는 단지 언제까지 얼마의 돈을 지급한다는 약속만 있는 것이 아니다. 소년들이 학교에서 정상적인 생활을 할 수 있게 하는 여러 가지 다양한 약속들로 A4 용지가 가득 채워진다. 예를 들면 '앞으로 화가 날 때 손이나 발 등을 사용한 행동으로 하지 않고 말로 하기로 한다', '앞으로 학교에서 다른 친구들이 이 사건에 관심을 보이더라도 피해소년이 2차 피해를 입지 않도록 더 이상 그런 말을 하지 않기로 했다고 단호하게 말한다', '앞으로 교실이나 복도 등에서 마주치면 서로 째려보지 않기로 한다', '앞으로 가해소년은 피해소년과 주 2회 이상 분식집과 PC방에 함께 다니면서 사이좋게 지낸다' 등 소년의 눈높이에서 이해하고 지킬 수 있는 다양한 화해조항이 등장한다.

그러한 합의조항을 만드는 과정에서 소년들은 서로의 입장을 이해하게 되고, 앞으로 서로를 어떻게 배려해야 하는지 깨닫게 된다. 내가 생각하는 가장 이상적인 피해회복 방법 중 하나라고 할 수 있다.

다만, 현행 소년심판규칙상 화해권고절차는 치명적인 약점이 있다. 훌륭한 결과를 낳을 수 있음에도 양측의 동의가 있어야만 절차에 착수할 수 있다는 한계가 있다. 가해소년 측이건 피해소년 측이건 법원까지 올 때는 이미 감정이 많이 상해 있기 때문에 '화해'라는 말만 듣고도 질색을 하면서 시작도 해보지 않고 단번에 거절하는 경우가 많다. 화해권고절차를 일단 진행해 보고 난 후에 화해할 것인지에 대한 여부를 결정해도 될 텐데, 해보기도 전에 '사전 동의'라는 문턱을 넘어야만 비로소 화해권고절차가 진행되도록 하는 현행 소년보호제도에 대해서는 비판적인 견해가 많다.

2) 집단폭행, 왕따

내 학창 시절을 떠올려 보면, 30여 년 전에도 학급에서 유독 다른 친구들과 어울리지 못하는 친구들이 있었다. 대화할 때마다 뭔가 다른 차원의 얘기를 한다든지, 별일 아닌 일에 지나치게 흥분한다든지, 말을 걸어도 대답하지 않고 항상 혼자 있으려고 한다든지, 친구들 사이를 이간질하려다가 발각된다든지 하여 소년의 성격 지체로 관계 형성에 다소 어려움이 있는 경우도 있었지만, 누군가 나서서 멀쩡한 한 소년을 일부러 고립시키는 경우도 있었다. 당시는 일본에서 '이지메'가 유행한다는 말이 있었는데, 생소한 단어라 뜻을 잘 알지는 못했지만 그 시절에도 한 학급에 한두 명 씩은 사실상 왕따를 당하고 있었던 것 같다.

언제부턴가 우리 사회도 '왕따'라는 말이 널리 유행하면서 사회적으로 그 문제점을 인식하고 많은 고민을 하기 시작했다. 왕따를 당하던 소년이 어려움을 이겨내지 못하고 극단적인 선택을 하는 사건들이 미디어를 통해 자주 공개되면서 사회적으로 큰 걱정거리가 되기도 했다. 그런데 어른들 입장에서는 누가 왕따를 당하고 또 왕따를 시키고 있는 것인지 파악하기란 쉽지 않을 뿐 아니라 이를 파악하더라도 어른들이 소년들 사이의 관계를 억지로 조정할 수 있는 것도 아니어서 어떤 뾰족한 수가 있는 것도 아니다.

특히 요즘은 카카오톡, 페이스북 메신저 등 SNS 단체대화방이 보편화되어 있어 스마트폰을 수시로 울려대는 단체대화방 메시지를 열심히 읽고 답하는 등 무던히 애를 써야 하기 때문에 소년들의 관계 형성은 옛날보다 더 힘든 것이 사실이다. 단체대화방에서 활약이 미진하여 '강퇴'라도 당하는 날에는 친구들 사이에 아예 끼어들 수가 없고 왕따가 되어버린다. 그런 게 없던 시절이야 학교에서 만나서 나누는 대화가 교우관계의 대부분이었지만, 이제는 하교 후에도 잠자리에 들기 전까지 끊임없이 스마트폰을 울려대는 단체대화방 덕분에 더욱 끈끈한 그들만의 세계가 구축되는 시절이다. 그래서 요즘의 왕따는 옛날의 왕따보다 더 비참한 것 같다.

최근 들어 유독 눈에 띄는 사건들이 있다. 왕따가 되어 학교생활에 더 이상 적응하지 못하고 자퇴한 후, 집에 틀어박혀 지내다가 SNS를 통해 같은 처지에 있는 친구들을 사귀게 되고 함께 비행을 저지르는 소년들의 사건이다. 그런 소년들은 자신의 거주지에서 꽤 멀리 떨어진 지역의 소년들과 어울리기도 하는데, 간혹 시·도의 경계를 넘어서 어울리기도 한다. 그전에는 일면식도 없었는데 오로지 SNS로 대화하다가 만나고 비행에 동참하는 것이다. 기존 친구들 관계에서 철저히 버림받던 소년들끼리 뭉쳐 과거에 자기들을 몰아세웠던 친구들을 찾아가 복수를 하기도 하고, 오토바이를 훔쳐 폭주족으로 뭉치기도 하는 등 혼자서는 어려웠던 것들을 함께 이루어나간다. 왕따들의 모임은 한두 사건이 눈에 띄기 시작하더니 최근에는 하나의 경향으로 자리 잡았다고 할 수 있을 만큼 자주 눈에 띈다.

　내 기억으로는 '왕따'라는 개념이 막 유행하던 시절 무렵부터 '일진'이라는 개념도 함께 유행했던 것 같다. 일진은 왕따와는 대척점에 있는 개념이다. 왕따가 관계 형성에 실패해서 생긴 개념이라면 일진은 관계 형성의 지나친 자부심 또는 자만심으로 생겨난 것이라고 보아도 좋을 듯하다.
　한창 부산 여중생 폭행 사건으로 전국이 떠들썩했을 무렵, 나는 미디어를 통해 보도된 서울 지역 여중생들의 집단폭행 사건을 맡은 바 있다. 서울의 특정 지역 여중생들로 구성된 그들은 그 지역 내에서 '00 언니들'로 이미 유명한 일진들이었다. 여러 명이 몰려들어 폭행한 후 SNS 단체대화방에서 피해소년을 조롱하는 대화를 나누었고 그 내용이 캡처된 사진이 공개된 것은 부산 여중생 폭행 사건과 크게 다르지 않았다. 그 무렵에는 여중생들의 폭행이 워낙 미디어를 통해 화젯거리가 되어서 그런지 모르겠지만 유독 여중생들의 집단폭행 사건이 눈에 많이 띄었다.

꼭 그런 것은 아니지만 실무 경험상 남자소년들의 집단폭행은 다소 즉흥적이고 충동적이면서 우발적인 경우가 많은 반면, 여자소년들의 집단폭행은 대체로 원인이 분명하고 계획적이며 목적이 있는 경우가 많다. 물론 이것은 경험을 얘기하는 것인 만큼 혹시나 남녀차별의 시선으로 바라보지 않았으면 좋겠다. 물론 남녀소년들이 섞여서 집단폭행하는 경우도 있으니 이러한 구분이 꼭 일반적이라고 할 수 없긴 하다.

남자소년들은 친구들끼리 밤늦게 돌아다니거나 술을 마시다가 옆에 지나가는 사람의 눈빛이 거슬려서 시비가 되고, 그 순간 친구들끼리의 우정이 빛을 발해 공동으로 폭행을 하는 경우가 많다. 그렇지 않으면 여자친구를 비난하거나 또는 패드립(가족에 대한 험담을 일컬음)을 했다는 이유로 친구들끼리 우루루 몰려가 폭행하는 경우도 있는데, 어쨌든 남자소년들의 집단폭행은 미리 계획했다기보다는 하필 그 순간 친구들과 함께 있어서 발생하는 경우가 많다.

반면 여자소년들의 집단폭행은 평소의 원한관계에서 비롯되고,

혼자서 하는 폭행만으로는 충분히 상처와 망신을 줄 수 없다고 생각해서인지 여러 명이 모여서 폭행하게 되며, 집단의 힘을 등에 업고 용기를 얻어서인지 비행수법도 대담하고 그 피해도 참혹한 경우가 많다. 그리고 한두 명이 피해소년을 유인한 다음 갑자기 여러 명이 나타나 돌아가면서 폭행을 하고 폭행 장면을 촬영한 후 게시하는 등 영악한 계획 비행이 많다.

법정에서 만나는 집단폭행 사건의 주인공들은 부산 여중생 폭행 사건 이후 소년들의 집단폭행이 사회적으로 지탄받고 있다는 사실을 이미 잘 알고 있으므로 판사가 중한 처분을 내릴까 걱정하며 대부분 잔뜩 긴장해 있다.

나는 그 소년들에게 왜 때렸는지 물어본 후 다음과 같은 질문을 연이어 퍼붓는다.

"만약에 너 혼자였다면 그렇게 마음 놓고 심하게 때릴 수 있었을까?"

"너는 그렇게 여러 명한테 둘러싸여 맞아본 적 있니?"

"만약 네가 그렇게 당했다면 넌 기분이 어땠을까?"

이렇게 질문이 이어지면 많은 경우, 여자소년들은 눈물을 뚝뚝 흘리고 남자소년들은 고개를 떨군 채 많은 생각을 하는 것 같다. 나는 만약임을 전제로 물었지만 사실 소년도 예전에 그렇게 당해본 적이 있기 때문인 경우가 많다. 친구들 중 주도 세력들이야 당해본 경험이 없을 수도 있겠지만, 주도 세력들 옆에서 폭행을 거

소년을 법정에서 마주하다

들고 함께 어울린 소년들 중 상당수는 자신도 과거에 그런 집단폭행 경험을 당한 적이 있고, 그 처절했던 경험이 두려워서 왕따가 되지 않으려고 '쎈' 친구들 옆에서 기를 쓰고 붙어 지내는 경우가 많다. 그리고 가끔 그 무리에서도 버림받고 집단폭행의 새로운 피해자가 되는 경우도 있다. 이렇게 일진과 왕따는 대척점에 있으면서도 묘하게 연관되어 있는 것 같다.

3) 공갈, 강요

폭행과 협박을 하다가 돈이나 물건을 뺏는 경우는 공갈죄나 강도죄에 해당한다. 공갈과 강도의 차이는 피해자의 시각에서 구별한다. 공갈은 피해자가 폭행이나 협박을 못 이겨 재물을 줘버리는 경우(피해자의 처분행위가 있음)이고, 강도는 피해자의 의사에 상관없이 재물을 뺏기는 경우(피해자의 처분행위가 없음)라고 하면 될 것이다.

소년보호재판에서 접하는 사건들은 강도죄보다 공갈죄가 많다. 강도죄는 그 죄질이 중하여 소년보호재판보다는 형사재판으로 진행되는 경우가 많아서이기도 하겠지만, 소년비행의 특성상 강도죄까지 성립하는 건 쉽지 않을 것 같기도 하다. 굳이 설명하자면, 소년이 성인을 상대로 한 강도죄가 성립하려면 소년이 성인을 완전히 제압하고 재물을 뺏어야 할 것인데 성인은 대부분 뭘 빼앗기더라도 제압당해서 빼앗긴다기보다는 입장이 난처하여 그냥 줘버리는 경우가 많다. 소년이 소년을 상대로 하는 경우는 피해자가 소년이기 때문에 굳이 완전히 제압하지 않더라도 조금만 겁주면 재물을 주는 경우가 많다. 그래서 어느 경우나 피해자의 처분행위가 존재하여 강도죄보다는 공갈죄에 해당한다.

내 생각에 공갈죄는 사안에 따라 조금씩 다르긴 하겠지만, 소년비행답다고 하기 어렵다. 충동적이고 우발적인 것을 그 특성으로 하는 전통적인 소년비행과 달리 대부분 치밀한 계획에 따라 실행되고, 특히 법제도를 역이용하려는 경우가 많아서 그 죄질이 중하다. 그래서 보통 중한 처분을 받게 된다.

공갈비행 중 가장 죄질이 좋지 않은 예는 이른바 '조건사기'다. 조건사기는 조건만남에서 파생된 수법으로 소년들 사이에 '각목 친다'는 은어로 통하기도 하는데, 특히 남녀소년들이 함께 구성된 가출팸에서 주로 비행이 모의된다. 내가 이러한 비행수법을 처음 알게 된 것은 〈두 남자〉(마동석, 최민호 주연, 2016)라는 영화를 통해서였다. 여자소년들이 채팅 앱 등을 이용해 성인남성에게 조건만남을 제안하고 모텔에서 만나는 사이, 밖에서 기다리던 남자소년들이 모텔방에 들이닥쳐서 그 남성에게 미성년자와 성관계를 하려고 했으니 신고하겠다고 돈을 요구하는 비행수법이다. 영화에서 이런 장면을 처음 접했을 때 '요즘 애들은 참 겁도 없고 영악하구나'라고 생각했었는데, 실무에서 보니 이런 비행수법은 이미 너무 잘 알려진 것이고 사건으로 자주 접하는 수법이었다.

조건사기는 그 자체로도 죄질이 중하지만 그 속을 들여다보면

소년을 법정에서 마주하다

더욱 심각한 범죄가 섞여 있는 경우가 많다. 가출팸 중에는 보통 성매매 또는 조건만남, 조건사기의 경험이 있는 여자소년들이 있다. 그 소년들은 가출팸의 수입과 지출을 관리하면서 먹여 살리는 엄마 역할을 하기 때문에 나이가 어리고 경험이 없는 여자소년들은 지시에 따라야 한다. 그런데 막상 때가 닥치면 어린 여자소년들이 겁을 먹고 거절하기 마련이어서 강제로 이들에게 성매매를 시키는 과정에서 모텔에 가두고 수십 시간 동안 폭행하고 감금하는 끔찍한 일이 벌어진다.

조건사기 비행은 돈을 갈취당한 피해자의 신고에 의한 것이 아니라 함께 가담했던 여자소년들의 용기 있는 신고에 의해 우연히 밝혀지는 경우가 대부분이다. 비행 자체가 음성적으로 이루어지므로 밝혀진 것은 빙산의 일각에 불과할 것이다. 조건사기 비행은 그만큼 사건화되기 어렵고, 훨씬 많은 피해자들이 있을 것으로 추측된다.

조건사기로 법정에 온 소년들의 전력을 보면 초범인 경우는 거의 없다. 그리고 가출한 소년들이 대부분이기 때문에 가정의 보호력을 기대할 수 없는 경우가 많다. 운 좋게 형사재판을 거치지 않는다고 하더라도 소년보호재판에서 시설로 보내지는 등 중한 처분을 피하기 어려울 것이다.

다음은 소년들이 자주 저지르는 다른 유형의 공갈 비행을 소개한다. 소년법 폐지에 관한 청원은 처음에 '청소년보호법을 폐지해

달라'는 제목으로 청와대 게시판에 올라왔었는데, 관련 분야에서 일하는 사람이 아니라면 소년법과 청소년보호법의 개념을 혼동하기 쉽다. 소년의 비행에 관해 보호처분을 하는 법률은 소년법이고, 청소년보호법은 청소년의 건전한 성장을 위해 유해한 환경으로부터 보호하는 법률이어서 그 개념이 완전히 다르다. 흔한 예를 들자면, 청소년에게 담배나 술을 파는 사람들은 청소년보호법에 의해 규제를 받게 되는 것이다.

간혹 당돌한 소년들 중에는 이런 청소년보호법을 역이용하는 소년들이 있다. 편의점에 가서 능청스럽게 담배를 구입한 다음, 청소년한테 담배를 팔았다면서 신고당하고 싶지 않으면 돈을 내놓으라고 협박하는 경우와 노래방이나 주점에서 술을 시켜 마신 후, 청소년에게 술을 팔았다면서 돈을 요구하는 경우가 대표적인 사례다. 업주들은 당황스럽지만 그런 소년들을 신고하고, 청소년보호법 위반 사건에서 청소년인 줄 몰랐다고 항변하여 죄를 면하는 경우가 대부분이다. 하지만 당장 영업정지라도 받게 되면 생계가 힘들어지기 때문에 소년들과 적정한 수준에서 타협하는 경우도 있었다.

이런 비행을 저지른 경위를 보면, 소년은 이미 수차례 동종 비행을 저지른 경험이 있어서 비행 계획을 세우는 것과 계획을 실행에 옮기는 것에 능숙한 경우가 많고, 또 주변의 불량 친구들 또는 선배들로부터 비행수법을 배우는 경우도 많다. 소년이 이런 비행을 저지른 경우는 조속히 조치를 취하지 않으면 더 큰 범죄자로

소년을 법정에서 마주하다

성장할 가능성이 농후하다. 그래서 소년을 일정 기간 사회로부터 격리하여 위험한 환경에서 분리시킬 필요도 있고, 지속적으로 교육하고 생활태도를 살펴야 하기 때문에 중한 처분이 불가피하다.

소년들이 자주 저지르는 또 다른 유형의 공갈 비행이 있다.

앞서 말했듯이 소년들은 오토바이에 대한 지대한 관심 때문에 법정에도 자주 들락날락하게 되는데 이런 점을 이용하는 소년들이 있다. 소년들 말로는 '작업친다'고 하는데 그 말처럼 매우 치밀한 계획비행이다.

자세한 비행수법은 생략하고 간단히 말하자면, 오토바이에 관심 있는 어리숙한 소년들에게 오토바이 타는 걸 가르쳐 주겠다고 접근한 다음 그 소년들이 사고라도 내면 이를 빌미로 거액의 수리비를 요구하는 것이다. 그 과정에서 무면허운전을 신고하겠다고 협박까지 하니 어린 피해소년들은 심적으로 잔뜩 위축되어 돈을 건네게 된다.

피해소년이 부모에게 이러한 사실을 알려야 형사고소가 되고 재판으로까지 진행될 수 있을 텐데, 어린 소년의 입장에서는 보복이 두려워 부모에게 알리기도 쉽지 않아 사건화되지 않은 피해사례도 꽤 많을 것으로 추측된다.

내가 맡았던 사건 중에는 피해소년이 당장 줄 돈이 없어 매일매일 고리의 이자까지 붙여 갚아야 했는데 도저히 감당할 수 없는 지경이 되자 절도를 저지르는 경우도 있었고, 심지어 공갈하는 형들이 무서우니 자기를 시설로 보내 달라고 하는 경우도 있었다. 피해소년이 그동안 입었을 정신적 고통을 고려하면 '작업 친' 소년들에 대한 보호처분은 매우 중할 수밖에 없을 것이다.

공갈죄와 강도죄가 폭행·협박하여 돈이나 물건을 뺏는 경우라면, 폭행과 협박을 하고 난 후에 의무 없는 일을 하도록 하는 것을 '강요죄'라고 한다. 소년들 사이에 한때 유행했던 '00 셔틀'을 그 예로 들면 좋을 것 같다. 친구들 사이에 서열이 높은 소년이 낮은 소년에게 매일 빵을 사오라고 시키면 빵 셔틀이 될 것이고, 뭐든 끼워 넣기만 하면 '00 셔틀'이라는 말은 만들기 쉽다. 특히 최근 소년들에게 관심이 많은 인터넷 모바일 게임과 관련하여 게임 아이템을 선물로 주도록 시킨다든지 게임 레벨을 올릴 수 있도록 사이버 공간에서 사냥을 시킨다든지 하는 어른들은 잘 모르는 그들만의 강요 비행은 그 스펙트럼이 퍽 다양하다. 서열 높은 친구의 요구에 주변 친구들은 자신들이 강요당하고 있다는 생각을 하지 못한 채 다양한 심부름을 하는 경우가 많을 거라고 추측된다.

이런 강요죄는 보통 한두 번으로 사건화되지 않는다. 당하는 입장에서는 서열이 높은 친구의 요구를 어느 정도는 감당해야 한다는 생각도 있고, 또 보복이 두렵기도 하기 때문에 교사나 부모에게 알려지지 않는 경우가 대부분이다. 그러나 사건화되어 법정까지 온 경우를 보면 피해소년들의 상태는 이미 심각한 경우가 많다. 판사로서는 피해소년의 피해가 제대로 회복되지 않는다면 심각한 처분을 고려할 수밖에 없을 것이다.

4) 교사에 대한 폭행

나는 소년보호재판뿐 아니라 아동학대사건 재판까지 맡고 있다. 사건을 들여다보면 요즘 선생님은 참 어려운 직업이라는 깃을 간접적으로나마 체감할 수 있다. 내 학창 시절에는 '선생님의 그림자도 밟으면 안 된다'고 할 정도로 선생님은 맹목적인 존경을 받던 시대였다. 선생님의 체벌도 요즘 잣대로 보면 심각한 아동학대 사건이 될 수 있었지만 당시에는 누구도 문제 삼지 않았다. 그런 분위기는 굳이 학교에만 국한된 것이 아니라 군사정권 시절 사회 전체가 그랬던 것 같다.

과거와는 달리 헌법상 기본권을 제대로 존중받는 요즘 국민들의 의식 수준을 고려한다면, 미래 사회 구성원의 의식 기반을 마련해 나가는 교육현장에서는 특히나 아동과 소년들의 권리가 보호되어야 한다. 그래서 옛날 잣대로 '요즘 선생님 역할이 힘들어졌다'고 하는 말은 사실 어폐가 있다. 그럼에도 교사의 본분으로 학생들을 훈육하는 과정에서 요즘 학생들의 눈높이에 맞도록 훈육의 한계를 지킨다는 것은 사실 매우 힘들어 보이긴 한다.

아동학대 사건을 판단함에 있어서 가장 힘든 부분은 '훈육'과 '학대'의 경계를 따지는 것이다. 부모든 교사든 아동이 그릇된 행동을 하면 이를 바로잡아야 하고 아동에게 경각심을 주기 위해서 체벌을 하게 되는데, 그러한 훈육 목적에도 불구하고 체벌이 용인될 수 있는 수준을 넘어서면 학대에 해당된다. 특히 교육현장에서 수십 명의 학생들을 훈육·지도하는 것이 선생님의 본분이니만큼, 요즘 학생들의 눈높이에 맞게 선생님들의 현명하고 신중한 훈육이 필요하다. 듣기로는 요즘 선생님들이 지나치게 위축되어 훈육지도보다는 학교폭력대책위원회, 징계위원회 등 절차를 통해 해결하는 걸 선호할 수밖에 없다고 한다. 안타까운 면이 없지 않으면서도, 사건을 통해 선생님들의 실무상 고충을 접해보면 그런 입장이 충분히 이해되기도 한다.

요즘은 초등학교 저학년 때부터 아동학대에 관한 교육을 받고 있고 또 인터넷 등 각종 미디어를 통해 그 개념 및 신고절차 등을 숙지하고 있는 영리한 소년들이 제법 많다. 다만 성숙하지 못한 잘못된 권리의식으로 인해 소년들 여럿이 궁리하여 사소한 일로 선생님을 고소하고 이에 심각한 회의를 느낀 선생님이 다시는 교편을 잡지 않겠다고 선언하는 안타까운 경우도 종종 보았다.

교사에 대한 폭행 사건은 심심치 않게 미디어를 통해 보도된다. 그런 뉴스를 보면 교권이 침해되고 교육현장이 붕괴되었다는 말을 실감할 수 있을 만큼 심각한 경우가 많다. 소년 여럿이서 교사를 조롱하면서 폭행하고 그걸 촬영하여 자랑하듯이 SNS에 버젓이 올려놓고 있으니 기가 찰 노릇이다. 소년들을 제지하지 못하고 당하기만 하는 선생님들의 모습을 보면서 내가 마치 그 입장이 된

소년을 법정에서 마주하다

듯 너무 씁쓸했던 기억이 난다.

그렇다고 실무에서 교사를 폭행하는 사건을 많이 접하지는 않는다. 내 추측으로는 그래도 제자인데 형사고소까지 하는 것은 선생님 입장에서 너무 심하다는 배려심이 깔려 있기 때문이 아닌가 싶다. 그게 너무 순진한 접근이라면 형사고소를 하고 사건이 알려지게 되면 학교장과 다른 선생님들에게 누를 끼치게 될 것이고, 그 과정에서 학부모의 반발까지 예상되므로 사건이 복잡해지는 것을 원치 않아 그럴 것이라고 추측할 수도 있다.

뒤에 다시 언급하겠지만 소년법에는 '통고'라는 제도를 두고 있다. 이것은 굳이 형사고소 등의 수사절차를 거치지 않고 학교장 명의로 법원에 직접 사건을 접수하는 제도다. 수사기관을 거치지 않기 때문에 보다 신속하게 처리될 수 있고, 보호처분을 통해 학교에서 도저히 감당하기 어려운 소년에게 충분히 경각심을 줄 수 있으며, 수사기관을 거치지 않아 전과가 남지 않는다는 장점이 있어서 특히 교사에 대한 폭행 사건에 적합한 절차라고 소개할 수 있겠다.

내가 기억하는 교사에 대한 폭행 사건이 있다. 소년은 평소 선생님으로부터 모진 말을 들어 서운했었는데 그날따라 더 참지 못하고 선생님을 공격하기 시작했다. 선생님의 머리채를 잡고 복도와 교실을 끌고 다닌 십여 분 동안이 고스란히 CCTV에 촬영되었고, 분노를 참지 못해 입에서 나오는 욕설 또한 그대로 녹음되어 있었다. 사안이 그 정도가 되었다면 소년에게 비행전력이나 정신적인 어려움에 관한 보고가 되어 있을 법도 한데 특별한 것은 없었다.

법정에서 만난 소년은 자신의 잘못을 인정하면서도 그동안 쌓였던 선생님에 대한 서운한 마음을 늘어놓기 시작했는데, 나는 곧바로 중한 절차를 택했다. 학교와 교실, 교사는 소년들을 둘러싼 가장 기본 단위의 사회인데도, 그 소년은 자신의 서운한 마음 탓에 사회의 가장 기본적인 질서를 파괴한 것으로 절대 넘지 말아야 할 선을 넘은 거라고 판단했다. 나는 소년이 성숙한 사회인으로 성장하기 위해서는 자신의 잘못이 얼마나 심각한 것인지 이번 기회에 반드시 깨달아야 한다고 생각했다.

소년은 한 달 가까이 당초 예상하지 못했던 소년분류심사원의 힘든 생활을 마친 후, 법정에서 "선생님, 죄송합니다!"라고 수차례 외친 후에야 귀가할 수 있었다. 부디 소년의 눈물과 외침이 진정한 깨달음의 표현이었길 바란다.

5) 공무집행방해

최근 주취자의 소방관 폭행으로 안타까운 사망 사고가 발생했고 이어지는 소방관, 경찰관 등 공공안전을 담당하는 분들에 대한 폭행범죄를 접하면서 '누구든 공권력에 대한 도진하면 엄벌하자'는 사회적 공감대가 충분히 형성되어 있다. 그래서 공무집행방해죄는 다른 사건들보다 구속도 많이 되고 그 처벌도 무거운 경우가 많다.

나는 최근 〈라이브〉(이광수·정유미 주연, 2018)라는 경찰관의 일상을 다룬 드라마를 인상 깊게 보았다. 이 드라마에는 뉴스에서나 접하며 어렴풋이 알고 있던 경찰관의 업무와 애환이 생생하게 표현되어 있는데, 사회의 구석구석 어두운 곳을 누비며 '사명감'이라는 단어 하나만으로 극한의 상황을 이겨내는 경찰관의 모습이 사실적으로 잘 묘사되어 있었다. 이 드라마는 보는 이에게 경찰관의 입장을 자연스레 공감하게 하고 그들의 사명감을 존경하는 마음이 들게 했다. 이 드라마 내용 중에 불량소년들이 나이 많은 경찰관을 상대로 교묘하게 보복하는 장면이 특히 눈길을 끌었는데, 피해 경찰관이 모멸감 등을 참고 이겨내는 장면에서는 짠한 마음이 들었다.

실무 경험상 공무집행방해죄의 주인공들은 크게 두 가지로 나뉜다. 한 부류는 이미 소년비행의 전력이 많고 그동안 수차례 경찰서를 거치면서 공권력에 대한 두려운 마음이 무뎌진 소년들이다. 또 한 부류는 몸에 맞지도 않는 술을 처음 접하고 인사불성이 되어 경찰관뿐 아니라 세상 모두에 대한 두려움이 일시적으로 사라진 소년들이다. 경험상으로는 후자의 케이스가 훨씬 많은 것 같다.

아무래도 소년이다 보니 혼자서 마음먹고 공권력에 도전하기는 쉽지 않지만 여러 명이 모여서 집단적인 힘을 발휘할 때는 좀 심각해진다. 여러 명이 모여 경찰관을 상대로 조롱하면서 욕설을 하거나 침을 뱉는 등으로 모욕하는 경우도 있고, 불심검문을 하려는 경찰관을 오토바이에 매달고 달리는 경우도 있다. 또, 경찰관에게 구체적인 해악을 고지하면서 협박하는 경우도 있고, 경찰관의 적법한 체포에 거칠게 반항하며 상처를 입히는 경우도 있다. 나는 공권력에 도전하는 소년들에 대해서 소년보호사건 절차마저도 유약한 모습을 보이면 그 소년들이 이 사회의 법제도와 질서를 우습게 보고 더 큰 비행으로 나아갈 것이 명약관화(明若觀火)하므로, 공무집행방해죄로 법정에서 만나는 경우 거의 예외 없이 중한 절차를 택한다. 그래서 소년을 한 달 가까이 소년분류심사원에 보내는 것은 물론이고, 한 달 이상 소년원에 보내거나(8호 처분 이상) 적어도 '풀세트'(1, 2, 3, 5호)의 중한 처분으로 법제도가 얼마나 어려운 것인지 몸소 경험하도록 하고 있다. 이 부분에 대해서는 많은 판사들, 많은 국민들이 공감할 거라고 생각한다.

사기 관련 범죄

　민법상 미성년자는 거래하는 데 법정대리인의 동의가 필요하다. 그래서 누굴 속여서 거래하고 받아내는 사기는 절도나 폭행과 같은 전통적인 소년범죄라고 보기 어렵다. 그러나 최근에는 직접 대면해서 거래하는 전통적인 거래방식에서 벗어나 사이버 거래 같은 간편한 방식의 거래가 많아진 만큼 소년들이 새로운 유형의 사기 범죄에 가담하는 경우가 많다. 소년들의 사기 사건을 들여다

보면 소년들 입장에서는 이런 게 죄가 된다는 생각을 하지 못하는 경우도 많고, 거래에 관해 미숙한 소년들이 어른들에게 이용당하는 경우도 있어서 '교육현장에서 관련 교육이 제대로 이루어졌으면……' 하는 바람이 있다.

거래 관련 사기죄의 범죄 사실에는 '변제할 의사나 능력 없이'라는 부분이 포함된다. 즉 사기죄가 성립하려면 범행 당시를 기준으로 앞으로 갚을 생각이 없고 갚을 능력도 없이 거래를 해야 한다는 의미다. 거래를 하다 보면 즉시 결제를 할 수도 있지만 즉시 결제가 어려울 경우에는 외상거래를 할 수도 있고 누군가에게 돈을 빌릴 수도 있는데, 그렇게 돈을 빌릴 당시를 기준으로 나중에 갚으려는 의사가 있었고 나중에 갚을 수 있는 능력이 있었는지는 사기죄의 성립 여부를 판단하는 데 가장 중요하고도 어려운 부분이고, 실무상 가장 많이 다투는 부분이기도 하다.

애초에 돈이 없으면서도 식당에서 음식을 시켜먹거나, 술집에서 고가의 양주를 주문해 놓고 술값을 지불하지 않는 경우, 택시를 타고 도착지에서 돈이 없다고 버티는 경우 등은 사기죄가 쉽게 인정된다. 앞서 본 '조건사기'를 예로 들면, 여자소년들이 애초에 조건만남에 응할 생각 없이 만나서 성매매 대금만 받고 몰래 도망쳤다면 여자소년들은 사기죄가 성립할 수 있다. 그런데 병원비, 전세자금 등으로 급하게 목돈이 필요해서 지인으로부터 돈을 빌렸는데 갚기로 한 날이 다 되어도 돈이 없다고 버티는 경우, 회사운영자금이 필요해 지인으로부터 거액의 돈을 빌리고 어음·수표를 발행했는데 어음·수표가 만기에 결제되지 못하는 경우와 같이, 단지 돈을 갚지 못한 것인지 아니면 애초에 남의 돈을 가로채려고 했던 것인지를 가려내야만 하는 경우는 사기죄 판단이 쉽지 않다.

단지 돈을 제때 못 갚았다는 사정만으로는 처음부터 속여서 이익을 챙긴 범죄행위라고 단정하기 어렵다. 그래서 거래 당시를 기준으로 당사자 내심의 의사(변제 의사)나 자력 유무(변제 능력)를 따져야 하는데 그걸 증명하고 판단하는 것은 매우 어렵다. 만약 거래 당사자가 다른 사람에게 "나는 그 빚을 갚지 않을 것"이라고 공언하고 다녔다면야 판단이 어렵지 않겠지만 그런 경우는 거의 없다. 그래서 거래 당시의 여러 가지 간접적인 사정들을 기초로 거래 당사자의 내적인 사정을 추론해야만 한다. 만약 거래 당사자가 거래 당시 이미 다른 곳에 갚아야 하는 빚의 규모가 너무 커서 가진 재산을 다 합쳐도 갚을 수 없는 상태(법률상 개념으로 채무초과상태라고 함)였다거나, 거래 당사자가 여기저기서 같은 방식으로 돈을 빌렸는데 그 사람들에게도 돈을 갚지 않고 있다는 등 다양한 사정들이 함께 고려될 수 있다.

1) 무전취식

소년들이라고 해서 항상 주머니 사정이 궁핍한 것은 아닌 것 같다. 배달전문 업체에서 아르바이트를 하면서 한 달에 100만 원 이상 벌어 용돈으로 쓰는 소년들도 있고, 혹시 돈이 떨어지면 절도

소년을 법정에서 마주하다

등 범행을 저지르게 될까 봐 부모로부터 매주 수십만 원의 용돈을 받고 지내는 소년들도 있다.

그래서 소년들의 무전취식 사기 사건은 '소년들이니까 돈이 없어서 그랬겠지' 하고 가볍게 넘길 것이 아니라 사건을 좀 들여다보아야 한다. 가출 등 다른 비행유인과 연관되어 있는 경우가 많기 때문이다. 가출한 상태로 며칠씩 끼니를 제대로 먹지 못하다가 도저히 참을 수 없는 지경이 되면 소년들은 식당에 들어가서 닥치는 대로 주문해 먹고 화장실에 가는 척하면서 도망가려고 하지만, 눈치가 있는 업주들에게 곧 발각되기 마련이다. 경찰에서 작성된 조서에 '가출'이라는 단어가 눈에 띄면 판사로서는 비록 피해가 경미하거나 나중에 부모가 변상했다고 하더라도 면밀한 조사를 할 수밖에 없다. 아직 발각되지 않은 다른 범죄가 있을 수도 있고 앞으로 똑같은 비행을 저지를 가능성도 농후하기 때문이다. 만약 조사를 통해 다른 범죄가 밝혀지거나 가정의 보호력이 미약하여 가출을 반복할 가능성이 있는 것으로 밝혀지면 소년의 환경을 개선하기 위해 시설에 보내질 수도 있다.

소년들이 법정에서 하는 흔한 변명은 "친구가 밥을 산다고 해서 같이 먹었는데 알고 보니 그 친구가 돈이 없었다"는 것이다. 따지고 보면 그런 경우가 있을 수도 있지만 그럴만한 사건이라면 이미 경찰 조사단계에서 대부분 걸러지게 마련이고, 법정에서 소년에게 물어보면 그 친구의 자력이 의심스러워 밥을 산다는 말은 쉽게 믿기 어려운 경우가 많다. 예를 들면 친구가 이미 무전취식의 경험이 있고 소년도 그걸 알고 있었던 경우라던가, 고가의 술과 음식을 함부로 주문했는데 누가 봐도 친구가 혼자 계산할 수 없는 것으로 보였다던가 하는 경우 등이다.

2) 인터넷 사기

요즘은 대형 쇼핑몰 업체들이 인터넷 상거래 업체에 밀려 경영이 어렵다고 할 정도로 인터넷 거래가 매우 활성화되어 있다. 저렴한 소매품목뿐만 아니라 명품이나 고가의 장비도 인터넷 거래를 통해 매매가 활발하게 이루어지는 만큼 인터넷 상거래의 신용을 해치지 않기 위한 각종의 장치도 잘 발달되어 있다.

인터넷 사기범죄가 이루어지는 곳은 대부분 중고거래 사이트다. 요즘은 중고품 거래에 하도 사기범행이 많아 중고거래 사이트 자체에서 갖가지 방법을 동원하여 거래신용을 뒷받침하려는 노력을 경주하고 있어 예전보다 많이 개선된 것을 체감할 수 있다.

다만 거래라는 것이 신용도 좋지만 가격경쟁에는 당해낼 수 없는 것 같다. 가령, '신형 핸드폰을 10여만 원에 판다'는 판매 글이 사이트에 올라오면 '에이, 설마' 하면서도 혹시나 득템할까 싶어서 판매 글을 열어보고 댓글도 한번 남겨보는 것이 인지상정인 것 같다. 거기에 실제 물건 사진이 첨부되어 있고 갖가지 개인정보가 남겨져 있으면 '설마 저렇게까지 하고 속이겠나' 싶어서 이것저것 더 따지지 않고 덜컥 돈을 송금하는 경우가 많다.

소년을 법정에서 마주하다

인터넷 사기 비행을 많이 해본 소년들은 사이버 공간이라는 특수한 환경 속에서 구매자들의 심리를 이용하는 데 능숙한 것 같다. 요즘은 상대방으로부터 문화상품권의 핀 번호만 받아내도 이익을 취득할 수 있는 세상이니 소년들은 인터넷 세상에서 온갖 창의적인 방법을 동원해 피해자가 돈을 입금하게 하고 '먹튀'한다. 수법을 자세하게 소개하긴 그렇지만, 소년들이 인터넷 중고거래 사이트에서 판매자와 구매자의 중간에서 이익을 취득하기도 하는 등 웬만한 성인 사기범 뺨칠 정도로 수법이 놀라운 경우도 있다. 실무 경험상 남자소년들은 핸드폰 공기계를 대상으로 한 비행이 많은 것 같고, 여자소년들은 아이돌 그룹의 콘서트 티켓이나 팬클럽 용품 등을 대상으로 한 비행이 많은 것 같다.

인터넷 사기 비행의 또 다른 사례로 게임 아이템 사기를 들 수 있다. 이것은 온라인 게임에서 쉽게 얻을 수 없는 희귀 아이템을 판매하거나 그런 아이템이 있는 계정을 판매한다고 속이는 사례다. 온라인 게임을 아예 해본 적 없거나 관심조차 없는 판사들에게도 '리니지(Lineage)' 게임은 너무나 잘 알려져 있다. 이 게임의 아이템을 거래하는 사이트에서 사기를 당했다는 사건이 너무나 많기 때문이다. 게임 아이템이라는 게 수백만 원이 드는 경우도 있지만 단돈 몇만 원에 불과하더라도 일단 사기 피해 신고가 접수되면 수사가 이루어져야만 한다. 수사기관은 범인을 찾고 범죄혐의를 밝혀내기 위해 게임사에 해당 IP 정보 및 접속정보 조회를 요청하고, 경우에 따라 은행계좌 거래내역 및 핸드폰 통화내역도 조회해야 하는 등 엄청나게 많은 수사를 해야 한다. 정작 더 시급한 수사에 투입되어야 하는 노력에 비해 공적인 수사력이 너무 낭비되는 게 아닌가 싶을 정도다. 물론 요즘 같은 IT 시대에는 게임 아이템도 재산상 가치가 있는 것으로서 보호되어야겠지만 공적 수사자원이 비효율적으로 배분되는 점을 고려한다면, 소년들조차도 쉽게 악용할 수 있는 허술한 거래 시스템을 좀 더 철저하게 보완해야 할 필요가 있다고 본다.

인터넷 사기로 법정에서 오는 소년들은 "돈을 입금받고 물건을 보내주려고 했는데 깜빡 잊고 보내지 못했습니다"라는 취지의 변명을 하곤 한다. 그들 말대로 배송이 잠시 지연된 것에 불과한 경우라면 이미 수사기관에서 대부분 걸러졌을 것이고, 사건 기록을 들여다보면 소년들이 애초부터 물건을 보내줄 의사가 없었음을 알 수 있는 객관적인 사정이 충분히 드러난다. 고소를 당한 후 몇 개월이 지나도록 보내지 않았고 수사를 받으면서도 보내지 않고 있다가 법정에 오기 며칠 전에야 비로소 보낸다거나, 통상적인 거래방법이 아니라 고도로 계획된 수법을 이용했다면 애초부터 속이려는 의도가 있었다고 미루어 짐작할 수 있다.

내가 다루었던 매우 인상적인 한 사건을 소개한다.

이모 군은 이미 인터넷 사기로 수차례 처분을 받은 전력이 있

소년을 법정에서 마주하다

었다. 불과 1년도 채 지나지 않아 다시 법정에 온 이 군은 억울함을 호소했다. 이번 사건은 친구 최모 군이 이 군의 스마트폰을 가져가 그걸로 중고거래 사이트에 접속하여 사기 친 것이고, 이 군은 그동안 모르고 있었는데 경찰 수사를 받으면서 비로소 알게 되었다는 것이다. 이 군은 자신의 전력 때문에 경찰이 그의 말을 들으려고도 하지 않았다면서 이번 사건은 정말 억울하다고 하소연했다. 이 군의 보호자도 이 군이 지난번 사건 이후 착실하게 지내왔고, 이 군이 범인으로 지목하는 최 군은 한동안 이 군 집에 머무르며 보호자 모르게 이 군을 괴롭혔다면서 이번에는 이 군의 말을 믿어 달라고 호소했다.

나는 이 군이 쉽게 자백할 줄 알았는데, 막상 심리기일에서 억울하다고 하니 난처했지만 이 군 말대로 억울한 사정이 있을 수도 있으므로 대번에 유죄를 인정하고 이를 전제로 소년분류심사원 위탁이나 보호처분을 할 수는 없었다. 진실을 알기 위해서는 최 군이 필요한데 당장 최 군의 소재를 알 수 없었다. 그런데 마침 우리 재판부에 최 군의 소년보호사건이 있어 동행영장을 발부하여 최 군의 소재를 한창 찾는 중이었다. 나는 이 군에게 최 군의 소재를 알게 되면 경찰에 알리는 등으로 협조하여 일단 최 군을 찾아보자고 한 후 다음 속행기일을 정했다.

그러던 중, 몇 달간 소재불명이었던 최 군의 신병이 우연한 기회에 확보되어 소년분류심사원에 위탁되는 일이 발생했다. 앞서 정해둔 속행기일이 다가오자 나는 최 군을 상대로 증인신문을 하기로 했다. 소년보호재판에는 검사가 들어오지 않으므로 증인신문을 하려면 판사가 직접 증인신문을 준비할 수밖에 없다. 나는 속행기일 전 많은 시간을 들여 1,000페이지가 훨씬 넘는 방대한 수사기록을 꼼꼼히 검토하면서 이 군의 변명에 부합하는 부분과 부합하지 않는 부분을 가려내고 의심 가는 사정 10가지 정도를 추려서 증인신문과 피고인신문을 정성스레 준비했다.

드디어 속행기일이 되었고 법정에 증인으로 소환된 최 군은 내가 하는 증인신문과 이 군의 반대신문에 차분하게 답변을 했다. 최 군의 답변은 이미 예상했다시피 이 군의 집에 잠시 거주했던 것은 맞지만 이 군의 핸드폰은 만져본 적도 없다는 것이었다. 증인신문을 마친 다음 최 군이 돌아갔고 이제 이 군에 대한 피고인신문이 남았다.

나는 기록 검토결과 알게 된 다음과 같은 사정, 즉 중고거래 사이트에 접속한 IP를 보니 이 군의 스마트폰뿐만 아니라 이 군 어머니의 스마트폰도 있었는데 최 군이 이 군 어머니의 스마트폰까지 이용했을 것으로 보이지는 않는 점, 중고거래를 통해 취득한 문화상품권의 핀 번호 중 일부는 이 군이 가입한 컬처랜드 사이트에서 충전되었고 다시 이 군 명의의 티머니로 환불되었던 점, 이 군이 ATM 기기에서 돈을 인출하는 것이 촬영된 점 등 의심 가는 사정을 여럿 물었다. 이 군은 내 질문에 대하여 차분하게 답변을 했고 꽤 설득력이 있었다.

어쨌든 나는 미리 기록을 상세히 검토한 결과와 최 군에 대한 증인신문 결과를 토대로 이 군에게 일단 유죄가 인정된다고 선언한 후, 조사를 위해 이 군을 소년분류심사원에 위탁하겠다는 결정을 고지했다. 그러자 깜짝 놀랄 일이 발생했다. 이 군의 입에서 귀를 의심할 만한 말이 튀어나온 것이었다. 이 군은 나에게 만약 지금 죄를 인정하면 보호처분을 좀 감경해 줄 수 있느냐고 물었다. 나는 잘못 들었나 싶어서 이 군에게 죄를 인정하는 것인지 되물었다. 그러자 이 군은 자신이 직접 비행을 저지른 것임을 인정하고 다만 내년에 대학교에 진학하고 싶으니 중한 처분은 말아달라고 나에게 요청했다. 그동안 태연하고 차분하게 절차에 임하면서 억울함을 호소했던 이 군은 이처럼 순식간에 입장을 바꿔 요청하는 태도 역시 너무나 태연했다.

끝까지 거짓말을 하는 바람에 불리한 지경에 처했는데도 오히려 처분을 감경해 달라는 이 군의 요청은 어이가 없었고, 나는 더 아쉬울 것도 없이 이 군에게 중한 처분을 할 수 있었다. 만약 내가 이 군의 변명에 그대로 속았더라면 이 군은 아마도 법정을 나서면서 카이저 소제(영화 〈유주얼 서스펙트〉의 주인공)처럼 싱글거렸을지 모른다. 그러고는 사법시스템을 비웃으며 더 담대한 비행을 저질렀을 거라고 생각하니 오싹한 마음이 들었다. 수많은 전력에도 불구하고 이번만은 정말 아니라던 그 소년의 얼굴이 다시 떠오른다.

3) 보이스피싱

내 기억으로는 보이스피싱 범죄가 대중적으로 알려진 게 10년도 넘는 것 같다. 오랜 기간 동안 뉴스에도 많이 나오고 개그 프로그램 등에서 희화화되기도 하는 등 이제는 추억 속의 범죄가 될 법도 한데, 보이스피싱 범죄는 현재진행형이다. "당신 계좌가 지금 해킹위험에 처해 있으니 금융감독원 직원에게 잠시 돈을 맡기면 계좌를 정상화한 후 다시 입금해 주겠다"고 하기도 하고, 검사인 척 전화를 걸어 "당신 계좌가 보이스피싱 조직의 범행에 이용된 것 같은데 그렇지 않은 것을 증명하려면 계좌에 있는 돈을 가지고 와서 확인받아야 한다"고 하는 등 속이는 방법도 계속 진화하고 있다. 결과를 놓고 보면 뻔한 수법 같지만 연락을 받은 피해자의 혼을 쏙 빼놓고 덥석 응하게 만드는 특별한 비법이 있는 것 같다.

보이스피싱 사건을 들여다보면, 피해자들 중 자산가는 별로 없다. 내가 경험했던 사건들의 피해자는 30대 초반의 직장 새내기들이 많았던 것 같고, 요즘 유행하는 피싱이니 스미싱이니 하는 범죄수법에 대해 좀 들어본 사람들이 그럴싸한 유혹에 더 민감하게 반응하는 것 같았다. 그리고 자신의 전 재산이 들어 있는 계좌를 지키기 위해 그런 유혹에 쉽게 돈을 내어놓는 것도 같았다. 보이스피싱은 5억, 10억을 가진 여유 있는 사람들이 아니라 500만 원, 1,000만 원이 전 재산인 서민들의 희망을 송두리째 빼앗고 삶의 의욕을 꺾어버리는 중대한 민생범죄다.

보이스피싱 수사결과를 보면 대부분 중국 범죄조직이 총책을 맡고 있다. 내가 경험했던 사건 중에는 피해자로부터 돈을 받아오

소년을 법정에서 마주하다

는 임무(수거책)를 맡기 위해 중국에서 건너온 소년이 있기도 했다. 최근 들어 17~18세의 소년들이 보이스피싱 범죄의 수거책으로 검거되어 소년 법정에 자주 등장한다. 엄밀히 말하자면 보이스피싱으로 형사기소가 되었지만 형사재판에서 소년부 송치 결정을 받고 소년보호재판을 다시 받는 경우다. 워낙 중한 범죄다 보니 검사는 보통 소년보호재판이 아니라 형사재판으로 기소하는 경우가 많은 것 같다.

피해자로부터 돈을 받아오기 위해서는 국세청 또는 금융감독원 직원처럼 보여야 하는데, 정장을 갖춰 입혀 놓고 서류가방을 들려 보내면 성인처럼 보일만 한 연령대의 소년들이 수거책으로 주로 임명된다. 소년들이 외모 면접을 위해 사진과 학생증 등을 미리 전송하기도 하는 등 나름 격식 있는 선발절차도 거치게 된다. 술도 마시고 담배도 사려면 용돈이 많이 필요한 소년들은 심부름만 하면 거액의 수수료를 받을 수 있다는 달콤한 유혹에 혹해서 범행에 가담한다. 하지만 정산을 해야 한다는 핑계로 실제로 수수료를 받기까지는 시간이 많이 걸리고, 그 사이에 금방 검거되기 때문에 그마저도 제대로 받지 못하는 것 같다.

보이스피싱에 가담하는 소년들은 대부분 수거책이다. 점조직처럼 되어 있어서 자신의 바로 위 단계의 그 위로는 누가 있는지 잘 알지 못하고, 처음에는 단지 돈만 받아다 주면 되는 고액 심부름이라고 소개받는다. 소년들은 "그냥 돈만 받아다 주면 된다고 하길래 심부름인 줄 알았어요"라는 변명을 하곤 한다. 소년들의 변명 중 일리가 있는 부분이 있기는 하다. 소년이 피해자를 만나 돈이 든 쇼핑백을 받는 동안 조직의 실장이라는 사람이 소년과 휴대폰으로 계속 통화를 하고, 잠시 후 피해자를 바꾸라고 하여 피해자와 통화를 계속 이어나간다. 혹시 소년이 피해자와 직접 대화를 나누었다가는 어수룩한 소년의 태도에 피해자가 보이스피싱이라는 걸 눈치챌까 봐 그런 것 같기도 하고, 소년이 단지 심부름이 아니라 보이스피싱 범죄라는 걸 알게 될까 봐 그런 것 같기도 하다. 그런데 소년들에게 조금만 더 물어보면 그런 변명은 금방 거짓으로 들통난다. 단지 돈만 전달하면 되는데 그 금액의 4~5%를 수수료로 받는 고액 심부름이라는 것은 보이스피싱처럼 위험이 따르는 범죄가 아니고서야 있을 수 없기 때문이고, 이미 보이스피싱 범죄수법은 미디어 등을 통해 널리 알려졌는데 고등학생 정도 되는 소년들이 그걸 모르고 있을 리 없기 때문이다.

증거 중에는 SNS 대화 내용이 캡처된 사진들이 제출되곤 하는데 소년들이 나도 돈을 벌고 싶다면서 모집책에게 스스로 연락하는 경우도 있고, 범행이 계속되면서 잡힐까 봐 조마조마해 하는 소년들의 마음이 그대로 담겨 있는 경우도 있다.

간혹 그런 대화 내용 중에는 "너는 초범이니까 소년원에 가지 않는다"면서 수거책인 소년을 설득하는 내용도 있는데, 보이스피싱은 그 죄질이 중해 전력을 따지지 않고 소년원뿐만 아니라 소년교도소에 보내질 수도 있는 현실을 너무 모르고 하는 얘기라 실소

소년을 법정에서 마주하다

를 금치 못했다.

보이스피싱은 중한 범죄이기 때문에 대부분 형사기소된다. 내 생각으로 만약 소년이 보이스피싱으로 징역형을 받더라도 장기 2년 이상의 징역형을 받을만한 경우가 아니라면(아마 대부분일 것이다) 굳이 기소되어 형사재판을 받는 것보다, 곧바로 소년보호재판을 받고 장기 2년의 소년원 송치 처분(10호 처분)을 받게 하는 것이 더 좋겠다는 생각이다. 소년들에게 집행유예는 말할 것도 없고 장기 2년 미만의 징역형보다는 장기 2년의 10호 처분이 더욱 중하게 받아들여질 수 있기 때문이다.

보이스피싱으로 검거된 소년들은 구속된 후 구치소에서 성인범들과 어울려 몇 개월을 보낸 다음, 형사재판에서 소년부 송치 결정을 받아 다시 소년보호재판을 받게 되는 경우가 많은데 절차상 크게 아쉬운 점이 있다. 경찰에서의 구속기간 10일과 검찰에서의 구속기간 20일, 그리고 1심 재판 구속기간 최장 6개월을 모두 합하면 소년들은 최장 7개월 동안 구치소에서 별다른 조사나 교육 없이 성인범들과 함께 수용되어 있는 것이다. 원칙적으로 소년들은 성인범들과 구분하여 수용하도록 되어 있으나 구치소 형편상 소수의 소년만을 위한 수용 장소를 마련하기는 어려운 것 같다(오히려 독방에 소년만 있게 되는 것도 위험할 것이다). 소년들은 구속기간 동안 성인범들과 섞여서 오히려 악감화될 수 있는 환경에 노출되고, 조사나 교육 없이 오로지 재판을 기다리면서 수개월을 보내야 하는데 이것은 매우 불합리하다.

한편 소년보호재판은 신속한 절차 속에서도 면밀한 조사가 이루어지고 일시 위탁되어 있는 동안에도 짜임새 있는 교육이 이루어지기 때문에, 단지 구금에만 초점이 맞춰진 일반 형사설차와는 많이 다르다. 피고인이 소년이라면 일단 소년재판부로 사건을 송치하여 소년재판부에서 조사와 심리를 받게 하고, 소년재판부의 조사·심리결과 그 동기와 죄질이 중하여 형사처벌이 필요하다고 판단되면 그때 검사에게 사건을 다시 보내고 형사재판을 받게 하면 된다. 검사에게 사건이 다시 보내지더라도 그때까지 소년보호재판에서 이루어진 면밀한 조사결과는 형사재판의 최종 판단에서도 유용하게 쓰일 수 있다. 소년재판부에서 소요되는 시간이 오래 걸리지도 않는다.

형사재판이 먼저냐, 소년보호재판이 먼저냐는 소년의 장래에 중요한 영향을 미친다. 어느 모로 보아도 소년보호재판이 먼저 진행되는 것이 꼭 필요하다.

소년이 보이스피싱으로 검거되어 구속되거나 하면 부모들은 급하게 피해자들을 찾아다니면서 합의하려고 노력한다. 피해금액이 워낙 큰 경우가 많아서 이를 모두 갚는 것은 어려운 일이지만 피해회복이 중요한 의미가 있기 때문에 부모들은 소년을 교도소에 보내지 않기 위해 필사적인 노력을 다하는 것 같다. 대부분의 피해자들은 피해금만 갚아주면 소년임을 감안하여 처벌을 원치 않

소년을 법정에서 마주하다

는다는 서면을 작성해 준다.

그러고 보면 보이스피싱으로 인한 피해를 최종적으로 부담하는 것은 결국 소년의 부모들이다. '낳으실제 괴로움 다 잊으시고 키우실제 밤낮으로 애쓰시는' 부모님이야말로 중국 범죄조직 보이스피싱 범죄의 최종 피해자가 된다는 사실을 철딱서니 없는 소년들이 제대로 알고나 있을까 싶다.

성 관련 범죄

내가 판사로 임해온 12년 동안 법률 환경에는 크고 작은 변화가 있었지만, 가장 큰 변화는 성범죄 분야에 있었다고 생각한다. 조두순 사건, 도가니 사건을 비롯해 사회적으로 주목받을 만한 성범죄 사건들이 속속 보도되면서, 합의했다는 이유로 또 술을 마셨다는 이유로 성범죄에 비교적 관대했던 그간의 판결에 대해 숱한 비판이 쏟아졌다. 한편으로 성범죄에 대한 처벌을 상향하고 갖가지 부가처분을 부과하는 법안도 수차례 제정·개정되었다. 국민들은 어린이, 장애인 등 취약자에 대한 성범죄에 대해 눈을 뜨더니 이제는 미투(me too) 운동 등으로 촉발된 업무상 위력에 의한 성범죄에 이르기까지 광범위하게 또 샅샅이 성범죄에 대한 관심을 보이고 있다.

요즘에는 아무리 유명한 정치인, 예술가, 연예인이라도 성범죄를 저지르거나 저질렀다는 의심이 있다는 이유만으로도 사회적으로 거센 비난을 받고 자리에서 물러나야 하는 경우가 많다. 이러한 사회 분위기가 반영되어서인지 소년들 사이에도 성범죄에 대한 평가는 매우 혹독하다. 성과 관련된 잘못을 저지르면 즉시 소문이 나고 친구들 사이에 '강간범'이라고 놀림을 받으며 왕따가 되기 십상이다. 어떤 경우는 그 놀림의 정도가 지나쳐 잘못을 한 소년도 지나친 비난에 상처를 입지 않도록 보호해야 하는 상황이 발생하기도 한다. 심지어는 소년분류심사원이나 소년원에서도 소년이 성 관련 비행으로 입소했다는 사실이 알려지면 심한 놀림감이 되므로 가급적 알려지지 않도록 조심할 정도다.

소년들이 성범죄를 저지르는 대상은 대부분 또래 청소년이다. 일반 형법상 강간죄는 3년 이상의 징역형을 규정하고 있지만, 피해자가 청소년인 경우는 아동·청소년의 성보호에 관한 법률(이하 아청법)이 적용되어 무기징역 또는 5년 이상의 징역형으로 가중처벌된다. 그래서 범죄를 저지른 게 소년이라고 하더라도 피해자가 청소년인 이상 아청법의 적용을 받아 무겁게 처벌될 수밖에 없는 상황이 된다.

그러나 범인이 소년이든 성인이든 피해자의 입장에서 바라볼 수밖에 없는 범죄라서 어쩔 수 없다. 사건으로 접하는 피해소년들은 감수성이 예민한 시기에 몸과 마음에 큰 상처를 입고 고통 속에 살게 되면서 성격까지 변하는 경우가 많은 것 같다. 그래서 장기간에 걸쳐 꾸준히 심리치료를 받으면서 안정되기만을 기대할 수밖에 없다.

내가 맡았던 가정폭력 사건 중에는 어린 시절에 당한 성폭행 충격으로 정신적인 어려움까지 겪어 그 후 학교생활, 직장생활 등을 다 포기하고 집에서 지내면서 온갖 화풀이로 가족들을 괴롭게 만드는 경우도 있었다. 청소년에 대한 성범죄는 피해소년뿐만 아니라 그 가족까지 비참한 지경으로 몰아가므로 청소년에 대한 성범죄는 엄격하게 볼 수밖에 없다.

성범죄는 무엇보다 피해회복을 위한 노력이 중요하다. 성범죄 피해는 아무리 많은 돈을 준다고 하더라도 완전한 회복의 길은 요원하지만, 가해소년 측에서 그래도 피해회복을 위해 얼마나 노력했는지는 매우 중요한 문제다.

그런데 피해자 입장에서는 다시는 떠올리고 싶지 않은 일이고 이제야 겨우 안정이 되어 가는데 가해소년 측에서 자꾸 합의해 달라며 접촉을 시도하는 것이 힘들 수도 있다. 그래서 가해소년이 영원히 사회에서 격리되어야만 안심하겠다면서 처벌을 호소하니 그 심정도 이해가 된다.

판사 입장에서는 그나마 형사처벌 또는 보호처분을 앞두고 있을 때라도 합의금을 받아 치료비에 보탤 수 있게 해주는 것이 피해자를 위하는 방법이라고 생각되어, 가해소년 보호자로 하여금 피해자 측 국선변호사를 통해 조심스레 합의를 시도할 것을 권유한다. 그러나 상처가 남아 있는 피해자와 가족들을 생각하면 이것은 매우 조심스러운 과정이다.

1) 강간, 강제추행

강간죄나 강제추행죄에 있어 가장 다툼이 많은 부분은 아무래도 '동의에 의한 성관계'인지 아닌지의 여부에 있다. 워낙 은밀한 곳에서 이루어져 가해자와 피해자만 알 수 있는 부분이기에, 판단하는 입장에서는 정확히 알기도 어렵고 결론도 신중하게 내려야 한다. 증거는 많지 않지만, 유죄로 인정되어 중한 형벌과 비난으로 피고인의 인생이 끝장날 것인지 아니면 무죄로 인정되어 단지 치정관계였던 것으로 결론이 날 것인지 양자택일뿐이다. 그래서 성범죄 사건은 판사들에게 있어서 참 다루기 어려운 사건 중 하나다.

소년사건도 마찬가지다. 다른 소년사건들은 명백한 증거들이 즐비하기 때문에 자백할 수밖에 없는 경우가 대부분이라면 소년들의 강간, 강제추행 사건은 피해소년의 진술 외에는 마땅히 증거도 없는데 어린 피해소년들의 진술이라 의미를 제대로 알고 진술한 것인지, 그 표현이 제대로 된 것인지 등 진술의 신빙성을 다시 따져봐야 하는 경우도 있다. 그리고 가해소년들은 평생 성범죄자로 낙인 찍히는 걸 피하려고 사선 변호사까지 선임하여 필사적으로 다투는 경우가 많아서 사건은 복잡해지기 마련이다.

비 오는 날 밤, 어두운 곳에서 기다렸다가 지나가는 여자를 쫓아가 넘어뜨리고 범행을 시도하는 경우라면 유죄임을 인정하는 데 별 어려움이 없다. 그렇지만 남녀소년들이 가출팸을 구성하여 이곳저곳 돌아다니다가 어느 날 건물 옥상에서 술을 마시고 난 후에 불상사가 발생했다면, 대부분의 가해소년들은 서로 좋아했다거나 적어도 피해소년이 딱히 거절하지도 않아서 그랬다는 변명을 늘어놓기 마련이다. 이런 사건은 범행 당시의 전후 상황을 면밀히 따져 봐야 해서 그 판단이 어렵다.

소년들이 흔히 저지르는 범행 중 '준강간, 준강제추행'이 있다. 그 개념이 익숙한 것은 아니지만, 피해자의 심신상실이나 항거불능 상태를 이용하여 간음하거나 추행을 저지르는 것을 말하는 것으로 피해자가 잠을 자거나 술에 취해 정신을 잃은 경우에 흔히 발생한다. 소년들이 술을 마시면서 '왕게임'을 하고 벌칙으로 여자소년이 술을 과다하게 마셔 정신을 잃은 사이에 남자소년 역시 술에 취해 판단력이 흐려진 상태에서 범행을 저지르는 경우가 많다. 내체적으로 남자소년들은 폭행이나 협박으로 반항을 억압하면서 범행을 저질러야만 죄가 되는 것으로 인식하는 경우가 많은데, 잠을 자거나 술에 만취한 피해자에 대한 범행도 똑같이 처벌받는다는 걸 제대로 알 수 있도록 관련 교육이 꼭 필요하다고 본다.

내 어린 시절에는 "아이스께끼!" 하며 여자 친구들의 치마를 걷어 올리는 장난을 많이들 했었다. 돌이켜보면 그건 심각한 성범죄였고 그 친구들의 수치심도 어마어마했을 텐데 그때는 그런 문제에 모두가 너무 무심했던 것 아닌가 하는 생각이 든다.

실무상 아직 성에 관한 사리분별이 미숙한 소년들이 저지르는 비행 중 난처한 경우가 있다.

초등학교 5~6학년 정도 되는 앳된 소년들인데, 어느 날 갑자기 무슨 생각이 들어서인지 같은 반 친구의 신체를 만지는 등 성적으로 수치심을 주는 행위를 하는 경우가 있다. 피해소년은 평소 반듯하고 매사에 적극적이었는데 너무나 갑작스럽게 수치스런 일을 당하고 난 후 온갖 짜증이 늘고 성격이 난폭해지면서 심각한 스트레스성 장애 증상을 보이게 된다. 피해소년의 가족들 또한 피해소년의 불편한 마음이 전달되는 매 상황을 받아들여야 해서 제대로 된 생활을 하기 어렵다.

한편 가해소년 역시 평소 활달하고 리더십이 있어 친구들 사이에 인기가 많았는데, 어느 날 갑작스럽게 저지른 사건으로 친구들 사이에서 추악한 성범죄자로 손가락질당하면서 심리적으로 위축되어 학교를 제대로 다니지 못하는 처지가 된다. 평소에 아주 모범적이던 아들의 모습이었기에 가해소년 부모들의 충격도 이루 말할 수 없다. 아무도 예상치 못했던 우발적인 사건 이후 피해소년이나 가해소년이나 상황은 최악으로 치닫게 된다. 이런 경우 판사로서는 피해소년 측의 감정을 외면할 수 없기에 가해소년에 대한 배려가 쉬운 상황은 아니지만, 어떤 심각한 의도가 있었던 것이 아니라면 가해소년에 대한 지속적인 교육과 상담, 심리치료 등 보호조치를 강구할 수밖에 없다. 물론 그것은 가해소년 보호자가

소년을 법정에서 마주하다

피해소년의 회복을 위해 정성을 다한다는 것을 전제로 한다.

2) 성 관련 강요

소년들이 저지르는 성 관련 범죄 중 끔찍한 유형의 범죄가 있어 소개하고자 한다.

최근 스마트폰 채팅 앱으로 대화를 하면서 남자소년이 여자소년의 비밀을 알게 된 것을 기화로 다른 사람에게 이를 알리겠다고 협박하면서, 겁먹은 여자소년에게 스마트폰으로 신체사진을 찍어 보내게 하는 등을 강요하는 범죄가 유형화되었다고 할 정도로 많은 편이다. 처음에는 장난처럼 시작한 범행이지만 거듭될수록 과감해지고 급기야 소년을 '주인님'으로 부르게 하면서 겁박당한 피해소년을 마치 노예처럼 부리게 된다.

스마트폰 채팅 앱에서 속칭 '노예놀이'로 불리며 사리분별이 미숙한 어린 여자소년을 노예로까지 삼으려는 이 위험한 장난은 그 피해가 정말 심각하다. 가해소년과 피해소년이 주고받은 SNS 대화 내용에는 '제발'이라는 말로 도배되어 있어 심적 고통에 몸부림치는 피해소년의 마음이 그대로 드러나 있다. 피해소년은 심각한 스트레스로 우울증, 대인기피증을 겪거나 공황장애, 정동장애 등 본격적인 정신질환을 겪는 경우가 허다하다.

반면 이런 위험한 범죄를 저지른 소년들의 면면을 보면, 과거 동종의 비행전력이 있는 것도 아니고 처음부터 나쁜 의도로 시작하는 것도 아니다. 처음에는 그냥 장난으로 시작했는데 상대방이 어리숙하게 당하는 걸 보니 점점 더 재미있어지고 '설마' 하는 마음에 점점 더 과감해진다. 가해소년은 사건화되면서 부모에게 질책을 당하고 경찰, 검찰의 수사를 받으면서 자기가 얼마나 심각한 잘못을 저질렀는지 비로소 깨닫게 된다. 그래서 법정에 이르기 전에 이미 충분히 각성되어 있는 경우가 많다.

소년보호제도가 가해소년의 성행 개선에 초점이 맞춰져 있다고 하더라도, 판사로서는 이러한 난처한 사건에서 피해소년의 심각한 결과를 고려하지 않을 수 없다. 아무리 가해소년의 장난기 어린 행동에서 비롯된 것이라고 해도 피해소년이 충분히 회복되지 않는다면 가해소년은 중한 처분을 피할 수 없을 것이다.

스마트 기기의 광범위한 보급과 SNS의 활성화로 생활이 스마트해지고 인적 네트워크가 확장되는 등 생활이 윤택해지는 면이 있지만, 그에 관한 책임이나 윤리의식은 기술의 발전 속도를 미처 따라가지 못하는 것 같다. 결국 윤리가 결여된 기술에 무방비 상태로 노출된 어린 소년들이 심각한 고통을 겪게 되는 안타까운 장면이라고 생각한다.

3) 카메라 등 이용 촬영

스마트 기기의 광범위한 보급으로 인해 급증하는 성범죄의 다른 장면이 있다. 바로 성폭력범죄의 처벌 등에 관한 특례법에서 규정하는 카메라 등을 이용한 촬영죄다. 이 범죄는 다른 사람의 신체를 '그 의사에 반하여' 촬영한 경우에 해당된다.

소년을 법정에서 마주하다

그 대표적인 예로, 성관계를 하면서 피해자 몰래 촬영하여 '카메라 등 이용 촬영죄'로 소년부 송치되어 오는 경우를 들 수 있다. 또 술에 취해 정신을 잃은 피해자를 추행하면서 사진까지 촬영해 준강제추행죄와 카메라 등 이용 촬영죄가 경합되어 소년부로 송치되는 경우도 있다. 성적 호기심이 왕성한 나이이기도 하고 아직 성에 관한 분별력이 미숙한 소년이기에, 묘한 상황에서 소지하고 있던 스마트폰으로 쉽게 촬영까지 이를 수 있다는 점을 감안하더라도, 그 결과물의 파급력이 크고 그 피해가 영원할 수 있다는 점에서 중한 범죄로 다룰 수밖에 없다.

범죄가 밝혀지는 경위를 보면, 대부분 촬영된 사진 또는 동영상이 SNS를 통해 다른 친구들에게 전파되어 피해소년이 그 사실을 알고 기절하면서 시작된다. 나아가 피해소년의 부모까지 알게 된다면 사태는 더욱 심각해지기 마련이다. 만약 사진 또는 동영상이 친구들 사이에 전파되었다면 카메라 등 이용 촬영죄와 별도로 아청법상 음란물 제작·배포 등의 죄까지 함께 성립하고, 소년한테 영상물을 받아서 SNS로 그 영상물을 퍼 나른 친구들도 같은 죄가 성립되므로 상황은 매우 심각해진다.

소년이 영상물을 급하게 삭제했어도 수사과정에서 '디지털 포렌식' 작업을 거치면 해당 영상물이 복구되는 경우가 많다. 스마트폰에 저장된 해당 영상물을 스스로 삭제하면 영구히 없어질 거라는 일반 상식과는 달리 작업을 거치면 복원할 수 있다는 점이 중요하다. 소년들에게 스마트폰은 중요한 자산가치가 있으므로 소년들이 스마트폰을 새로 구입하면 기존 스마트폰은 중고거래 사이트를 통하는 등으로 판매하기 마련이다. 그렇다면 소년들이 일부러 영상물을 퍼뜨리려 하지 않더라도 소년들로부터 스마트폰 공기계를 구입한 사람이 영상물을 복원하여 음란 사이트에 퍼뜨릴 수 있는 가능성이 있다는 얘기가 된다. 또한 요즘은 집안에 설치된 CCTV뿐만 아니라 각자 소지한 스마트폰도 외부에서 해킹이 가능하다고 하니, 해킹되어 영상물이 퍼지고 난 뒤의 일은 생각만 해도 아찔하지만 충분히 일어날 수 있는 일이다.

소년의 호기심과 장난기 어린 행동에서 비롯되지만, 혹시나 친구들 사이에 불쾌한 영상물이 퍼지게 되면 피해소년은 학교를 제대로 다닐 수 없고 전학을 가더라도 혹시 소문이 돌까 봐 늘 노심초사하면서 지내야 한다. 사람들 기억에만 남는 것이라면 잊히고 사라질 법도 하겠지만 영원히 존재하는 영상물 때문에 피해소년은 학업, 취업, 결혼 등 인생의 중요한 시기마다 불안에 떨어야 한다. 요즘 한창 '리벤지 포르노(revenge porno)'라는 말이 유행하고 있는데, 복수심이 됐든 장난이 됐든 영상물 하나로 한 사람의 인생을 망치는 중대한 범죄인만큼 중한 처벌·처분을 피할 수 없을 것이다.

카메라 등 이용 촬영죄가 성립하는 또 다른 장면이 있다. 지하철 역사 에스컬레이터에서 치마 속을 촬영한다든가, 공중 여자화장실에서 용변 보는 모습을 촬영하는 경우다. 내가 실무를 처음 맡았을 때, '이렇게나 많다니!' 하고 깜짝 놀랐을 정도로 소년들이 자주 저지르는 비행이다. 최근 공중 여자화장실에 설치된 몰래카메라 사건이 수차례 보도되면서 아예 공중 여자화장실을 쓰지 않겠다는 여성들이 늘어나고 있고, 또 화장실을 관리하는 건물주들 사이에 몰래카메라 방지 설비가 유행할 만큼 사회적으로 큰 이슈가 되기도 했다.

이에 관한 문제의식이 확대되어 한때 여성의 사회적 성차별 문제와 결부되기도 했는데, 꼭 여성만 피해자가 된다는 전제가 아니라면 이런 논란은 큰 의미가 없을 것 같기도 하다. 내가 다루었던 사건 중에는 남자화장실에서 용변 보는 모습을 동영상 촬영했다가 적발된 소년도 있었는데, 인터넷 사이트를 통해 남성의 용변 동영상도 거래된다고 하니 참 요지경 세상인 것 같다.

소년이 범죄를 저지른 후, 검거되어 스마트폰을 압수당하면 수사과정에서 '디지털 포렌식' 작업을 거쳐 영상물을 복원하게 된다. 소년들이 비행 발각 후에 경찰에 체포되기 전의 급박한 상황 속에서 영상물을 삭제하는 경우가 많아 해당 영상물의 복원이 필요하기도 하겠지만, 혹시 다른 영상물이 있는지 알아보기 위해서라도 디지털 포렌식은 필수적으로 거치는 작업이다. 디지털 포렌식 작업을 거치면 해당 영상물 이외에도 신원불상의 다른 피해자 영상물도 함께 발견되기 마련이다. 소년이 만약 발각되지 않았더라면 계속 비행을 저지를 거라는 것을 방증하는 것이다.

그런데 디지털 포렌식으로도 해당 영상물이 발견되지 않는 경우가 자주 있다. 해당 영상물이 삭제되면서 그 저장 공간에 새로운 데이터가 저장되어 덮어쓰기 되는 경우가 그런 것 같다. 해당 영상물이 발견되지 않으면 여자화장실에서 소년을 발견했다는 피해자의 진술 외에 소년이 영상을 촬영했다는 사실까지 밝혀 줄 증거가 명확하지 않다. 이런 경우는 카메라 등 이용 촬영죄는 성립되기 어렵고, 보통 성적 목적 공공장소 침입죄(성폭력범죄의 처벌 등에 관한 특례법 제12조)로 송치되거나, 건조물침입죄(형법 제319조)로 송치된다.

이러한 침입죄로 송치된 소년들의 변명은 대부분 비슷하다. 용변이 급해서 건물로 들어갔는데 마침 남자화장실의 문이 잠겨 있다거나 휴지가 없어서 여자화장실에 들어갈 수밖에 없었다는 것이다. 그러나 비행 당시의 전후 상황을 구체적이고 상세하게 설명하는 피해자의 진술이 거짓일 리 없을 뿐만 아니라, 소년의 화장실 이용시간과 화장실에 들어가기 전후의 이상한 행동이 찍힌 건물 CCTV 영상, 적발 전후 소년의 태도 변화 등 제반 사정을 종합해 보면, 단지 급하게 용변을 보려고 여자화장실에 들어갔다는 소년의 변명은 받아들이기 어려운 경우가 대부분이다.

지하철 역사 에스컬레이터나 공중 여자화장실에서 촬영하다 적발되어 오는 소년들을 보면 다른 비행전력이 없고 평소 모범적인

소년을 법정에서 마주하다

학교생활을 하는 소년들이 제법 많다. 내가 맡은 소년 중에는 서울 유명 사립대에 수시합격하고 입학을 기다리던 소년도 있었다. 이런 소년들의 조사 보고서에는 대부분 평소 학업에 대한 스트레스가 심했는데 마침 음란 사이트에 접속해서 유사 범행 동영상을 본 후 충동을 억누르지 못하고 범행에 이르게 되었다는 내용이 담겨 있다. 소년들이 이러한 비행을 반복하는 것을 막기 위해 사회적으로는 어떤 해결책으로 접근해야 하는지 시사점이 있다고 본다.

4) 지하철 추행

출·퇴근 시간의 지하철은 '지옥철'이라 불릴 만큼 붐비고 정신이 없는 곳이다. 남녀구분 없이 부대끼는 복잡한 지하철 안에서 은근슬쩍 여성들의 신체에 손을 대는 추행범죄는 비단 어제 오늘만의 문제가 아니다. 오히려 남자들이 지하철에서 불필요한 오해를 받지 않도록 처신을 잘해야 한다는 얘기가 나올 정도로 지하철 성범죄에 관해서는 관심도 높고 관련 논의도 많으며, 그만큼 사회적 공감대도 성숙한 것 같다. 그러나 오늘도 계속되는 지하철 내 경고문이나 경고방송에도 불구하고 지하철 내 추행범죄는 현재진행형이다.

복잡한 지하철 내에서 추행범죄를 저지르는 것은 엉큼한 아저씨들만의 문제만은 아니다. 한창 성적 호기심이 왕성한 소년들은 지하철을 타고 내리는 과정에서 과감하게 추행을 시도하곤 한다. 소년들은 얼마 전 접했던 음란 영상물을 떠올리면서 충동적으로 비행을 저지르고, 운 좋게 별 탈 없이 지나가면 적발될 때까지 비행을 반복하는 게 보통이다.

　지하철 추행죄의 경우 다른 성범죄에 비해 목격자도 많고 CCTV로도 제법 많이 촬영되는 편이어서 범행을 적발하는 것이 어렵지 않고, 적발된 소년도 순순히 자백하는 경우가 대부분이다.
　그런데, 내가 맡았던 사건 중에 그렇지 않아서 다소 어려운 사건이 있었다.
　수사기록을 보니 피해자가 소년을 성추행범으로 지목하게 된 경위, 당시 CCTV에 촬영된 소년의 수상한 행적 등을 근거로 소년이 지하철 추행죄를 저지른 것으로 수사되어 소년부 송치되었다. 그런데, 보호관찰소의 결정 전 조사 보고서에 의하면 소년이 계속 비행을 부인하며 억울하다는 입장이라는 것이었다.
　심리기일에 만난 소년은 예상했던 대로 단호하게 비행을 부인했고, 소년의 보호자 또한 아들이 성범죄자로 낙인찍힐까 봐 노심초사하면서 억울함을 강하게 호소했다. 나는 고민에 휩싸였다. 만약 소년이 비행을 저질렀는데도 무죄로 인정된다면 이 절차를 가볍게 여겨 또 다른 비행을 저지르지 않을까 걱정스러웠고, 반대로 소년이 비행을 저지르지 않았는데도 유죄로 인정된다면 어린 나이에 사법 시스템에 대한 실망과 좌절을 맛보면서 앞으로 제도를 불신하고 비뚤어진 생각을 할까 우려스러웠다.
　나는 심리기일에서 소년에게 "4주 정도 시간을 줄 테니 4주 뒤

소년을 법정에서 마주하다

속행기일에 입장을 정리하여 말하되, 그 사이 내가 기록을 샅샅이 검토한 결과 유죄가 인정되는데도 계속 비행을 부인한다면 반성하지 않는 것으로 보아 더욱 불리할 수밖에 없다"고 설명했다. 보호자에게는 "소년을 감싸는 마음은 충분히 인정되지만, 만약 소년이 거짓을 말하고 있는데도 이번 기회에 아무런 조치 없이 지나가게 된다면 그것이 더욱 위험한 상황이 될 것"이라고 설명했다. 그러고 나서 소년과 보호자가 깊은 얘기를 나누고 4주 뒤 속행기일에 나에게 진실을 알려달라고 부탁했다.

나는 속행기일이 되기 전에 사건기록을 다시 한번 꼼꼼하게 살폈다. 소년의 유죄를 뒷받침하는 증거를 살폈는데 다소 의심 가는 사정이 있기는 하지만 다른 사건들에 비해 증거가 완벽하지는 않았다. 피해자는 당시 자리에 앉아 잠시 졸고 있었는데 누군가 자신의 가슴을 스치듯 만졌고, 놀라서 고개를 들어보니 열차 문이 열리면서 황급히 나가는 소년을 보았다는 것이 피해자가 소년을 범인으로 지목하게 된 경위이고, 달리 목격한 사람도 없었다. 그리고 지하철역 CCTV에는 소년이 열차에서 내려 잠시 우왕좌왕하다가 다음 열차를 타는 장면이 촬영되었는데 경찰은 이를 근거로 비행이 발각되자 잠시 상황을 모면하려고 소년이 열차에서 내렸을 거라는 의견이었다. 이에 소년은 당시 용변이 급해 역사 내 화장실을 알아보려고 열차에서 내렸던 거라고 변명했는데 그 변명도 나름 일리가 있었다.

4주가 지난 뒤 속행기일이 열렸고 법정에서 다시 만난 소년은 여전히 비행을 부인했다. 보호자도 소년과 여행가서 터놓고 얘기를 해보았는데 정말로 아니라고 하니 소년의 얘기를 믿을 수밖에 없다고 했다. 결국 내가 어려운 결정을 해야만 하는 시간이 되었고, 고민 끝에 내가 내린 결론은 다음과 같았다.

"소년에 대하여 중한 비행인 성폭력 비행이 인정됨을 전제로 보호처분을 부과하기 위해서는 법관으로 하여금 합리적 의심의 여지가 없을 정도로 증명되어야 하는데, 본 사건에서 수사기관이 제출한 증거만으로는 이를 인정하기 부족하므로, 무죄의 의미로 불처분결정을 하는 것이 상당하다."

정적을 뚫고 불처분결정이 고지되자 소년과 보호자는 법정에서 서로 부둥켜안고 큰 소리로 오열했다. 소년과 보호자가 수사와 재판이 진행되는 수개월 동안 성범죄자가 될까 봐 억울하고 걱정스런 마음에 밥도 못 먹고 잠도 못 잤을 거라고 생각하니 마음이 짠했다.

나는 소년에게 그동안 겪은 수사와 재판 등 일련의 절차는 나와 내 가족, 친구 등 소중한 사람을 범죄로부터 보호하기 위해 꼭 필요한 절차이고, 경찰이 소년을 의심하는 데에는 그럴만한 이유가 있었던 것이니만큼 너무 서운한 마음을 갖지 말기를 당부했다. 소년은 말없이 고개를 끄덕이며 차분하게 퇴장했다.

5) 공연음란

공연음란죄는 말 그대로 공연하게 음란한 행위를 하는 것인데,

소년을 법정에서 마주하다

흔히 알려진 '바바리맨'이 대표적인 경우다. 특징적인 것은 형법상 공연음란죄로부터 보호해야 할 대상을 개인이 아니라 사회의 성 풍속으로 정하고 있다는 점이다. 음란행위를 본 사람이 성적인 수치심과 불쾌감을 느끼기는 하지만, 다른 성범죄처럼 음란행위를 본 사람 개인이 피해자가 되는 것은 아니라는 말이다. 소년들이 흔하게 저지르는 범죄는 아니지만 간혹 남자소년들이 공연음란죄로 법정에 오는 경우가 있다.

내가 다루었던 사건 중에는 의도적으로 음란행위를 하려 했던 게 아니라 그냥 덥다고 대낮에 거리에서 옷을 다 벗어버린 경우도 있었고, 늦은 밤 음란 동영상을 보다가 집을 뛰쳐나와 골목길에서 지나가는 사람에게 몸을 보여주는 경우도 있었다. 성에 대한 분별력이 떨어지거나 성에 대한 관심과 집착이 지나친 경우인데, 어찌됐든 소년이 이성적으로 욕구를 조절하지 못하는 경우들이었다. 공연음란 행위는 대부분 충동적으로 일어나지만 문제는 반복적이라는 것이다. 소년들이 자꾸만 그런 행위를 반복하는 이유는 성에 대한 왜곡된 인식뿐만 아니라 가정형편의 불편함이나 생활에서 겪는 심각한 스트레스를 정상적으로 해소하지 못해서인 경우가 많은 것 같다. 그래서 공연음란죄를 저지른 소년들에 대해서는 법원 조사관이나 진단전문가를 통해 심층적인 조사를 하는 경우가 많고 보호처분도 가능한 한 '치료'에 중점을 둔다.

내가 맡았던 사건 중 독특한 사건이 있어서 소개하려고 한다.

소년이 빌라의 계단식 복도에서 뒤돌아서 바지를 벗고 몸을 만지고 있었는데, 하필 우연히 지나가던 동네 아주머니가 복도의 작은 유리창을 통해 그 장면을 목격했다. 그렇게 사건화되어 공연음란 혐의로 소년부 송치되었는데, 나는 과연 그 행위가 유죄가 되는 것인지 의문이 있던 차에 동료 판사들에게 의견을 물었더니 예상 밖으로 갑론을박이었다.

'공연성'이 있는 것인지의 여부가 문제 되었는데, 나를 비롯한 일부 판사들은 소년 입장에서야 누구에게 보여주려 했던 것도 아니고 그 장면을 목격하기도 어려웠던 점에 비추어 죄가 성립할 수 없다는 의견이었다. 한편 일부 판사들은 누군가에게 발견된 이상 공연성이 인정될 수 있고, 꼭 형법상 범죄성립 여부를 따지지 않더라도 소년의 건전한 성장을 위해 보호처분이 필요하다는 의견이었다. 사실 무죄라고 보는 내 입장에서도 굳이 판사들의 의견을 물어본 이유는, 소년이 아무 조치 없이 이 절차를 지나간다면 앞으로 충동적인 욕구를 조절하지 못하고 성범죄를 저지를까 봐 걱정되기 때문이기도 했다. 판사들이 모여 수십 분간 논쟁한 끝에 묘안이 나왔다. 소년에 대한 최종적인 처분을 보류한 채 '처분 전 상담'을 진행하여 소년행동의 원인을 찾고 교정한 다음, 그 성과가 좋으면 불처분결정(따로 보호처분을 하지 않는다는 결정)을 한다는 것이었다.

심리기일에 법정에 나온 소년은 부끄럽기도 하고 함께 온 부모님께 죄송스러워서인지 고개를 푹 숙이고 아무 말도 못했지만, 청소년 성 전문 상담기관에서 10여 회 상담을 받고 몇 개월 후 다시

소년을 법정에서 마주하다

법정에 왔을 때는 한껏 밝은 모습이었다. 나는 소년의 다시 찾은 자신감과 재발방지 다짐을 확인한 후, 불처분결정을 하고 집으로 돌려보냈다. 한때 자식이 부끄러우면서도 어떻게 대해야 할지 몰라 당황했던 소년의 부모님은 연신 고마움을 표시하면서 소년의 손을 잡고 등을 쓰다듬으며 함께 퇴정했다.

이런 게 소년보호재판의 묘미가 아닐까 싶다. 만약 소년이 일반 형사재판을 받았더라면 어땠을까?

유죄? 무죄? 그런데 그러고 나면?

6) 성매매

자발적으로 성매매를 한 여성을 처벌하는 것이 위헌인지, 합헌인지에 대한 헌법재판소의 결정을 기다리며 사회적으로 뜨거운 이슈가 된 적이 있다. 결과적으로 헌법재판소가 성매매를 한 사람을 처벌하도록 규정하고 있는 성매매알선 등 행위의 처벌에 관한 법률이 성매매 여성의 성적 자기결정권 등 헌법상 기본권을 침해하는 것은 아니라는 취지로 합헌 결정을 하면서 사회적인 논란은 일단락된 것으로 보인다.

성매매 자체는 여전히 범죄지만, 청소년들의 성매매도 범죄로 보는 것이 맞는지에 관해서는 관련 논쟁이 한창 진행 중이다. 논점은 청소년 성매매를 바라볼 때, 성에 대한 인지분별이 떨어지는 청소년들이 성인들의 경제적 힘에 길들여져 그루밍 성폭력 (Grooming sexual violence, 피해자를 정신적으로 길들인 뒤 성적으로 착취

하는 성폭력)의 피해자가 되는 것으로 시각을 바꿔야 한다는 것이다. 이런 주장은 나아가 소년들은 피해자이기 때문에 범죄자로 처벌하도록 규정하는 것은 위헌이라는 주장으로까지 번지게 된다.

이런 주장의 당부를 섣불리 말하기는 어렵지만, 실무 경험으로 보아 일리가 있는 점도 있다. 가정환경이 불우하거나 불량한 친구들과 교제하면서 수시로 가출하는 소년들이 있다. 가출한 소년들 중 남자소년들은 유흥비, 식비 등 생활비가 부족해지면 대부분 절도 등 비행을 저지르게 되고 비교적 빨리 사건화되어 법원으로 송치된다. 그런데, 여자소년들의 경우는 다르다. 여자소년들은 굳이 뭘 훔치지 않고도 조건만남 등 음성적으로 이루어지는 성매매를 통해 생활비를 벌면서 오랜 기간 가출생활을 지속하는 경우가 많다. 어찌 보면 비교적 빨리 사건화되면서 보호처분으로 비행환경을 차단할 수 있는 남자소년들에 비해, 여자소년들의 가출 생활은 소년들이 위험한 환경에 오래 노출된다는 면에서 더욱 심각하다고 할 수 있다.

가출과 성매매의 위험이 꼭 여자소년들에게만 국한된 것은 아니다. 내가 맡았던 남자소년 중에는 가출하여 호스트바에서 일하고 인터넷 성인방송에 출연하면서 높은 수입을 얻는 경우도 있었다. 어찌됐든 소년들을 성인들의 경제적 힘에 길들여지는 것으로부터 보호되어야 하는 대상으로 바라보는 시각은 바람직한 면이 있다.

이런 관점에서 볼 때 특히 소년의 성매매에 관해서는 '소년보호'라는 개념이 참 적절하다고 본다. 소년을 성매매 범죄자로 볼 것인지, 아니면 성인들의 성폭력 피해자로 볼 것인지에 대한 논쟁은 차치하고서라도, 소년을 즉시 위험한 환경으로부터 분리하여 보호하고 소년이 성에 관한 사리분별력을 가질 수 있도록 깨우쳐 주는 소년보호재판 과정은 '소년의 건전한 성장을 돕는다'는 소년법의 목적과 제대로 부합한다. 범죄에 대한 응징만으로는 결코 해결할 수 없는 부분이기 때문이다.

나는 오늘 마음이 따뜻해지는 연락을 받았다. 작년 이맘 때 유사성매매 업소에서 적발되어 온 소년이 있었는데, 그 소년에 대한 보고서는 한 구절 한 구절이 보는 사람의 마음을 아프게 하는 이야기들로 가득했다. 소년은 어릴 때부터 만취한 아버지와 다혈질 어머니로부터 수시로 학대를 당했고 결국 아동보호전문기관의 개입으로 부모로부터 분리되어 학대피해아동 보호시설에 위탁되어 생활했는데, 소년은 아동학대의 후유증으로 정신적인 어려움까지 겪으며 극단적인 시도를 하기도 했다. 시설에서 퇴소한 후에도 여전히 가정환경이 개선되지 않아 소년은 이곳저곳을 전전하며 생활했고 그러다가 인터넷을 통해 알게 된 유사성매매업소에서 숙식을 해결하며 일을 하다 적발된 것이었다.

나는 소년을 유해한 환경으로부터 단절시키기 위해 다른 소년들의 경우처럼 시설 내 처분을 하는 것으로 마음먹었다. 소년분류심사원의 조사결과도 시설에서 일정 기간 지내는 것이 좋겠다는 것이었는데, 심리기일 무렵 서울시 지원 성매매여성 상담센터에서 그 소년을 담당하고 있는 선생님으로부터 연락을 받았다. 선생님 의견으로는 소년이 반성하고 있고 장래를 위해 준비하는 것도 있으니 이 센터에서 꾸준하게 상담받는 것을 조건으로, 이번에 한 해 사회로 돌아가 지낼 수 있게 해달라는 것이었다. 물론 선생님이 직접 소년을 잘 챙기겠다고 했다. 다소 고민한 끝에 이 성매매여성 상담센터가 우리 법원과 연계된 신뢰도 높은 기관일 뿐만 아니라 선생님 의견이 매우 진지하여 이를 받아들이는 쪽으로 결정했다.

1년 여가 지난 바로 오늘, 그 소년이 대학교에 수시합격했고 장학생으로 선발되었다고 무척 기뻐하며 우리 재판부로 감사의 연락을 했다고 한다. 대학 합격은 이제 시작에 불과하겠지만, 극한의 어려움 속에서도 희망의 끈을 놓지 않고 얻어낸 그 소중한 시작에 뜨거운 박수를 보내고 싶다.

'그래, 소년이니까 이런 기적도 가능한 거야!'

문서 관련 범죄

우리 형법에서는 통화, 유가증권, 문서 등 공공의 신용을 뒷받침하는 수단을 위조·변조하는 죄를 처벌하도록 규정하고 있다. 위조·변조 등의 범죄는 통화·유가증권·문서에 대한 신뢰를 깨뜨려 사회경제 활동의 근간을 흔들기도 하고 사회 체계와 자격에 관한 공적 신뢰를 해치기도 한다.

통화위조는 고도의 기술과 장비가 필요하여 아무나 범할 수 없기 때문에 소년범죄로 접하는 경우는 거의 없고, 유가증권위조 역시 거의 보기 어렵다. 컬러프린터·복사기가 처음 시판되었을 때 한창 일만 원 권을 스캔·복사하는 통화위조가 유행했었던 것 같고, 버스 회수권으로 버스를 타던 시절 정교한 솜씨로 회수권을 그려내는 유가증권위조죄가 유행했었지만, 벌써 몇십 년 전 얘기가 되어버렸다. 요즘이야 소액결제는 대부분 신용카드, 스마트폰, 스마트워치 등을 통해 전자결제가 이루어지는 만큼 적어도 소년들에 의한 통화, 유가증권 관련 범죄는 거의 사라졌다고 보아도 좋을 정도다.

그러나 문서위조·행사죄와 공문서부정행사죄는 여전히 소년들 사이에서 유행하고 있다. 이런 범죄는 보통 다른 범죄와 곁들여지는 경우가 많고, 큰 죄의식 없이 이루어지는 경우가 많다.

1) 공문서 위조·변조, 공문서부정행사

실무상 위조와 변조의 개념 구별은 쉽지 않다. 전문적으로 설명하자면 한참을 해도 모자라겠지만, 위조와 변조는 문서의 동일성 즉, 아예 다른 내용의 문서를 만들어낸 것인지, 주된 내용은 같은데 세부적으로 내용을 바꾼 것인지로 구별한다.

예를 들면, 소지하고 있던 다른 사람의 주민등록증에서 사진 부분을 떼어내고 자기 사진을 붙인 경우에는 공문서위조죄가 성립한다. 사진과 실물을 대조하여 동일인인지 식별하는 주민등록증의 기능을 고려할 때 중요 부분이 바뀌어서 아예 새로운 주민등록증이 되었기 때문이다. 그런데 주민등록증에 기재된 주민번호 '000728-'에서 앞의 '00'을 '98'로 바꾸는 경우는 공문서변조죄가 성립한다. 생년월일은 주민등록증의 세부사항에 해당하는 것이므로 그걸 수정한다고 해서 완전히 새로운 주민등록증을 만들어낸 거라고 볼 수는 없기 때문이다.

소년보호사건에서 접하는 공문서 위·변조죄의 대상은 대부분 주민등록증 아니면 운전면허증이다. 소년이 술과 담배를 구입하기 위해서는 신분확인을 위해 주민등록증이나 운전면허증이 필요한데, 소년들은 다른 사람 사진 대신 자기 사진으로 바꿔 넣어 주민등록증을 위조하거나, 자기 주민등록증에서 생년월일을 성년 나이대인 90년대로 교묘하게 바꾸는 기술을 발휘한다. 실무상 편의점주가 소년에게 담배를 팔았다는 이유로 청소년보호법위반죄로 경찰에 적발되는 경우에 소년의 주민등록증 위·변조죄가 함께 적발되는 경우가 많다. 또, 소년이 술자리에서 옆 사람과 시비가 붙어 폭행 사건이 일어나서 조사받으러 경찰서에 가보니 주민등록증 위·변조죄까지 적빌되는 경우가 많다. 어떤 때는 차량 교통사고가 나서 조사하다 보니 소년이 차량을 렌트하는 과정에서 운전면허증을 위·변조한 것이 들통나기도 한다.

소년을 법정에서 마주하다

공문서의 경우 특이한 범죄가 있다. 바로 공문서부정행사죄인데, 서울특별시장이 발행한 주민등록증, 서울지방경찰청장이 발행한 운전면허증을 그 사용권한이 없는 사람이 사용하는 경우에 성립되는 것이다. 주민등록증의 경우는 주민등록법에 별도의 규정이 있어서 주민등록법위반죄가 되기도 한다. 공문서부정행사죄는 말하자면, 타인의 주민등록증이나 운전면허증에 달리 변형을 가하지 않은 채 그냥 그것을 내 것인 것처럼 제시하면 성립한다. 이것은 길에서 주운 주민등록증을 가지고 다니면서 술·담배를 사거나 클럽에 입장하면서 자기 것처럼 제시하는 등으로 소년보호사건으로는 제법 사례가 많은 범죄다. 공문서부정행사죄는 별다른 변형 없이도 소년이 주민등록증이나 운전면허증의 원소유자인 것처럼 헷갈릴 정도여야 하는 만큼 주로 17세 이상의 소년들이 저지른다.

실무 경험상 성년까지 얼마 안 남은 소년들이 공문서 위·변조죄와 공문서부정행사죄로 법정에 많이 오는 것 같다. 중학생 때는 여럿이 계획을 짜서 술이든 담배든 훔쳐야만 즐길 수 있었는데, 이제는 아르바이트도 해서 수중에 돈도 제법 있겠다, 딱 보기에도 성인 같아 보이니 과감하게 위법한 공문서를 제시하고 당당하게 구입하려는 것이다. 그동안 다른 전력이 없었는데도 거의 성년이 다 되어 새삼 공문서 위·변조죄와 공문서부정행사죄로 법정에 오는 경우가 있는데, 소년들 입장에서는 이제 다 컸으니 성인들처럼 구속받지 않고 싶다는 마음에서 그랬을 거라 여겨진다. 소년들이 진정한 자유의 의미를 깨닫고 사회의 구성원으로 올바르게 성장하여 책임 있게 행동할 수 있도록, 교육과 봉사 등 보호처분으로써 소년들의 준법의식을 다시 한번 고쳐시키는 계기가 필요하다고 하겠다.

2) 사문서 위조·변조

사문서의 위조나 변조는 통상적으로 거래행위에 수반하여 발생하게 되므로, 스스로 거래할 만한 연령이 되지 않은 소년들에게 사문서 위조·변조죄는 자주 발생하는 범죄는 아니다. 실무 경험상 소년들이 차량을 렌트하면서 위법하게 소지한 운전면허증을 제시하고 그 운전면허증에 기재된 다른 사람 명의로 차량렌트 계약서를 작성하는 경우가 많다. 이런 경우, 운전면허증의 제시에 관해서는 공문서 위조·변조 및 행사죄 또는 공문서부정행사죄가 성립되고, 차량렌트 계약서의 작성·제출에 관해서는 사문서 위조 및 행사죄가 성립될 수 있다.

명예 관련 범죄

개개인의 헌법상 기본권이 닐리 알려지고 제대로 보장되는 우리 사회에서, 타인으로부터 존중받고 싶은 욕구가 강한 현대인들에게 명예훼손죄는 워낙 잘 알려져 있고, 실무상 소년들 사이에서

소년을 법정에서 마주하다

도 흔히 발생하는 범죄다. 명예훼손죄는 말 그대로 타인의 명예를 침해하는 것으로 쉽게 생각되지만 실제 범죄가 성립되기 위해서는 몇 가지 단계를 거쳐야 한다.

명예훼손죄는 이른바 피해자의 가치에 대한 사회적 평가인 '외부적 명예'를 훼손하는 경우에 성립한다. 단지 피해자 스스로 자신을 명예스럽게 여기는 감정을 해쳤다는 이유로는 명예훼손죄가 성립하지 않는다. 명예훼손죄가 되기 위해서는 법률에 정해진 구성요건을 충족해야 하는데, 중요한 것은 '사실'을 '공연히' 적시해야 한다는 것이다. 우선 사실을 적시하면 되는 것이므로, 그 사실 자체가 진실이든 허위이든 명예훼손죄는 성립한다. 물론 허위사실을 적시하면 진실을 적시하는 경우보다 가중처벌된다. 예를 들어 '유명인 김모 씨가 바람을 피웠다더라'라고 인터넷 게시판에 공개하는 경우, 김모 씨가 실제로 바람을 피웠다는 게 밝혀지더라도 진위 여부와 상관없이 사실을 적시한 것이어서 명예훼손죄는 성립하게 된다. 다만, 예외적으로 진실한 사실로써 오로지 공공의 이익에 반하지 않는 경우라면 처벌되지 않을 수 있으나, 오로지 공익을 위한다는 점은 인정되기 어려운 경우가 대부분이다.

한편 구체적인 사실을 적시해야 하므로, 만약 사실을 적시한 것이 아니라 경멸의 감정을 담아 욕설을 한 것에 불과하다면 명예훼손죄가 아니라 모욕죄에 해당한다. 가령, 사람들 다 보는 데서 피해자의 신체상 단점을 트집 잡아 조롱했다면 구체적 사실을 적시한 것이 아니라서 명예훼손죄보다는 모욕죄가 성립하게 된다.

명예훼손죄에서 가장 문제가 되는 쟁점은 '공연성'이다. 만약 특정인을 지목하면서 그가 바람피우는 장면을 보았다는 내용을 다른 사람에게 귓속말로 전달한 경우, 과연 사람들 앞에서 큰 소리로 떠드는 경우처럼 공연하게 적시한 것으로 볼 수 있는지 문제가 된다. 이런 경우에는 듣는 사람의 '전파 가능성'을 판단기준으로 삼는다. 말하자면, 한 사람한테만 얘기를 했더라도 그 사람이 들은 얘기를 여기저기 전파하고 다닐 것이 충분히 예상된다면, 실제로 떠들고 다녔는지와는 상관없이 명예훼손죄가 성립한다는 것이다. 실무상 전파가능성이라는 기준은 그 인정범위가 넓은 개념이어서 전해 들은 사람이 절대로 발설하지 않을 것임을 신뢰할 수 있는 특수한 경우가 아니라면 공연성은 어렵지 않게 인정되는 편이다.

소년들 사이에서 쉽게 일어날 수 있는 예를 들어본다.

김 군이 최 군과의 SNS 대화방에서 '이번에 송 군이 누굴 때려서 강제전학을 간다더라'라고 말했다면, 아마도 최 군 입장에서는 그 사실을 확인하려고 다른 SNS 대화방을 통해 다른 친구들에게 물어볼 것이다. 그러는 과정에서 전파 가능성, 즉 공연성이 인정되어 명예훼손죄가 성립한다.

반면, 모욕죄의 경우도 공연성이 인정되어야 하는데 모욕죄는 사실을 적시하는 게 아니므로 굳이 전파 가능성을 따질 필요가 없다. 그러므로 다른 사람들이 보거나 듣는 데서 공연하게 모욕을 했는지 따져 보아야 하는데, 만약 김 군이 최 군과의 일대일 SNS

대화방에서 최 군을 향해 욕설을 했다면 공연성이 인정되지 않지만, 김 군이 여러 사람이 접속한 SNS 단체 대화방에서 최 군을 향해 욕설을 했다면 공연성이 인정된다고 볼 수 있다.

최근 소년보호사건으로 접수되는 명예훼손사건은 대부분 SNS를 통한 명예훼손사건으로 정보통신망 이용촉진 및 정보보호 등에 관한 법률위반죄로 송치된다. SNS 명예훼손죄는 전통적인 명예훼손죄보다 자주 발생한다는 점뿐만 아니라, 보다 쉽게 인정된다는 점을 특성으로 한다.

요즘 사람들의 정보 습득과 인적 관계 형성의 거의 대부분은 SNS를 통하여 이루어지고 있다고 해도 과언이 아니다. 실례로 서울가정법원에서 함께 일하고 있는 5명의 소년부 판사들은 따로 사무실을 쓰고 각자 일을 하느라 얼굴을 마주하고 대화할 시간을 내기 어렵지만, 업무상 또는 사적 대화의 거의 대부분은 SNS 단체대화방을 통하기 때문에 누구보다 빠르게 소통하면서 긴밀한 관계를 유지하고 있다. 소년들의 경우에도 학급에 모여 단체생활을 하기는 하지만, 일상의 많은 대화와 정보 교류는 실제로 마주보고 말하는 것보다 SNS를 통해 훨씬 더 많이 이루어질 것이다.

누군가 이상한 소문을 확인차 물으면 그 소문을 접한 또 다른 누군가는 자신의 정보력을 과시하기 위해 신속하게 이 대화방 저 대화방에 퍼 나르며 사실을 확인하기 마련인데, 그런 과정을 수차례 거치면서 소문은 이미 진실로 둔갑하게 되고 잘못된 진실은

이 방 저 방을 통해 급속도로 퍼진다. 입 밖으로 꺼내기엔 조심스러운 말들도 SNS를 통해서는 한층 편하게 전달할 수 있기 때문에 명예훼손이 발생할 가능성이 높아진다는 얘기다.

실무 경험상 초등학생부터 고등학생에 이르기까지 다양한 연령대의 소년들이 SNS 명예훼손죄로 소년부에 송치된다. 그들이 SNS 대화방에서 나눈 대화들을 보면 가히 충격적인 경우가 많다. '이 군이 다른 학교에서 학폭위 처분을 받고 강제전학 온 거라더라', '박 군과 최 양이 모텔로 함께 들어가는 걸 봤다', '김 양이 성폭행을 당해서 임신했다더라' 등등……. 결국 피해소년으로서는 교우관계에 더 이상 회복할 수 없는 치명상을 입게 되는 경우가 많다. 또한 소문이라는 게 늘 그렇듯이 이 대화방에서 저 대화방으로 옮겨가면서 궁금증이 더해지면 더욱 치명적인 소문으로 거듭나게 된다. 순식간에, 또 광범위하게 소문이 퍼져서 그 피해를 막을 여유조차 없는데 피해결과가 돌이킬 수 없이 중대하다는 점이 SNS 명예훼손죄의 특징이라고 하겠다.

SNS 명예훼손죄의 또 한 가지 특징은 증거가 너무 확실해서 쉽게 인정될 수 있다는 점이다. 사실 판사들이 형사사건을 하면서 판단하기 어려운 사건 중 하나가 명예훼손사건이다. 명예훼손죄는 제대로 다투기 시작하면 피고인이 그런 말을 했는지 안 했는지부터 소문이 누구로부터 시작된 것인지, 과연 들은 사람이 전파가능성이 있는지 등 다투는 쟁점도 많고 쟁점마다 결론이 뚜렷하지

소년을 법정에서 마주하다

도 않으며, 그걸 수사하다 보면 기록은 두꺼워지기 마련이다.

그러나 SNS 명예훼손사건은 그 증거가 너무나 확실하다. SNS 대화방에는 언제 어떻게 말했는지 그 내용과 날짜 시간이 정확하게 남아 있고, 대화방을 거슬러 추적하다 보면 소문의 진원지를 쉽게 찾을 수 있으며, 들은 사람의 전파 가능성은 굳이 따질 필요 없이 인정되는 경우가 많다.

내가 소년이건 어른이건 SNS의 이런 함정을 그들에게 알려주면 대부분 매우 흥미로워한다. 이런 정보에 흥미로워한다는 것은 그들이 이 부분에 대해 제대로 알지 못하고 있다는 말과도 같다. 우리의 일상생활에서 SNS가 필수적이라고 할 만큼 중요한 부분을 차지하고 있다는 걸 부정하는 사람은 없을 것이다. 하지만 그만큼 각자 SNS 이용에 관한 책임의 범위도 넓어진다는 핵심은 대부분 간과하고 있다.

SNS 명예훼손죄만큼이나 소년들 사이에 많이 일어나는 범죄는 SNS 모욕죄인데, 실제로 소년들의 모욕 수준을 살펴 보면 정말 가관이다. 버스 안이나 지하철 안에서 마주치는 소년들의 대화 수준만 보더라도 'ㅈ'자가 들어가는 말이 거의 대부분인 저속한 수준인데, 직접 대면하지 않는 SNS를 통해서는 그보다 훨씬 더하다. 성기를 지칭하는 욕설은 예사이고 그들이 하는 패드립의 수준은 보는 사람의 멘탈을 송두리째 흔들어버릴 정도다. 분노를 주체할 수 없이 쏟아내는 그들의 욕설 대화를 보면 마치 사이버 공간에 소년의 또 다른 자아가 있는 게 아닐까 싶을 정도다.

나는 SNS 모욕죄로 송치된 소년들에게 SNS에서 한 대화를 법정에서 입 밖으로 소리 내어 다시 말해 보라고 요구하곤 한다. 그러면 대부분의 소년들은 고개를 숙이고 아무 말도 못 하게 되는데, 아마 부모도 옆에 있고 판사도 보고 있으니 창피해서 그런 것일 거다. 결국 그런 말을 입 밖으로든 SNS로든 내뱉는다는 것은 듣는 사람의 기분을 나쁘게 하는 것도 있지만, 한편으로 자신의 수준을 스스로 깎아내리는 창피한 일인데 정작 분노의 마음으로는 그걸 헤아리지 못하는 것 같다.

앞서 말했듯이 관계의 상처를 더욱 예민하게 받아들이는 요즘 소년들에게 SNS 모욕은 폭행을 당하는 것보다 더 아픈 것이 현실이다. 그래서 가해소년들은 때리는 것에 그치지 않고 때리는 장면을 촬영해서 SNS 대화방에 올려놓고 피해소년을 조롱하는 대화를 덧붙여 보다 철저하게 모욕함으로써 소년들의 관계를 다치게 한다. SNS를 통해 굴욕적인 장면이 광범위하고 급속하게 전파되어 피해소년은 더 이상 학교에서 정상적인 관계를 유지할 수 없는 고통을 겪는다. 그런데 더 나아가 집에 돌아와 잠드는 순간까지도 SNS로 끊임없이 조롱을 당하게 되니 급기야 정신적인 어려움까지 겪게 되는 것은 어쩌면 당연한 결과일지도 모른다.

결국 피해소년은 SNS를 모두 끊어야 고통에서 벗어날 수 있는데, 그렇게 되면 학교도 제대로 다닐 수 없는 피해소년이 SNS 관계까지 단절되어 은둔형 외톨이가 되는 심각한 결과를 낳는다.

소년을 법정에서 마주하다

SNS는 인적 관계를 넓혀주고 활성화하는 역할을 하지만 이런 장면에서는 인적 관계를 쪼그라들게 하고 파탄시켜버리는 악마 같은 면이 있다.

교통 관련 범죄

서울중앙지방법원의 민사소액사건(소가 3,000만 원 이하)은 담당 재판부마다 수천 건씩 사건을 맡고 있는데, 그중 쌍방간 실질적인 다툼이 있는 사건의 절반 정도는 교통사고와 관련된 사건이다. 교통사고는 그 정도로 우리가 일상생활에서 접하는 법률관계 중 가장 큰 부분을 차지한다. 오늘 당장 부동산 거래를 할 일은 없어도, 자전거를 타고 여가를 즐기고 오토바이를 타고 배달을 하며 승용차를 타고 출·퇴근을 하니, 우리는 아주 낮은 가능성이더라도 언제든 교통사고가 발생할 수 있는 위험 속에서 살고 있다고 해도 과언이 아니다.

어제도 오늘도 내일도 소년들의 '탈 것'에 대한 관심은 지대하다. 소년들은 자전거, 오토바이, 승용차를 단순한 이동수단으로 생각하지 않는다. 답답한 일상 속에서 고속주행의 짜릿함은 그들의 많은 스트레스를 단번에 해결해 주는 청량제와도 같다. 일단 올라타는 이유는 꼭 정해진 목적지가 있어서도 아니고 무슨 필요가 있어서가 아니라, 그냥 달리기 위해 올라타는 경우가 대부분이다. 그래서 소년들은 어른들보다 사고가 더 많이 나고 더 크게 난다.

　소년들의 교통사고 사건을 접했을 때, 내가 가장 관심 있게 보는 부분은 피해가 제대로 회복되었는지 여부다. 교통사고는 고의적·계획적으로 이루어지는 것이 아니라 실수로 발생하는 것이기에 합의만 원만하게 이루어졌다면 최종 처분에 참작할 여지가 많다. 소년보호사건도 형사사건의 일종이라 손해배상이라는 민사적인 문제가 반드시 다루어져야 하는 것은 아니지만, 피해자를 배려하는 차원에서라도 가능한 한 피해회복을 권유하게 된다.

　만약 형사재판 또는 소년보호재판에서 피해회복이 제대로 이루어지지 않은 채 끝나버리면, 그 후로는 아무래도 소년과 보호자의 피해회복 의지가 꺾이게 마련이다. 그러면 피해자는 시간과 비용이 많이 소요되는 복잡한 손해배상소송을 직접 제기해야 하고, 만약 소송에서 승소하더라도 실제 배상금을 지급받기까지는 어려운 절차들이 또 남아 있으므로, 피해회복의 길은 요원하다.

　물론 피해자가 완강하게 합의를 거절한다거나 이미 민사소송을 제기하여 진행 중인 경우까지 합의를 권유하지는 않는다. 그러나 소년이 보다 유리한 처분을 받을 수 있도록 보호자가 피해회복을 위해 최선의 노력을 다하겠다는 의지가 있는 그때가 피해자에게 가장 유리한 때이므로, 나는 재판을 진행하면서 소년과 보호자에게 가능한 한 피해회복을 하고 오도록 권유한다.

　때로는 내가 피해회복 여부를 확인하기 위해 피해자에게 직접 연락하는 경우도 있다. 판사임을 먼저 밝히고 통화를 시작하기 마련인데 그들은 뜬금없이 "이거 보이스피싱 아니에요?"하며 의심하는 경우도 있고, 억울한 심정에 피해자만 불리한 법제도라며 한참동안 하소연하는 경우도 있다. 또, 판사가 지금 범죄자 편을 들어주려고 하는 것 아니냐며 불편한 심기를 드러내는 경우도 있다. 피해자들은 단지 팔다리만 다친 것이 아니라, 피해를 당했는데도 절차에서 제대로 보호받지 못해 마음까지 다친 것을 잘 알고 있기에 조심스럽게 진행되어야 하는 과정이다.

1) 승용차

소년들의 연령으로는 승용차 운전면허가 불가능하고 승용차를 구입할 만한 돈도 없으며 시동키가 없으면 승용차는 훔치지도 못하므로, 소년들의 승용차 사고와 관련된 사건이 많지는 않다. 소년들은 아버지 또는 삼촌 몰래 차 키를 들고 나와 과감하게 승용차를 운전한다거나 다른 사람의 운전면허증으로 승용차를 렌트하여 운전하는 경우가 대부분이다. 소년들은 접촉사고라도 나면 무면허 상태이기 때문에 더욱 당황하게 되고, 상황을 모면하려는 과정에서 더욱 위험한 운전을 하기 마련이다.

내가 맡았던 사건 중에는 남의 집 담벼락을 들이받고 길가에 주차된 차량 7~8대를 파손시킨 후 출동한 경찰차의 도움으로 가까스로 차량을 멈출 수 있었던 사건도 있었고, 큰 도로로 나가 다른 차량을 전복시키고 버스와 충돌하는 경우도 있었으니 그 결과가 심각한 경우가 많았다. 차량에 설치된 블랙박스에는 소년들이 호기심으로 차량의 시동을 거는 순간부터 동승한 친구들과 낄낄거리다 사고를 내는 장면, 사고 후 당황하여 도망치는 과정에서 좌충우돌하는 장면이 적나라하게 기록되곤 한다.

소년들의 승용차 사고는 보험으로 해결되지 않는 경우가 대부분이라서 소년의 보호자가 거액의 손해배상을 감당해야 한다. 소년들은 호기심과 장난의 대가로 값비싼 사회경험을 하게 되는 것이다.

2) 오토바이

내가 느끼기에 남자소년들의 소년보호사건 중 절반은 오토바이와 관련되어 있다고 보아도 좋을 정도로 오토바이 사건은 많다. 오토바이 절도, 오토바이 무면허 운전, 무보험 오토바이 운전 등인데, 이러한 비행은 대부분 사고 후 조사하는 과정에서 드러나게 된다. 오토바이 사고로 인해 보험사 직원과 경찰이 출동하여 오토바이 차적을 조회하고 운전면허증을 검사하는 과정에서 절취한 오토바이인지, 운전면허가 있는지 밝혀질 뿐만 아니라 책임보험에 가입하지 않은 것(자동차손해배상보장법위반)이 밝혀지기도 하고, 허가받지 않고 오토바이를 임의로 개조한 것(자동차관리법위반)이 밝혀지기도 한다.

오토바이와 관련된 비행으로 무면허 운전이 많이 발각되지만 간혹 음주운전이 발각되는 경우도 있다. 요즘 승용차 음주운전이

소년을 법정에서 마주하다

심각한 사회문제가 되고 있는데, 어떤 경우는 오토바이 음주운전이 더 심각한 사고를 유발하는 경우도 있다. 운전자가 친구들과 술을 마신 다음 대수롭지 않게 오토바이를 운전하는 경우가 많은데, 오토바이는 핸들조작에 조금만 실수가 있어도 전복되기 마련이므로 오토바이 음주운전은 사고 가능성이 훨씬 높다. 또한 전복된 오토바이 또는 낙상한 운전자는 예상치 못한 방향과 속도로 구르거나 튀어나가기 마련인데, 간혹 반대차선으로 넘어가 끔찍한 사고가 나는 경우도 있다. 승용차 음주운전에 대해 강력한 처벌을 해야 한다는 사회적 공감대가 큰 만큼 오토바이 음주운전을 한 소년들에 대해서도 중한 처분은 불가피하다고 본다. 그렇지 않으면 분명히 음주운전은 반복될 것이기 때문이기도 하다.

소년들이 오토바이 사고를 내고 도주하는 사건이 심심치 않게 발생한다. 승용차 운전자라면 사고가 났을 때 일단 피해자 구호조치를 실시하고 사고가 수습되기 전까지 사고현장을 이탈해서는 안 된다는 것을 대부분 잘 알고 있다. 그러나 소년들은 오토바이 사고 후에 있을 조사과정에서 무면허, 무보험, 음주, 절도, 무허가 개조 등 다른 문제들까지 추가로 밝혀질 것이 두려워 사고를 내고도 곧바로 도망쳐버리는 경우가 허다하다. 그런 경우, 거리에 설치된 CCTV를 통해 금방 사고 운전자를 찾아낼 수 있는데, 사람을 다치게 하고도 도주한 경우는 특정범죄 가중처벌 등에 관한 법률이 적용되어 그 책임이 막중하기 때문에 만약 소년보호재판으로 송치되었더라도 중한 처분을 피할 수 없게 된다.

오토바이 사고가 나더라도 만약 종합보험에 가입되어 있다면 교통사고만으로 사건화되지는 않지만, 운전자가 무면허운전, 음주운전이라거나 신호 위반, 중앙선 침범, 횡단보도 보행자 충격 등을 원인으로 사람이 다치는 사고가 발생한 경우에는 교통사고처리특례법상 예외조항에 해당하여 종합보험가입 여부와 상관없이 사건화된다. 이것은 운전하는 사람이라면 적어도 가장 기본적인 운전의 원칙(면허자격, 무알코올 운전, 신호 준수, 중앙선 준수, 횡단보도 준수 등)은 지킬 것이라는 사회적 신뢰가 있는데, 그 신뢰를 배반하여 사고를 냈다면 피해가 회복되었더라도 제재를 가하도록 정하고 있는 것이다.

소년들의 오토바이 사고로 상대차량의 운전자가 다치는 경우는 많지 않다. 오토바이와 승용차가 부딪치면 통상적으로 차량 수리비를 배상하는 정도의 피해만 예상할 수 있다. 그런데 문제가 되는 경우는 오토바이에 동승하고 있던 사람이 다치는 경우다. 오토바이 뒷좌석에 목숨 걸고 타줄 정도의 신뢰관계라면 대부분 절친(절친한 친구)이거나 여친(여자친구)일 것이다. 그런데 사고가 나게 되면 그 절친과 여친은 운전자보다 훨씬 더 심각한 부상을 입는 경우가 대부분이고, 치료비 등이 문제가 되면 운전자와 친구들 사이의 문제에서 벗어나 부모들 사이의 문제로 확대되기 마련이다.

결과적으로 사고로 인해 운전자와 동승자는 목숨을 건 신뢰관계에서 평생토록 원망하는 관계로 바뀔 수도 있다. 피해자는 피해자대로 평생 심각한 상처를 안고 고통 속에서 살아야 하는데 치료비 배상에 소극적이고 진심으로 사과도 하지 않는 소년에게 실망하게 되고, 소년은 소년대로 미안한 마음도 있지만 배상할 능력도 충분치 않은데 피해자 측의 양보 없는 합의금 요구로 힘들게 된다.

동승자 사고 사건에서도 소년보호재판의 화해권고절차는 매우 효과적이다. 화해권고절차에서는 변호사 등 갈등해결 전문가들이 참여하여 치료비와 위자료 등에 관해 적절한 배상액을 제시하고 양측이 서로 양보하여 합의점을 찾도록 유도하므로 화해 성립 가능성이 높은 편이다.

내가 맡았던 사건 중에도 운전자의 절친이 동승했다가 사고를 당한 사건이 있었다. 가해소년도 치료비를 어느 정도 배상할 의사가 있었고 피해자도 적절한 수준의 배상을 원하고 있었는데, 예전의 절친했던 관계 때문에 서로 눈치를 보면서 손해배상 얘기를 먼저 꺼내지 못하고 전전긍긍하고 있던 차였다. 그래서 화해권고절차를 진행시켰는데, 양측은 화해권고위원이 제시하는 합리적 금액으로 어렵지 않게 의견이 일치되었고 서로 웃으면서 악수하고 돌아갔다. 그 후 나는 심리기일을 열어 서로 간에 합의된 금액이 실제로 피해자에게 지급된 것을 확인한 다음, 소년에게 비교적 유리한 처분을 함으로써 가해자도 피해자도 만족스럽게 절차를 마무리할 수 있었다.

오토바이 사고가 나면 오토바이를 운전한 소년도 심각한 부상을 입는 경우가 많다. 내가 맡았던 사건 중에는 오토바이 무면허 운전으로 사건이 접수되어 심리기일을 지정했는데, 소년이 그 사이에 또 오토바이 운전을 하다가 사고로 세상을 떠나는 안타까운 경우도 있었다.

나는 서울중앙지방법원에서 교통사고 손해배상 전담 재판부를 맡은 적이 있었는데, 당시 소년들의 끔찍한 오토바이 사고를 사건 기록을 통해 자주 접했었다. 소년들은 오토바이를 제어하는 것에 미숙한데도 속도감을 즐기기 위해 과속하게 되므로 일단 사고가 나면 크게 나는 경우가 많아서 세상을 떠나거나 평생을 누워서 지내야 하는 안타까운 경우가 많았다. 한창 꽃 피울 나이에 미처 피워보지도 못하고 길바닥에서 스러져 간 소년들의 청춘이 너무나 안타까웠다.

오토바이 문제로 소년들을 데리고 법정에 온 보호자들만큼 재판에 대한 강한 신뢰를 보이는 경우도 흔치 않다. 소년들이 오토바이를 타다가 큰 사고가 나지 않을까 매일매일 노심초사하고 있던 차에, 판사로부터 꾸짖음을 듣고 다시는 오토바이를 타지 않겠다는 소년들의 다짐이 진심이길 바라는 부모들의 간절함을 엿볼 수 있다.

3) 자전거

초등학교 5, 6학년 정도의 앳된 소년들이 자전거 사고를 내고 법정에 오는 경우가 종종 있다. 한강 둔치에서 또는 아파트 안 도로에서 신나게 자전거 페달을 밟다가 미처 피하지 못한 채 다른 자전거 운전자와 부딪치거나 지나가던 사람을 다치게 하는 경우들이다. 통상적으로 자전거와 부딪치는 거라서 피해가 심각하지 않은 경우가 많지만, 때로는 시속 20~30킬로미터의 높은 속도로 달리는 자전거와 부딪치면서 머리와 허리를 크게 다치는 경우도 있다.

자전거도 '차'로 분류되어 도로교통법이 적용된다는 사실은 어른들도 잘 알지 못한다. 사고가 난 이후에 비로소 알게 되는 경우가 많은데, 자전거 사고가 잦은 빈도로 발생하는데도 자전거 안전사용에 관한 교육을 받을 수 있는 곳은 거의 없는 것 같다. 자전거 사고도 다른 교통사고와 마찬가지로 신호를 위반하거나 중앙선을 침범하거나 횡단보도를 건너는 보행자를 충격하여 사람이 다친 경우에는 합의가 되더라도 사건화될 수밖에 없다(교통사고처리특례법'의 예외조항에 해당함).

자전거 사고로 법정에 오는 소년들은 평소에 비행을 저지른 적이 없는 소년들이 대부분인데, 자기 잘못으로 부모님까지 고초를 겪게 되고 난생 처음 법정에 서게 되니 죄송하고 불안한 마음에 심리석으로 위축되어 있는 경우가 많다. 이러한 안쓰러운 상황이 생기지 않도록 소년들의 자전거 안전사용에 관한 교육이 제대로 이루어졌으면 하는 바람이 크다.

요즘 자전거 교통사고 사건기록을 보면 자녀들의 일상생활책임보험으로 피해자 치료비 등의 문제가 해결되는 경우가 눈에 띈다.

이 보험은 따로 가입하는 것이 아니라 부모가 자동차운전자보험 등을 가입하면서 특약으로 추가하는 경우가 많은데, 소년의 자전거 사고 시 가입자인 부모도 잊고 있던 이 특약의 덕을 보는 경우가 제법 많은 것 같다. 자전거 사고 사건은 피해회복만 제대로 이루어진다면, 앞으로 조심하겠다는 소년의 다짐을 듣고 원만하게 마무리될 수 있다.

그간 수많은 자전거 사고 사건을 다루어 왔지만, 특히 기억에 남아 있는 사건이 있다. 소년이 자전거를 타고 가다 지나가던 할머니를 뒤에서 들이받은 사건이었는데, 할머니가 크게 다쳐서 병원비가 계속 들고 있었고 소년의 가정형편이 어려워 당장 합의를 하기도 어려운 사건이었다. 그런데 기록에는 할머니의 자필로 된 이런 내용의 편지가 첨부되어 있었다.

"판사님, 절대로 소년을 처벌해서는 안 됩니다. 내 치료비는 걱정하지 마세요. 어린 소년에게 마음의 상처를 주면 안 됩니다."

할머니는 편찮으셔서 그랬는지 아니면 평소 글씨를 쓰실 일이 별로 없으셔서 그랬는지 글씨가 비뚤고 짧은 문장에도 맞춤법이 안 맞는 곳이 여러 군데 있었지만, 그래도 판사에게 제출하는 것이라고 꼬깃한 종이에 연필로 또박또박 글씨를 쓰기 위해 정성을 다하셨다는 것을 충분히 알 수 있었다. 할머니의 진심어린 배려를 알게 된 그 어린 소년은 법정에서 한없이 눈물을 흘렸다.

소년을 법정에서 마주하다

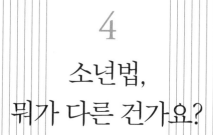

4

소년법,
뭐가 다른 건가요?

우범소년

형법상 만 14세가 되지 않은 소년들은 벌할 수 없다. 그래서 만 14세 이상의 소년들만 형사재판을 받을 수 있고 만 14세가 되지 않으면 그 죄를 불문하고 형법상 무죄다.

그런데 소년법에서는 죄를 범한 만 14세 이상의 소년(범죄소년)과 더불어 형벌 법령에 저촉되는 행위를 한 만 10세 이상 만 14세 미만의 소년(촉법소년)도 소년보호재판의 대상으로 정하고 있다. 따라서 범죄를 저지른 만 10세 이싱 민 14세 미만의 소년들에 대해 형사재판은 안 되더라도 소년보호재판을 통해 성행 개선을 위한 보호처분을 받게 할 수 있다.

정리하자면 범죄소년(만 14세 이상 만 19세 미만)과 촉법소년(만 10세 이상 만 14세 미만)에 대한 재판절차는 다음과 같은 차이가 있다.

범죄소년은 형사재판을 받을 수도 있고 소년보호재판을 받을 수도 있지만, 촉법소년은 형사재판을 받을 수는 없고 오로지 소년보호재판만 받을 수 있다. 또한 범죄소년 사건은 일단 경찰의 수사를 받더라도 검찰에 송치되어 검사의 선택에 따라 형사재판으로 진행할 것인지 소년보호재판으로 진행할 것인지 정해지는 반면, 촉법소년 사건은 경찰 수사 후 검사를 거치지 않고 관할 경찰서장 명의로 곧바로 법원에 사건이 송치된다는 점에서 큰 차이가 있다.

이렇게 연령에 따라 절차가 크게 달라지는 차이가 있는데도 범죄소년 사건과 촉법소년 사건의 공통점이 있다면, 일단 비행을 저질러 사건화되어야 한다는 점이다. 즉, 소년이 구체적으로 특정한 비행을 저지른 다음에야 범죄소년 사건, 촉법소년 사건으로 분류되어 절차가 진행된다는 의미다.

그런데 소년법에서는 범죄소년, 촉법소년과는 다른 특수한 소년 개념을 상정하고 있다. 바로 우범소년이다. 소년법에서는 ① 집단적으로 몰려다니며 주위 사람들에게 불안감을 조성하는 성벽(性癖, 굳어진 성질이나 버릇)이 있는 경우 ② 정당한 이유 없이 가출하는 경우 ③ 술을 마시고 소란을 피우거나 유해환경에 접하는 성벽이 있는 경우라면 소년이 구체적으로 특정한 비행을 저질렀는지를 따지지 않고 소년보호재판을 받을 수 있는 것으로 규정하고 있다.

우범소년제도는 아직 구체적인 비행을 저지르지도 않았는데 위험성이 있다는 이유만으로 형사적 제재조치의 일환인 보호처분을 명하는 것이라는 점에서 위헌성이 있다는 일각의 주장이 있다. 그래서 2007년 소년법 개정 당시 우범소년제도의 존폐 여부에 관해 심각한 논의가 있기도 했고, 최근 국가인권위원회는 단지 가출했다는 이유만으로 가출 청소년에게 낙인 효과를 준다는 이유를 들어 이 규정의 삭제를 권고하기도 했다. 이렇듯 우범소년제도의 위헌성 논의는 계속 진행 중이다.

소년에 대한 보호처분을 형사적 제재조치의 일환으로 생각하는 한, 우범소년제도가 죄형법정주의나 과잉금지원칙에 저촉되는 것처럼 보일 우려는 있다. 그러나 실무 경험상 경찰과 법원이 조기 개입하여 소년을 위험한 비행환경으로부터 분리하고 보호한다는 시각으로 볼 수밖에 없고, 그런 시각으로 보면 우범소년제도는 매우 탁월한 효과가 있음을 부정할 수 없다. 나는 우범소년제도야말로 소년법의 목적에 부합하는 가장 특징적인 제도라고 생각한다.

우범소년 사건은 경찰이 검사를 거치지 않고 곧바로 법원에 접수하는 것이기 때문에, 경찰이 검사의 수사지휘를 받지 않고 우회하는 절차로 남용될 수 있다는 의혹을 빚기도 한다. 그래서 우범소년 사건은 당장 소년의 신변에 중대한 변화가 있어 시급하게 소년을 보호할 필요가 있는 경우로 한정해서 신중하게 선택된다. 실무상으로는 이미 수차례 비행을 저지른 소년이 또 가출하여 비행을 계획하고 있다는 첩보가 입수되었을 때, 급하게 우범소년 사건으로 접수되는 경우가 많다. 이런 경우에는 경찰이 소년의 신병을 확보할 필요가 있다고 법원에 알리면, 법원은 긴급동행영장을 발부하는 등으로 다른 사건보다 신속하게 처리한다.

반드시 경찰만 우범소년 사건을 접수할 수 있는 것도 아니다. 뒤에 또 설명하겠지만 통고제도를 이용하면 소년의 보호자, 학교·사회복리시설·보호관찰소의 장도 우범소년 사건을 접수할 수 있다. 이렇게 소년과 가까이 접하면서 소년의 신변에 생긴 변화를 가장 빨리 알 수 있는 보호자 등이 신속하게 법원에 사건을 알림으로써 위험한 비행환경으로부터 소년을 보호하는 절차에 즉시 착수할 수 있다는 장점이 있다.

소년의 위험한 비행환경을 신속하게 파악하고 그로부터 소년을 분리하기 위해 즉각적인 조치를 할 수 있다는 점에서, 우범소년제도야말로 소년법의 '보호' 이념에 가장 부합하는 것이 아닐까 싶다. 비행의 개연성 높은 소년들이 비행을 저지를 때까지 기다릴 것이 아니라, 경찰과 법원이 조속히 개입하여 다양한 보호처분을 부과함으로써 소년을 위험한 비행환경으로부터 보호하는 것이야말로, 소년을 보호하고 또 소년의 비행으로부터 이 사회도 보호하는 최선의 방법일 것이다.

1) 우범사유

- 우범사유 1 : 집단적으로 몰려다니며 주위 사람들에게 불안감을 조성하는 성벽이 있는 경우

정당한 이유 없이 길을 막거나 시비를 걸거나 주위에 모여들거나 뒤따르는 등으로 주변 사람들에게 불안감을 조성하는 행위를 하면 경범죄처벌법에 따라 불안감조성죄로 처벌할 수 있다. 그런데 우범소년제도는 이와 같이 불안감을 조성하는 구체적인 행위로 나아가기 전 단계에서도 그런 성벽이 있는 소년들이 집단적으로 몰려 있는 경우에 곧바로 제재할 수 있다는 점에서 의미가 있다.

'십여 명의 소년들이 야밤에 주택가 인근 공터로 몰려들어 담배를 피우고 오토바이 경적을 울리면서 시끄럽게 떠들고 있다'는 주민들의 신고로 경찰이 접수하는 우범소년 사건이 그 흔한 사례다. 소년들의 수사경력을 조회하면 이미 도로교통법상 공동위험행위(일명 폭주족)로 적발된 전력이 있고 한눈에 보기에도 금방 한강둔치를 향해 폭주행위를 할 것이 뻔한 상황이라거나, 그들이 시끄럽게 군다는 이유로 누군가 항의라도 했다가는 우루루 몰려가 집단폭행이라도 할 태세를 보이는 경우가 이런 우범사유에 해당한다.

집단적으로 몰려 있는 소년들이 굳이 구체적으로 폭주행위나 집단폭행을 하기 전이라도 주위 사람들에게 불안감을 조성하는 성벽이 있다면 우범소년 사건으로 미리 조치를 취함으로써 소년

들을 장래의 비행으로부터 사전에 차단하는 효과가 있다.

또 다른 사건의 예로, 학교 교문 주변에 다른 학교 학생 여러 명이 몰려와서 불안감을 조성하는 사례가 있다. 보통은 SNS에 올라온 모욕적인 글을 보고 분한 마음에 몰려오는 경우인데, 학교 선생님의 신고로 경찰이 출동하면 소년들이 당장은 피하면서도 학교 주변을 계속 배회하면서 비행의 기회를 모색하고 있는 경우가 많다. 이런 경우, 경찰은 법원에 우범소년 사건을 접수하는 동시에 주도적인 소년들에 대한 긴급동행영장을 발부받아 신병을 확보함으로써 집단폭행 등의 비행을 사전에 차단할 수 있다.

– 우범사유 2 : 정당한 이유 없이 가출하는 경우

앞서 말했듯 국가인권위원회는 가출했다는 것만으로 가출 청소년을 범죄자로 낙인찍는 것에 우려를 표하면서 이 부분 조항의 삭제를 권고한 바 있다. 실무 경험상 소년들이 가출하는 이유는 다양한데, 부모나 조부모의 학대를 견디지 못해 가출할 수밖에 없는 경우도 많다. 이 조항에는 '정당한 이유 없이'라는 제한을 두고 있는데, 부모 등의 학대를 이유로 가출하는 경우라면 이유 없는 가출에 해당한다고 단정하기 어려울 것이다. 이런 경우는 비행을 저지를 개연성이 있다는 이유로 제재를 가하는 것보다 학대피해아동으로 보호하는 조치를 우선 고려할 수 있다.

그런데 소년이 가출한 후 불량 친구들과 어울려 찜질방, 모텔 등을 전전하면서 결국 비행으로까지 연결되는 경우는 수없이 많다. 소년이 처음부터 비행을 저지르려는 계획으로 가출했다기보다는 가출해서 지내다 보니 생활비가 필요하여 비행에 이르는 경우가 많은 만큼 '가출'이라는 위험한 비행환경으로부터 소년을 보호할 필요가 있다.

내가 담당했던 사건 중에도 이 부분과 관련된 인상적인 사건이 있었다. 서울에 거주하는 여자소년 10여 명이 모여 한밤중에 승합차를 타고 대전으로 떠나려고 한다는 첩보가 입수되어 우범소년 사건으로 접수되었다. 이미 대전에 가 있는 친구들로부터 연락을 받고 그 지역 오빠들이 마련해 준 승합차를 타고 떠난다는 것이었는데, 소년들의 전력에 비추어 이번에 가출하면 곧바로 성범죄와 관련된 사람들에게 당할지 모른다고 충분히 예상되는 상황이었다. 내가 발부한 긴급동행영장에 따라 경찰에 의해 신속히 신병이 확보된 소년들은 소년분류심사원에 위탁되었다. 소년분류심사원에서 조사해 보니 소년들의 계획은 당일 자정 무렵 서울 모처에 모여서 단체로 승합차를 타고 대전으로 떠난다는 것 외에는 없었는데, 철없는 소년들은 그 후에 어떤 일이 벌어질지 생각도 안 하고 단순히 가출계획만 짜놓은 상태였다. 소년들은 경찰과 법원의 신속한 대처로 보호처분을 받고 가정으로 돌아갔다.

그로부터 수개월이 지난 후, 대전에 먼저 가 있던 친구들의 사건이 따로 접수되었다. 그 친구들은 대전에 도착했지만 마땅한 거처가 없어 오빠들이 잡아준 여관방에서 7~8명씩 단체생활을 했다. 그 오빠들은 처음에는 아무것도 시키지 않았지만 시간이 지날수록 승합차비, 여관비 등을 들먹이며 돈을 벌어 갚으라고 하더니 나중에는 전부 노래방 도우미 일을 하도록 강요했다. 다행히 몇몇이 그들의 손아귀에서 빠져나와 경찰에 신고했고 성매매의 덫에서 벗어나 부모의 품으로 돌아갈 수 있었다.

내가 담당했던 또 다른 관련 사건을 소개한다. 김모 양의 엄마는 김 양이 아주 어렸을 때 이혼하고 홀로 김 양을 양육하면서 지속적으로 딸을 학대했다. 엄마는 이혼 후 직업도 변변치 않은 상황에서 김 양에 대한 양육 부담으로 인해 우울증, 공황장애, 불면증 등 정신적인 어려움을 겪고 있었다. 그런 엄마가 술에 취한 상태로 집에 늦게 들어와 김 양에게 말을 안 듣는다며 욕설을 하거나 효자손, 총채, 빗자루 등 손에 잡히는 대로 들고 때리는 날들이 계속되었다. 김 양이 초등학교 고학년이 되면서는 엄마와 말다툼이라도 하게 되면 집을 뛰쳐나가기 일쑤였다. 김 양이 집을 나가 지내는 시간은 점점 더 길어지게 되었고 나중에는 수개월씩 집을 나가 쉼터 등을 전전하게 되었다.

그러던 김 양은 스마트폰 채팅 앱을 통해 거처를 마련해 주겠다는 아저씨와 접촉했다. 아빠라는 존재가 어떤 것인지 제대로 알지 못하던 김 양은 그 아저씨를 아빠처럼 여기면서 동거하게 되었다. 그러던 어느 날, 김 양은 아저씨로부터 나쁜 짓을 당하여 길거리로 뛰쳐나왔고 다시 쉼터를 전전하던 중에 또 다른 아저씨와 관계를 맺는 생활을 반복하고 있었다. 비록 수사를 통해 성매매를 했다는 구체적인 증거가 발견되지는 않았지만, 김 양은 정당한 이유 없이 장기간 가출했다는 이유로 우범소년 사건으로 송치되었다. 소년분류심사원 조사결과, 김 양은 어려서부터 엄마에게 당한 학대로 인해 심각한 정신적 어려움을 겪고 있는 것으로 밝혀졌고, 결국 보호처분을 통해 치료를 받게 되었다.

– 우범사유 3 : 술을 마시고 소란을 피우거나 유해환경에 접하는 성벽이 있는 경우

낮 시간 동안 시민들의 편안한 휴식공간이 되어주던 공원은 밤이 되어 어둑어둑해지면 노숙자, 주취자들이 모여드는 우범지역으로 변하게 된다. 공원 한편 으슥한 곳에서는 술을 마시고 담배를 피우며 몰려 있는 소년들을 쉽게 발견할 수 있다. 물론 소년들이 공원에서 술을 마시고 소란을 피웠다는 이유만으로 곧 우범소년으로 사건화된다는 것은 아니다. 그렇지만 소년들 여러 명이 모여서 술을 마시면 그중 누군가는 과격해지기 마련이고 또 누군가가 비행을 제안하면 술기운에 쉽게 동조하기 마련이다. 아마도 이 부분 조항은 소년들이 술을 마시고 소란을 피우면 쉽게 비행까지 이르게 된다는 경험에 비추어 미리 소년을 조사하고 제지함으로써 차후의 비행을 사전에 예방하고자 하는 데 그 목적이 있는 깃으로 보인다.

'유해환경에 접하는 성벽이 있는 경우'라는 부분은 그 의미가

소년법, 뭐가 다른 건가요?

다소 넓고 불분명하기는 하다. 앞서 가출하여 성매매하는 경우를 예로 들었는데, 만약 소년이 가출을 하지 않고 성매매 등 유해환경에 접하는 성벽이 있는 경우라면 이 조항에 따른 우범소년에 해당한다고 볼 수 있을 것이다.

2) 우범소년 사건의 처리 절차

앞서도 말했듯이 우범소년 사건은 검사를 거치지 않고 경찰에서 직접 사건을 접수할 수 있을 뿐만 아니라, 보호자, 학교·사회복리시설·보호관찰소의 장이 통고 방식으로 사건을 접수할 수도 있다. 실무상으로는 소년의 가출로 보호자가 걱정되어 경찰에 신고하고 경찰이 보기에 가출 후 절도, 성매매 등 위험한 비행환경으로부터 소년을 보호하기 위한 조치가 시급해 우범소년 사건으로 접수하는 경우가 대부분이다.

경찰은 그런 경우, 사건도 사건이지만 우선 소년을 잡기 위해 소년법상 긴급동행영장부터 발부해 달라고 요청하기도 하는데, 소년법상 긴급동행영장은 일단 우범소년 사건이 접수된 후에 이를 토대로 발부되는 것이고 경찰에 영장청구권이 있는 게 아니라 소년부 판사가 직권으로 발부하는 것이라서 형사상 체포·구속영장과는 절차가 다르다. 실무상으로는 경찰이 우범소년 사건을 접수한 후 재판부에 따로 유선연락하거나 사건 청구서에 기재하는 등으로 긴급동행영장이 필요하다는 취지를 소명하면 소년부 판사가 그 필요성을 따져본 후에 발부하게 된다. 긴급동행영장으로 소년이 경찰에 잡히고 나면 그것만으로 곧장 소년분류심사원에 위탁되는 것은 아니고, 다시 소년부 판사로부터 심사원 위탁결정을 받아야 한다.

우범소년이 소년분류심사원에 위탁되는 경우는 심사원에서 소년에 대한 면밀한 조사가 이루어지게 될 것이고, 굳이 소년분류심사원에 위탁된 경우가 아니라고 하더라도 보호관찰소 등을 통해 소년에 대한 조사가 이루어진다. 조사결과를 토대로 우범소년에 대한 다양한 보호처분이 고려되겠지만, 내 경험으로는 소년의 생활태도, 보호환경 등을 개선하기 위해 위탁보호위원에 위탁(1호 처분)하거나 보호관찰(4, 5호 처분), 아동복지시설에 감호위탁(6호 처분)하는 처분이 크게 효과가 있었던 것 같다.

통고

일반 형사절차에서는 누군가 범죄를 저지르면 경찰과 검찰의 수사를 거친 다음, 검사가 기소를 해야만 법원에서 재판을 할 수 있다. 이를 기소독점주의라고 하는데, 소년법에는 좀 독특한 절차가 있다. 수사기관이 아니라 보호자나 학교·사회복리시설·보호관찰소의 장이 법원에 직접 소년보호사건을 접수하는 절차인데 이를 '통고'라고 한다. 통고는 수사기관의 수사를 거치지 않고, 접수 후에 소년부 판사의 수리 결정이 있으면 소년보호사건으로 즉시 진행되기 때문에 소년의 비행에 직면하여 신속한 조치가 가능하다.

앞서 우범소년제도가 그렇듯이 통고제도 역시 소년이 비행을 저질렀거나 저지를 개연성이 농후한 상태에서 보호자 등이 신속하게 법원에 알림으로써 소년을 위험한 비행환경으로부터 조속히 분리시킬 수 있는 효과가 있다.

실무 경험상 가벼운 절도나 갓 시작된 성매매 등 비행 초기 단계에 있는 소년에게 통고를 통해 교육이나 상담 등 보호처분을 조기에 명하면 확실히 그 예후가 좋은 편이다. 통고는 수사기관에 전력이 남지 않는다는 특장점이 있기 때문에 보호자 등의 입장에서는 '소년의 장래에 누를 끼치지 않을까' 하는 부담을 많이 덜 수 있다. 만약 소년이 수사기관에서 수사를 받게 된다면 그 전력이 기록으로 남을 수 있지만, 통고로는 수사기관의 수사를 받지 않기 때문에 우리가 흔히 말하는 전과(범죄경력, 수사경력)로 기록되지 않는다. 다만 법원에 재판받은 기록만 남게 될 뿐인데 법원의 재판 결과는 원칙적으로 외부에 공개되지 않는다.

한편 통고만의 특수한 효과라고 말하긴 그렇지만, 통고로 접수된 후 비행예방센터에서 교육받는 기간, 소년분류심사원에 위탁된 기간, 아동복지시설이나 치료시설에 위탁된 기간, 소년원에 송치된 기간 동안은 학교 출석일수로 인정되는 예가 많다. 따라서 소년이 가출하는 등으로 학업을 유예당할 위기에 처한 경우 통고를 통한 신속한 조치로 소년이 학업을 유지할 수 있게 하는 효과도 얻을 수 있다.

소년법 적용 대상소년 분류 및 절차 개요

(괄호 안의 나이는 만 나이)

대상 분류	비행 인지 과정				재판의 종류
범죄소년 (14세 이상 19세 미만)	경찰 수사	→	검찰 수사	→	형사재판
					소년보호재판
	보호자 등 통고		→		소년보호재판
촉법소년 (10세 이상 14세 미만)	경찰 수사		→		소년보호재판
	보호자 등 통고		→		소년보호재판
우범소년 (10세 이상 19세 미만)	경찰 수사		→		소년보호재판
	보호자 등 통고		→		소년보호재판

1) 보호자 통고

보호자가 통고하는 가장 대표적인 경우는 소년이 가출하거나 불량교우를 지속하여 비행을 저지를 가능성이 높은 시급한 경우다. 보호자 통고는 보통 우범소년 사건과도 결부되는데, 보호자가 직접 통고하기 부담스러워 실상은 통고인데도 경찰에서 우범소년 사건으로 송치하기도 한다. 보호자가 직접 통고하는 예로는 소년이 지난번 보호처분을 받은 후로도 계속 불량한 친구들과 어울리면서 절도, 폭행 등 비행을 저지르고 있는데 보호자가 도저히 소년을 통세할 수 없고, 그렇다고 수사기관이나 보호관찰소 등에 신고하는 건 부담스럽거나 상황이 시급하여 신고할 만한 시간적 여유가 없는 경우를 들 수 있다.

소년법, 뭐가 다른 걸까요?

보호자가 통고한 사건의 조사 보고서를 들여다보면, 소년보호재판 절차가 보호자의 통고로 비롯된 사실을 소년이 알면 마음에 상처를 받을까 봐 보호자가 통고한 것을 비밀로 해달라고 요청하는 내용이 자주 눈에 띈다. 내 자식을 고발하는 것 같아 가슴이 찢어지는 일이지만 당장 급한 마음에 지푸라기라도 잡아보겠다는 심정으로 통고에 이른 보호자의 간절한 마음을 엿볼 수 있다.

자신이 잘못을 해서 법원에 오는 것인 만큼 소년으로서는 보호자가 통고한 것인지 알 리 없지만, 혹시라도 보호자가 통고한 것임을 소년이 알게 된다면 소년보호재판이 소년에게 개선은커녕 평생 돌이킬 수 없는 상처를 줄 수도 있으므로 무척 조심스러울 수밖에 없다.

2) 학교장 통고

교내에서 학생들 사이에 폭력 사건이 발생하는 경우, 학교폭력대책자치위원회를 통해 해결되는 경우가 많은데 학폭위 절차와 별도로 수사기관에 고소하는 것도 가능하고 학교장 명의로 법원에 직접 통고하는 것도 가능하기는 하다. 한때 통고제도가 일선 학교에 안내되면서 서울가정법원에 학교장 통고 사건이 물밀듯이 접수된 적이 있다. 그런데 법원에 통고하여 학폭위 사건을 쉽게 해결하고자 했던 학교장의 의도와는 달리, 오히려 학교장이 법원에 사건을 넘겼다는 것이 보호자들의 감정을 상하게 하여 학폭위를 통한 자치적 해결에 방해가 되기도 했다. 그래서 최근에는 교내 폭력 사건에 대해 법원 통고보다는 학폭위를 통한 해결에 더 중점을 두고 있는 것 같다.

통고에서 주의할 점은 일단 통고로 사건이 접수되고 판사의 수리결정이 있게 되면 다시 철회할 수 없다는 점이다. 간혹 학교장이 학교에서 말썽을 일으킨 소년을 통고했다가 예상치 못하게 소년분류심사원 위탁 등 중한 절차를 거치게 되자 학부모로부터 심한 항의를 받고 통고 사건을 철회하겠다는 의사를 밝히는 경우가 있다. 그러나 일단 법원의 절차로 들어선 이상 통고한 사람의 의사와 상관없이 절차가 진행되므로 통고를 하기 전에 신중한 고려가 필요하다.

교내 폭력 사건 중 통고가 효과적인 경우로 이른바 '교권침해' 사례를 들 수 있다. 선생님에 대한 폭행 사건은 학폭위의 대상이 되지 않고 선도위원회, 학교교권보호위원회 등의 대상이 될 수는 있으나 그 효과가 미미한 경우가 대부분이다. 그렇다고 선생님이 소년을 수사기관에 고소하는 것은 무척 부담스러운 일일 것이다. 앞서 말했듯, 법원 통고로는 수사기관에 전력이 남지 않아 소년의 장래에 관한 부담이 적으므로 통고를 활용할 것을 권유하고 싶다.

3) 사회복리시설장에 의한 통고

실무상 사회복리시설장에 의한 통고는 제법 사례가 많다. 보육시설이나 소규모 그룹홈을 운영하다 보면 한두 명의 소년이 자꾸 말썽을 일으키는 경우가 있다. 소년 한 명이 보육교사에게 반항하며 술·담배를 하고 불량한 친구들과 어울려 오토바이를 훔치거나 하면 다른 소년들에게까지 악영향을 미쳐 해당 시설에서는 여간 난처한 것이 아니다. 그렇다고 소년을 다른 보육시설로 보내려고 해도 이것은 시청이나 구청에서 주관하는 것이라서 절차가 어려울 뿐만 아니라 소년에게도 상처를 주게 된다. 그래서 시설 입장에서는 이러지도 저러지도 못한 채 버텨야만 하는 경우가 대부분일 것이다. 내가 맡았던 사건 중에는 소규모 그룹홈이 좋은 의도로 시작했다가 소년 한 명의 말썽을 도저히 감당할 수 없어서 시설 운영을 접어야만 했던 경우도 있었다.

소년이 시설 내에서 보육교사를 폭행하는 등의 잘못을 계속 저지르고 있음에도 시설 담당자들만으로 소년을 통제할 수 없는 경우, 경찰에 고소하는 것이 부담스럽다면 법원에 통고하는 것이 좋은 방법이 될 수 있다. 일단 법원에 사건이 접수되면 소년에 대해 심리검사를 포함한 면밀한 조사를 할 수도 있고, 보호처분으로 보호관찰관이 소년의 생활을 주기적으로 지도·감독할 수도 있다. 사안이 심각한 경우는 소년분류심사원을 거치면서 집중적인 단체교육을 받을 수도 있고, 소년원 등의 시설에 보내질 수도 있다.

내 경험상 아무리 보육시설 내에서 기고만장했던 소년이더라도 소년보호재판 절차를 거치게 되면 잘못을 뉘우치고 보육시설의 소중함을 깨닫는 경우가 대부분이었던 것 같다. 한편 보육시설 입장에서는 소년을 절차에 잠시 맡기는 동안 시설의 체제를 재정비하고 소년의 복귀를 차분히 준비할 수 있는 시간적 여유가 생겨, 절차 이후 소년과 보육시설이 좀 더 성숙한 관계로 발전하는 경우가 많아 보인다.

　다만 주의할 점은 시설장의 통고로 소년보호재판 절차를 거친다고 해도 소년을 다른 시설로 보내는 조치와는 무관하다는 점이다. 시설장들이 가장 궁금해하는 부분인데, 간혹 일부 시청이나 구청에서 재판으로 보호처분을 받고 와야 전원조치를 해주겠다고 안내하는 경우가 있으나 소년에 대한 보호처분과 전원조치는 서로 아무런 관련이 없다.

　실무상 소년부 판사는 소년을 6개월 동안 아동복지시설에 감호위탁하는 처분(6호 처분)을 하는 경우, 원래 시설의 시설장으로부터 '감호위탁 기간이 경과하면 소년을 다시 데려가겠다'는 내용의 서약서를 받기도 한다. 보육시설 담당자들 대부분은 소년이 아동복지시설에 감호위탁된 기간 동안 소년을 면회 다니면서 개선 여부를 살피고 소년의 복귀를 준비하는데, 일부 보육시설 담당자들이 감호위탁 기간이 끝나도 소년을 데려가지 않겠다는 태도를 보이는 경우가 있어 이를 대비하기 위한 것이다.

　그런 경우에는 원래 시설 담당자들이 그동안 소년의 비행으로 힘들고 지쳤던 점은 충분히 이해가 되나, 소년이 6개월 동안 아동복지시설에서 지내며 원래 시설로의 복귀를 준비하고 스스로 개선하기 위해 노력했다는 긍정적인 면을 부각시키면서, 원래 시설 담당자들에게 다시 한번 보호자로서의 책임감으로 맡아달라고 호소할 수밖에 없다.

보육시설에서 사고뭉치인 소년들의 속내를 들여다보면 '나는 왜 다른 아이들처럼 부모가 없을까? 저 선생님은 지금 내가 부모가 없다고 차별하는 걸까? 시설이든 법원이든 어른들은 내가 부모가 없다고 해서 내 의사를 무시하고 그들 마음대로 정해도 되는 것인가?'라는 생각 때문에 매사를 부정적으로 보는 것 같다. 어쩌면 소년이 보호처분을 받는 과정에서도 그런 서럽고 아쉬운 마음이 생길지 몰라 조심스럽기도 하다. 돌아갈 가정이 보육시설이고 보육시설 선생님을 부모로 생각할 수밖에 없는 소년들에게 또다시 버림받는 상처가 생기지 않도록 보육시설 담당자들에게 부모와도 같은 희생을 부탁드릴 수밖에 없다.

사회복리시설의 장(長) 범위에는 보호처분으로 소년을 위탁받고 있는 시설장도 포함되는 것으로 해석된다. 따라서 6호 처분의 아동복지시설의 장, 7호 처분의 의료시설의 장, 8 내지 10호 처분의 소년원장 역시 통고를 할 수 있다고 본다. 소년이 보호처분을 받고 시설에서 지내면서도 여전히 말썽을 일으키는 경우에는 소년은 시설장의 통고로 새로운 처분을 받을 수도 있다. 통상적으로는 각 시설장이 보호처분 변경 신청을 하지만, 간혹 보호처분 변경이 어려운 경우에는 통고를 활용하기도 한다.

4) 통고의 한계

통고는 소년에 대한 신속한 조치를 특징으로 하는 만큼 통고하는 사람의 입장에서는 빨리 소년에 대한 긴급동행영장이 발부되어 소년분류심사원 위탁이 이루어지길 바라는 경우가 많다. 그러나 통고는 수사기관을 거치지 않은 채 판사의 수리결정만으로 절차가 시작되는 만큼, 공적인 수사기관들을 통하는 경우와 달리 절차상 인권에 대한 고려가 미흡하고 비행에 관한 기초적인 수사조차 결여되어 있으므로, 소년부 판사로서는 굳이 소년분류심사원 위탁까지 필요한 것인지 신중하게 고민할 수밖에 없다.

물론 소년분류심사원 위탁이 조사와 교육에 큰 중점을 두고 있기는 하지만 소년을 강제로 구금한다는 점도 무시할 수 없기 때문에, 단지 통고하는 사람의 주장만 듣고 충분한 조사 없이 소년분류심사원에 위탁할 수는 없다. 그래서 통고 사건에서는 일단 보호관찰소의 결정전 조사나 법원 조사관 조사를 거친 후, 그 조사결과를 토대로 심리기일을 진행하는 것이 통상적이다.

물론 통고서만으로 소년이 불량한 친구들과 어울려 장기간 가출을 하는 등으로 당장 비행 위험환경에 처하고 있다거나 사회복지시설 내에서 다른 소년들의 안전에 심각한 위해를 가해 즉각적인 분리조치가 필요한 정황을 충분히 알 수 있는 경우라면 긴급동행영장 발부, 소년분류심사원 위탁 등 신속한 조치가 가능하다.

내가 맡았던 사건 중에 보육시설 교사에게 욕설을 하는 등 심하게 반항을 하고 불량한 친구들과 어울려 자주 외박하며 다른 소년들을 수시로 폭행하는 등의 비행을 일삼았다는 이유로 시설장에 의해 통고된 소년이 있었다. 보육시설 담당자들은 빨리 소년을 소년분류심사원으로 보내달라고 요청했는데, 그렇지 않으면 다른 소년들까지 물들어 비행에 가담하는 소년이 늘어나고 소년들이 집단적으로 반항할 우려가 있다는 것이었다.

나는 보육시설 담당자들의 안타까운 사정은 이해가 됐지만 통고서에 기재된 사실을 모두 인정하더라도 그 소년을 다른 소년보호사건의 소년들과 비교하지 않을 수 없었다. 만약 소년이 부모와 함께 지내고 있었더라면 어땠을까? 소년에게 다른 전력이 있는 것도 아닌데 소년이 저질렀다는 비행 사실만으로 소년분류심사원에 위탁되는 것은 과한 것이 아닐까? 그래서 보육시설 담당자들이 하루가 멀다 하고 우리 재판부에 신속한 처리를 요청하며 전화를 하는 통에 재판부 실무관이 무척 애를 먹고 있는 상황이었지만, 소년을 소년분류심사원에 위탁하지 않고 2개월 뒤로 심리기일을 정해 보호관찰소의 결정전 조사를 거친 후 절차를 진행하기로 했다.

심리기일이 지정되었는데도 보육시설 담당자들이 수시로 재판부에 연락을 하여 심리기일을 좀 더 빨리 잡아달라고 요청하기도 했으나, 나는 일단 보호관찰소의 결정전 조사를 기다려보기로 했다. 그러던 중 심리기일이 다가올 무렵, 시설장 명의로 된 탄원서가 한 통 제출되었다. 소년이 보호관찰소에서 조사받으면서 많은 변화가 생겼다는 것이었는데, 그 내용은 이랬다.

소년은 조사를 받으면서 자기가 자라온 환경이 얼마나 고마운 것이었는지, 그리고 지금 자기 행동이 얼마나 어리석은 것인지 다시 뒤돌아보게 되었고, 어느 날부터인가 보육시설 선생님과 속 깊은 얘기를 나누기 시작했다. 그렇게 소통하는 과정에서 선생님은 소년이 최근 학교에 부모 없이 보육시설에서 지낸다는 사실이 알려져 한창 방황하고 있었고, 또 그동안 부모처럼 여기던 보육시설 선생님들이 너무 멀게 느껴진다는 소외감과 그로 인한 원망으로 흔들리고 있음을 알게 되었다.

보육시설 담당자들은 소년을 위한 회의를 소집했고, 그동안 소년의 비행에 지쳐 소년에게 소원하게 대했음을 인정하고 소년의 다친 마음을 보듬어주기 위해 여러 가지 대책을 논의했다. 그 후로 소년의 시설 생활에는 긍정적 변화가 생겼고, 결국 시설장은 소년이 많은 반성을 하고 시설 내에서 모범적인 생활을 하고 있으니 소년을 선처해 주길 바란다는 내용의 탄원서를 작성하게 되었던 것이다.

그동안 재판부를 워낙 힘들게 했던 사건이라 나는 심리기일이 다가오면서 마음이 무거웠는데, 탄원서를 받고 나니 마음의 짐을 한번에 덜어놓을 수 있었다. 나는 보육시설의 힘만으로 소년을 충분히 개선시킬 수 있다고 보았다. 그래서 소년을 시설장에게 위탁하는 보호처분을 부과하며 마무리했다. 소년과 보호자가 서로의 마음을 헤아리면서 앞으로 꽃길만 걷겠다는 다짐을 확인하는 것이야말로 소년보호재판만이 이루어낼 수 있는 아름다운 결말일 것이다.

돌이켜보면 한창 성장해 가는 과정에서 어제, 오늘이 다르고 내일이 다른 변화무쌍한 소년들이기에 이런 드라마틱한 성공도 가능한 게 아닐까 싶다.

처분 전 조치

소년보호제도의 특수성을 설명하기에 앞서 일단 일반 형사절차가 어떻게 진행되는지 대략적으로라도 설명하는 것이 좋을 것 같다.

범행이 발각되면 경찰이 수사를 하고 검사가 다시 수사한다. 수사하는 과정에서 피의자(기소되기 전 범인의 호칭)가 도주하거나 증거를 인멸할 염려가 있다면 피의자에 대한 체포나 구속절차가 진행될 수 있다. 검사가 수사를 마치고 나면 법원에 기소 여부를 결정하게 되는데, 범죄 혐의가 없다거나 증거가 불충분한 것으로 보이면 불기소처분을 하면서 사건을 끝내고, 범죄 혐의가 인정되고 유죄를 증명할 수 있는 증거가 갖춰졌으면 법원에 사건을 기소한다.

법원에 사건이 접수되고 공판기일이 지정되면, 판사가 공판기일에서 피고인(기소된 후 범인의 호칭)에게 공소장에 기재된 범행사실을 인정하는지 등을 물어보고, 만약 피고인이 다투면 증거조사절차(증인신문이나 증거서류 조사)를 거치게 된다. 증거조사를 마치고 나면 판사가 범죄 인정 여부를 따지고 유죄인 경우 적절한 형을 정해 판결을 선고하게 된다.

이러한 형사절차의 전 과정에 비추어 보면, 수사기관의 수사와 법원의 공판 및 판결은 범죄 인정 여부에 주된 초점이 맞춰져 있고, 범죄가 인정되는 경우 피고인이 저지른 잘못에 비례하여 책임의 원칙에 따라 징역형, 벌금형 등 적절한 형을 정하는 과정이 대부분이라고 할 수 있다.

소년보호사건 절차는 법원으로 사건이 송치되기 전 단계에서는 일반 형사절차와 크게 다르지 않다. 물론 경찰과 검찰에서 선도교육 등 일부 절차가 진행되기는 하지만 본격적인 절차라고 볼 수는 없고 범죄혐의를 증명하기 위한 증거수집 절차가 그 대부분이라고 할 수 있다. 그런데 법원으로 사건이 송치된 후의 소년보호사건 절차는 일반 형사절차와 크게 다르다. 소년보호재판의 최종 결정은 소년이 저지른 죄질에 비례하는 형벌이 아니라 소년의 성행을 개선할 수 있는 보호처분이므로, 과거에 대한 평가에 머무르는 것이 아니라 미래를 지향하는 것이라고 볼 수 있다. 따라서 단지 범죄 인정 여부를 밝히는 수사에 그치는 것이 아니라 '재비행가능성'과 '개선 가능성'에 관해 심도 있는 전문적인 조사가 필요하다.

또한 개선 가능성을 목표로 하기 때문에 조사만 하는 게 아니라 교육 등 다양한 사전 조치를 선행하는 것도 가능하다. 아래에서는 그러한 조사, 조치에 관해 설명하며 그중 소년분류심사원에

소년법, 뭐가 다른 건가요?

대해서는 좀 더 자세한 설명이 필요하므로 뒤에 따로 알아보기로
한다.

1) 조사

– 청소년꿈키움센터의 상담조사

잘 알려져 있지는 않지만 청소년꿈키움센터(비행예방센터)라는
비행소년조사와 비행예방교육을 전문으로 하는 기관이 있다. 법
무부 산하의 청소년꿈키움센터는 일반 학교를 상대로 비행예방교
육을 하기도 하고, 비행 초기단계에 있는 소년들을 모아 자체적으
로 교육을 하기도 하지만, 가장 큰 역할은 법원에서 맡기는 상담
조사 역할이다. 상담조사는 보호처분을 받기 전 소년들을 대상으
로 3일 또는 5일 동안 교육을 실시하는 동시에 상담도 하면서 소
년의 성행, 환경, 심리 등을 다각도로 조사하는 절차다.

청소년꿈키움센터는 다년간 상담조사 업무를 수행하면서 비행
소년 전문기관으로 자리매김할 수 있었고, 실제로 소년부 판사들
은 청소년꿈키움센터의 조사결과를 매우 높게 신뢰한다. 단지 몇
시간 조사하는 것만으로는 소년의 전부를 알 수 없기에 상담조사
절차로 3일 또는 5일간 소년을 교육하면서 소년의 태도를 주의 깊
게 살피는데, 소년들은 보호처분을 앞두고 있으니 처음에는 긴장
된 마음으로 잘 보이려 하다가도 며칠간 교육이 이어지면서 본색
을 드러내는 경우가 많다.

첫날이야 부모 등쌀에 어쩔 수 없이 출석했지만 친구들과 밤늦

게까지 어울리느라 다음 날부터는 무단지각이나 무단결석을 하는 경우도 있고, 첫날 아침에 단정하게 입고 출석했는데 오후 쉬는 시간에 담배를 피우다 적발되는 경우도 있다. 또, 소년이 가출 중이어서 아예 출석하지 않는 경우도 있고, 첫날 수업시작 전 담배, 화장품 등을 압수당한 후 선생님에게 반항하는 경우도 있다. 같이 교육받는 소년들과 싸운다거나 아는 친구들끼리 장난을 치는 경우도 많다. 간혹 자기가 이미 소년분류심사원을 다녀왔고 소년원에 아는 선배들이 많다면서 허풍을 떠는 소년도 있고, 오토바이 무면허운전으로 재판 중인데도 센터까지 또 오토바이를 타고 오는 소년도 있다.

일반 예방교육이 아니라 비행을 저지르고 조사를 받으러 간 것인 데다 법무부 산하 기관이라 분위기가 엄격한 편이라서, 소년들 대부분은 센터의 규칙에 순응하고 적극적인 교육 태도를 보인다. 그러나 센터에서조차 규칙을 위반하는 등 반성하는 모습을 보이지 않는 소년들에 대해서는 추후 소년분류심사원 위탁 등 더욱 엄격한 절차를 고려할 수밖에 없다.

청소년꿈키움센터 상담조사관들은 전문가답게 순간순간 소년들의 모습을 잘 포착하기 때문에 보고서 수준이 매우 우수하다. 센터의 상담조사관은 소년의 가정환경, 성장과정, 학교생활, 교우관계, 사건의 동기, 사건 후 정황, 심리검사결과 등과 보호자의 보호능력에 이르기까지 소년에 관한 제반 사정을 다각도로 조사한다. 소년은 굳이 보조인을 따로 선임하지 않더라도 센터의 상담조사관과 상담하는 과정을 통해 자기 입장을 편하고 자세하게 판사에게 전달할 수 있다.

청소년꿈키움센터는 그 교육 내용 또한 우수하다. 지금껏 법이라고 하면 두려운 마음만 들었지 뭐가 뭔지 잘 알지도 못했던 소년들이 구체적으로 강도·절도 예방교육, 성비행 예방교육 등 전문강사들의 강의를 듣고, 모의법정에서 역할을 맡아보기도 하는 등 제대로 된 법 교육을 받으면서 자기 잘못을 깨닫고 다시는 비행을 저지르지 않겠다고 다짐하는 경우가 많다. 그런 면에서 상담조사는 특히 비행 초기 단계의 소년들에게 매우 효과적이다.

청소년꿈키움센터에 출석하는 기간은 학교 출석일수가 인정되어 출석에 대한 부담도 덜어주는 장점이 있다. 또한 청소년꿈키움센터에서는 보호자 교육도 따로 실시한다. 보호자들의 호응도 좋은 편이다. 내 생각으로는 청소년꿈키움센터야말로 명실상부한 비행소년 전문기관이라고 말하고 싶다.

그러나 청소년꿈키움센터의 실제 운영에는 어려움이 많아 보인다. 법무부에 소속되어 있는데 법무부가 관장하는 영역이 워낙 넓다 보니 그중 청소년꿈키움센터는 제대로 주목받지 못하는 것 같다. 그러다 보니 청소년꿈키움센터는 인력이나 시설 면에서 부족해 항상 업무 과부하 상태가 된다. 서울만 하더라도 남부와 북부 두 군데뿐인데, 북부센터는 의정부 법원 관할 지역의 상담조사까지 하고 있는 실정이고, 서울 북부의 6개구를 제외한 대부분 지역에 거주하는 소년들은 관악구에 있는 남부센터를 이용할 수밖에 없으므로 은평구, 광진구, 강동구 등에서도 관악구까지 교육을 받으러 와야 하는 불편함이 있다.

상담조사는 소년부 판사들에게 신뢰도가 높고 인기가 많아서 그만큼 상담조사 건수도 센터에서 감당하기 어려울 정도로 많은 편인데 그에 비해 담당인력은 턱없이 부족한 형편이다. 그나마 센터의 행정직 인력까지 조사와 교육에 총동원되어 야근과 주말근무를 하며 근근이 버티고 있지만, 간혹 기간 내에 상담조사를 마치는 것이 너무 어렵다고 호소하면서 법원에 처리기간의 연장을 요청하는 경우도 있다. 내 바람으로는 청소년꿈키움센터에 대한 지원을 더 확대하여 비행소년을 전담하는 전문기관으로 성장시켰으면 좋겠는데, 오히려 역주행하고 있는 현실에 불편한 마음이 든다.

−보호관찰소의 결정전 조사

이미 보호관찰 중인 소년들이 또다시 비행을 저지른 경우는 보호관찰소의 결정전 조사 대상이 된다. 보호관찰기간 동안 주기적인 지도·감독이 이루어지기 때문에 담당 보호관찰관이 누구보다 소년을 잘 알고 있어서 조사가 효율적일 뿐만 아니라 조사 내용도 충실한 편이다.

조사는 소년과 보호자가 정해진 시각에 보호관찰소에 출석하여 조사받는 방식으로 이루어진다. 만약 소년에게 연락이 잘 되지 않으면 보호관찰관이 직접 소년의 집을 방문하여 조사하기도 하고, 부모가 생업 때문에 출석하기 힘들다면 부모와는 전화면담으로 조사하기도 한다. 간혹 불과 몇 시간 조사받는 것인데도 그 사이를 못 참고 삐딱하게 앉아 있거나 질문에 비아냥거리는 투로 답하는 소년들이 있는데, 그러한 태도까지 고스란히 조사 보고서에 기재된다. 그러한 내용이 기재되어 있으면 소년이 비행 후에도 여전히 반성하지 않고 있는 것으로 참작되어 소년분류심사원 위탁 등 엄격한 절차가 필요할 수 있다.

결정 전 조사결과 소년뿐만 아니라 보호자의 생각과 태도도 소년의 보호처분을 정하는 데 중요한 부분으로 고려된다. 보호자가 시간적·경제적 여유가 있고 소년을 통제할 수 있는 여력이 있는지(보호능력)와 향후 소년의 태도 개선을 위한 구체적인 계획이 있는지(보호의지)는 소년비행의 원인을 파악하고 그 대책을 결정하는 과정에서 고려되어야 하는 필수 요소일 수밖에 없다.

-법원 조사관의 조사

법원 공무원 중에도 소년을 조사할 수 있는 조사관이 있다. 법원 조사관은 청소년 상담에 관한 학위와 자격증을 소지했거나 오랜 기간 법원에 근무하면서 자격을 인정받은 전문가들이다. 소년부 판사는 소년이 어리거나 예민하거나 정신적 어려움이 있어 방법과 결과의 측면에서 보다 전문적인 조사가 필요한 경우, 법원 조사관에게 조사명령을 하게 된다. 법원 조사관 조사는 조사관이 수시로 담당 판사와 조사 방향과 방법에 관해 소통하면서 조사 도중 조치가 필요하면 신속하게 처리할 수 있다는 장점이 있다. 특히 아동학대사건과 연관된 소년보호사건의 경우는 소년보호사건 조사관과 아동학대사건 조사관들 사이의 네트워크로 정보를 공유하고 가정 전체의 회복을 위해 함께 고민할 수도 있다.

초등학생이 저지른 성 비행 사건의 경우, 나는 법원 조사관을 통한 조사를 많이 하는 편이다. 일단 가해소년이 어리기 때문에 조심스럽게 사건을 접근할 필요가 있기도 하고 경우에 따라 피해소년 측에 화해권고 의사가 있는지, 형사공탁을 위해 인적사항을 알려줄 수 있는지 확인할 수도 있다. 소년보호사건이 진행되는 중에도 피해소년이 여전히 트라우마를 겪고 있는 등 제대로 회복되지 않은 경우가 많아서 화해권고 등 절차에 동의하지 않는 경우가 대부분이지만, 그런 의사 확인 과정에서 파악된 피해소년의 상태가 소년의 보호처분 결정에 참작될 수 있다.

조사 후 조사관의 의견을 받아들여 가해소년에 대해 보호처분을 하기 전에 상담이나 진단을 실시하는 경우도 종종 있다. 보다 전문적인 상담과 진단을 통해 어린 소년이 과감하게 성 비행에 나아가게 된 원인을 면밀히 살피고 성행 개선을 위해 보나 효과석인 보호처분을 탐색할 수 있어 자주 활용된다.

나는 소년에게 정신적인 어려움이 있는 경우에도 법원 조사관을 통한 조사를 많이 하는 편인데, 의사소통이 어려운 소년을 상대로 하는 것이므로 보다 전문적인 조사방법이 필요하기 때문이다. 만약 소년이 정신지체 등급을 받았다거나 조현병 등으로 치료받은 전력이 있는 경우에는 처분 전 진단까지 고려할 수 있다. 정신과 전문의 등 진단전문가에게 소년의 상태를 살피도록 한 후 적절한 치료방법을 탐색해 볼 수 있다.

2) 교육

소년부 판사는 보호처분을 하기 전에 미리 소년에게 교육을 명할 수 있다. 실무상으로는 보호자에게 임시위탁하는 결정을 하고 소년이 일정 기간 동안 정해진 기관에서 교육을 받을 수 있게 보호자로 하여금 협조하도록 명하는 방식으로 이루어진다.

서울가정법원에서는 법원 조사관에 의한 처분 전 교육과 청소년꿈키움센터에서의 처분 전 교육으로 나누어 실시하고 있다. 처분 전 교육은 보호처분을 받은 전력이 없고 비행 정도가 경미한 경우에 주로 활용된다.

이러한 처분 전 교육과정에서는 보호자 교육도 필수적으로 이루어진다. 보호자는 소년과 함께 출석하여 보호자 교육을 받으면서 비행 초기 단계 소년에 대한 지도교육을 받게 된다. 이런 교육에 대한 부모들의 만족감은 매우 높은 편이다. 만약 보호자가 교육에 불참한 경우에는 보호능력과 의지에 관해 의심할 수밖에 없고, 경우에 따라 보호자를 대신할 다른 사람에게 소년을 맡기는 방식의 보호처분을 고려할 수도 있다.

3) 청소년참여법정

이번에는 처분 전 조치 중 매우 특색 있는 절차를 소개하고자 한다. 청소년참여법정이라는 것인데, 법원에서 미리 위촉한 청소년들로 구성된 참여인단을 소년보호재판 절차에 참여하게 하는 제도다. 성인범에 대해 국민참여재판이 이루어지는 것처럼, 또래 청소년들이 소년의 성행을 개선하기 위한 과제를 함께 고민하여 제시하고, 소년이 성실하게 그 과제를 수행하는 것을 전제로 판사의 결정에 유리하게 참작하는 제도다.

청소년참여법정 절차로 진행하기 위해서는 반드시 소년과 보호자의 동의가 있어야 한다. 아무래도 또래들 앞에 서야 하는 만큼 심리적 부담이 있을 수 있기 때문에 강제할 수는 없고 동의를 얻어야만 절차를 진행하도록 정하고 있는 것이다. 그런데 청소년참여법정 절차에서는 소년의 신원이 알려지지 않도록 조치하고 있기 때문에 크게 염려하지 않아도 된다.

서울의 경우에는 광범위한 지역에서 청소년참여인단을 선출하고 구체적인 사건에서 소년의 신원을 알 수 있는 청소년은 배제하며 절차를 진행하면서 소년의 이름이 공개되지 않도록 '사건 본인'이라는 명칭으로 호명한다.

청소년참여인단은 소년부 판사가 입정하기 전 약 2시간에 걸쳐 선생님(변호사 또는 학교 선생님) 지도 하에 사건을 심리하고 소년에게 적합한 부과과제를 탐색한다. 청소년참여인단의 토론을 거친 후 소년에게는 5~6가지 정도의 과제가 부과된다.

형사법정을 방청하고 소감문 쓰기, 정해진 양식에 따라 일기 쓰기, 피해자에게 사과편지 쓰기, 소년도 청소년참여인단으로 활동해 보기, 가족들과 여행하고 인증샷 찍어서 제출하기 등이다. 보호자의 도움이 필요한 과제가 많아서 과제 수행 과정에서 보호자와 대화 소통이 잘 이루어지기도 하고, 그 자체로 법 교육이 되는 과제도 있어서 소년과 보호자의 절차에 대한 만족도는 매우 높은 편이다.

보통 2개월 정도 주어진 과제 이행 기간이 지나면 소년과 보호자는 법정에 다시 출석하고 과제를 제대로 이행했다면 가장 유리한 결정(통상적으로 심리불개시 결정)을 받게 된다. 만약 과제를 기간 내에 다 이행하지 못하면 심리가 개시되고 다른 사건들처럼 소년보호재판절차가 진행된다.

심리 대상인 소년뿐만 아니라 참여인단 청소년들에게도 청소년참여법정 절차는 도움이 된다. 한때 학교 생활기록부에 특별활동 가점이 반영되던 시절에는 청소년참여인단의 인기가 하늘을 찌를 듯했다. 학부모들이 인맥까지 동원하여 청소년참여인단 명단에 자녀를 등록시키려고 노력했던 그 시절과 다르긴 하지만, 요즘도 청소년참여인단은 여전히 인기가 높은 편이다. 매년 초 위촉식을 통해 청소년참여인단으로 위촉되고 나면 법원에서 주관하는 행사

에 참여할 수 있는 기회가 주어지기도 하고, 실제 소년보호재판에
참여할 뿐만 아니라 소년부 판사와 대화하는 시간도 마련되는 등
색다른 법원 경험을 할 수 있기 때문이다.

　통상적으로 청소년참여법정 기일을 마치고 소년이 퇴정한 후에
는 소년부 판사가 법정에 남아 참여인단 청소년들과 대화하는 시
간을 갖는다. 참여인단 청소년들이 판사에게 궁금한 것들을 자유
롭게 질문하고 판사가 답변하는 식으로 대화가 이루어지게 되는
데, 그동안 내가 참여인단 청소년들로부터 받았던 질문은 매우 다

양하다. 아무래도 장래 법조인을 희망하는 청소년들이 많은 만큼 어떻게 하면 판사나 검사가 될 수 있는지, 그러기 위해서는 어떤 공부를 위주로 해야 하는지 등의 질문이 많은 편이지만 간혹 최근 나온 법원 판결이나 헌법재판소 결정에 관한 의견을 묻는 등으로 나를 당혹스럽게 만드는 질문도 있었다. 갈수록 국민참여재판에 대한 사회적 인식과 호응이 높아지고 있는 만큼, 미래의 국민참여 인단을 성장시킨다는 의미에서도 청소년참여법정 제도는 그 의미가 매우 크다.

4) 캠프

소년의 성행을 개선하기 위해서 부모와의 소통이 큰 도움이 되겠다 싶은 경우에는 부모와 함께 1박 2일 캠프에 보내기도 한다. 서울가정법원의 경우 국립평창청소년수련원 측으로부터 숙식제공 등 큰 도움을 받고 청소년꿈키움센터, 청소년폭력예방재단과 협조하여 1년에 3~4회 정도 캠프 행사를 실시하고 있다. 이 캠프 행사에는 소년부 판사와 법원 조사관도 참여하여 1박 2일간 함께 지내면서 소년들을 면밀히 조사하고 소년들과 대화 소통의 시간을 함께한다.

내가 처음 이 제도를 접했을 때는 다소 생소한 기분이 들었다. 소년이 1박 2일 정도의 프로그램만으로 변화될 것으로 생각하는 것 자체가 너무 순진한 접근이 아닌가 싶었다. 그래서 처음에는 그 효과를 반신반의하면서 캠프에 보낼만한 소년과 부모를 추려

보았는데, 마침 아버지를 폭행하여 송치된 소년이 있었다. 그 사연을 들여다보니 부모와의 소통에 문제가 있는 것으로 보여 캠프 대상자로 선택했다. 소년은 어려서부터 국제 업무를 담당하는 아버지를 따라 전 세계를 다녔는데 잦은 환경 변화로 인해 어느 순간부터 현실에 제대로 적응하지 못하고 비뚤어지기 시작했다. 부모의 경제력도 훌륭했고 소년의 학업 성적도 우수했는데, 어느 날 소년이 부모의 잔소리를 참지 못해 아버지의 멱살을 잡고 폭행하는 사건이 벌어진 것이었다. 부모는 놀란 마음에 마침 경찰서에 근무하는 지인에게 물었는데 예상치 못하게 소년보호사건으로 접수되었고, 부모는 상황이 심각해지자 많이 당황하고 있었다.

법정에서 소년을 만났을 때, 소년은 부모의 신고로 법정까지 오게 된 것인 만큼 부모를 불신하고 만면에 불만이 가득해서 내 질문에도 잘 대답하지 않았다. 한편 부모는 소년에게 미안한 마음도 있고 해서 상황을 이렇게 심각하게 만든 지인에 대한 불편한 마음을 드러내는 말들을 끊임없이 늘어놓기 시작했다.

나는 소년과 부모에게 캠프에 참석할 것인지를 물어 동의를 구한 다음, 캠프를 다녀온 후에 심리를 다시 진행하기로 했다.

소년과 부모가 캠프를 다녀온 후, 법정에서 소년을 다시 만났을 때는 믿기 어려울 정도로 상황이 많이 달라져 있었다. 일단 소년은 내가 묻는 말에 미소를 띠며 곧잘 답변을 했는데 그 답변 내용도 매우 긍정적이었다. 소년은 캠프를 통해 부모님을 많이 이해하게 되었다고 했고, 소년의 어머니도 옆에서 말을 덧붙이면서 소년이 부모에게 사랑한다는 이야기도 종종 할 정도로 정말 많이 좋아졌다는 것이었다. 이제 공부도 열심히 하고 친구 관계도 많이 좋아져서 부모로서는 더 이상 걱정할 것이 없다면서 나에게 캠프에 보내준 것에 대해 연신 고마움을 표시했다. 이쯤 되면 나는 부모의 말을 믿을 수밖에 없었고 더 이상 보호처분을 할 게 없었다.

나는 캠프의 효과를 직접 확인하고 싶은 마음에 다음 번 캠프에는 직접 참여하기로 했다. 캠프에 참석하기 위해 평창으로 향하는 길은 가을이 절정으로 치달아 온통 울긋불긋한 단풍과 낙엽으로 채워졌고, 나 스스로도 가을 깊은 곳으로 드라이브 여행을 떠나는 기분이 들었다. 내가 국립평창청소년수련원에 도착했을 때는 소년들 대부분이 불만스러운 표정이었는데 부모와 함께한다는 것이 쑥스럽고 어색해서 그렇기도 했겠지만, 규칙에 따라 캠프 종료 시까지 소년들의 핸드폰을 수거당하여 특히 불만이 컸다. 핸드폰을 수거당한 후, 당장 친구들과 SNS로 대화를 못해 불안 증세를 보이던 소년들은 평창행 버스 안에서 부모에게 핸드폰을 빌려달라고 조르기도 했지만 규칙상 불가능한 것이었다. 핸드폰이 없는 덕분에 어쩔 수 없이, 소년들은 평창 가는 길에 펼쳐진 단풍 절경을 볼 수밖에 없었고 옆에 있는 부모와 대화를 시작할 수밖에 없었다.
부모와 함께하는 캠프인 만큼 행사 프로그램은 부모와 대화하고 소통하여 함께 해결하는 체험 프로그램으로 가득하다. 소년이 눈을 가린 부모의 손을 잡고 인도하여 장애물을 건너는 체험도 있

부모와 협력이 필요한 캠프 장애물 체험

고, 불이 꺼지고 장애물이 설치된 방안을 부모와 소년이 손을 꼭
잡고 통과해 나오는 체험도 있다. 그런데 무엇보다 내 눈길을 끈
체험이 있었다. 10여 미터 높이의 암벽 클라이밍 체험인데, 소년
과 부모는 나란히 서서 하나씩 하나씩 돌을 짚어가며 꼭대기까지
오르게 되고 꼭대기에 다다르면 서로 손을 잡아야 한다. 그런 다
음 안전장치에 몸을 맡기고 서로 손을 잡은 채 하강하는 과정이
다. 암벽 클라이밍 자체가 소년에게든 부모에게든 매우 흥미로운
체험이기도 하지만 사실 뜯어보면 많은 의미가 있는 체험이었다.

소년과 부모는 평행선에서 서로를 의식하지 않은 채 시작했지만 어느 순간에 이르면 서로를 마주보고 함께 의지해서 내려와야 한다는 의미라고 나는 생각했다. 흔들리는 소년들에게 자기 곁에 지금 누가 있고 누구에게 의지해야 하는지 깨닫게 해준다는 의미를 부여하고 싶다.

내가 참여했던 캠프에 유독 눈에 띄는 소년이 있었다. 그 소년은 다른 재판부에서 재판을 받다가 캠프에 보내졌는데, 담당 판사님이 나에게 미리 소년에 관한 당부를 해둔 터이기도 했다. 소년의 부모는 경제적 형편이 어려워 종일 생업에 매달려 있어야 했고 소년의 형제도 많아 소년을 어릴 때부터 지인에게 맡겨 두었다. 예쁘장한 외모의 소년은 다른 집에서 자라면서도 어려서부터 귀여움을 많이 받고 성장했지만, 점차 나이가 들면서부터 자신의 처지에 불만을 가지게 되었고 어느 순간 비행의 길로 접어들었다. 소년이 법정에 왔을 때는 이미 수차례의 비행을 저질러 중한 처분이 불가피한 상황이었는데 소년이 제출한 반성문에는 담당 판사의 마음을 흔든 부분이 있었다. 소년은 자기가 시설에 보내질 운명임을 이미 직감하고 있지만 시설로 보내지기 전에 딱 하루만 엄마하고 지내고 싶다는 간곡한 요청을 했고, 담당 판사는 소년의 요청을 받아들여 소년과 엄마를 캠프에 보낸 것이었다.

그런 마음이어서 그랬는지 소년은 캠프 행사 내내 엄마의 손을 놓지 않았다. 각종 체험 과정뿐만 아니라 체험장을 이동하는 과정

캠프 암벽 클라이밍 체험

에서도 그랬다. 다 큰 소년이라 멋쩍을 법도 한데 소년은 그동안 그
렇게 그리워했던 엄마의 손을 놓지 않으려 했고, 엄마도 그런 소년
의 마음을 알고 있는지라 한 손으로는 소년의 손을 잡고 다른 손으
로는 연신 소년의 등을 다독였다. 소년과 엄마는 그런 마음가짐으로
모든 프로그램에 앞장서서 참여했고 가장 좋은 점수로 수료했다.

  어느 날 문득, 나는 너무나 인상이 강렬했던 그 소년 생각이 나
서 담당 판사에게 소년의 근황을 물어 보았다. 소년이 캠프에서
보여준 모범적인 태도를 신뢰한 담당 판사는 소년을 시설로 보내

는 대신 보호관찰 등의 처분으로 대신했는데 최근 소년의 근황을 보호관찰관에게 확인해 보니 그의 생활에는 아주 긍정적인 변화가 있었다고 한다.

10월의 어느 멋진 날, 가을이 깊은 평창의 황홀한 자연풍경 속에서 그리운 엄마와 소중한 시간을 보낸 소년은 마음 한편의 구석진 곳에서 나와 밝은 세상을 마주하게 되었던 것 같다.

캠프 1일차 교육 프로그램은 세족식으로 마무리된다. 소년과 부모는 이미 여러 프로그램에서 어울리며 충분히 교감하는 상태에서 진행되는데, 그런 교감 효과를 극대화하기 위해 실내의 불을 모두 끄고 소년과 부모 앞에는 촛불만 남겨 둔다. 소년이 밖에서 세숫대야와 수건을 가지고 등장하면 진행자의 멘트에 따라 부모가 소년의 발을 닦아준다. 부모는 소년이 갓 태어나 씻기고 했던 시절을 떠올리고 소년은 기억조차 못 하는 그 어린 시절 부모의 마음을 이해하게 된다. 그러고 난 후에는 소년이 부모의 발을 닦아드린다. 부모는 소년이 '이렇게 컸구나!' 하는 걸 다시금 깨닫게 되고 소년은 난생 처음이지만 '나도 이제 부모를 챙겨야 할 때가 되었구나!' 하고 깨닫게 되는 것 같다. 잠시 정적이 흐른 후 곳곳에서 눈물 섞인 울음소리가 번져간다. 소년과 부모가 서로의 마음을 이해하고 배려하는 소중한 순간이다.

세족식이 마무리되면 소년과 부모는 수련원에서 마련해 준 숙소로 들어가게 되는데, 핸드폰이 없는 덕분에 소년과 부모는 잠들기까지 수없이 많은 대화를 한다. 나중에 들어보면 소년은 그때 부모와 나누었던 대화가 가장 기억에 남는다고 한다. 오늘 있었던 일부터 시작해서 그동안 마음을 몰라줘서 섭섭했던 얘기도 하고 엄마, 아빠의 몰랐던 속사정도 들어 보면서 서로의 마음 깊숙이 들어가 보게 되는 과정이리라.

소년분류심사원

공포의 '소년분류심사원'. 어른들은 잘 알지 못하지만 소년들 사이에선 매우 유명한 기관이다. 말 그대로라면 소년의 성향을 분류하고 심사하는 곳으로 보면 되겠는데, 더 쉽게는 성인범의 경우와 비교해서 설명이 가능하다. 성인범의 경우 수사단계에서 도주나 증거인멸의 우려가 있어 구속되면 구치소에 있으면서 재판을 받고, 재판결과 형이 확정되면 교도소로 옮기게 된다. 즉 미결수 상태로는 구치소, 기결수 상태로는 교도소에 수감되는데, 소년의 경우도 이와 유사하게 아직 보호처분을 받기 전이라면 소년분류심사원, 보호처분을 받은 이후라면 소년원 등에 강제적으로 수용되는 것이라고 대략적으로 설명할 수 있겠다.

1977년 최초로 개청히면서는 '서울소년감별소'라는 명칭이었다고 하는데 어감이 다소 비인격적인 것 같다. 이 명칭은 1995년에 이르러 '서울소년분류심사원'으로 변경되었다. 소년분류심사원은 전국에서 유일하게 서울소년분류심사원만 있고, 일부 지역에는 소년분류심사원이 없어 소년원에서 그 기능을 대신하고 있다.

소년이 아직 보호처분을 받기 전에 수용되는 곳이라는 점에서 구치소와 유사하다고는 했지만, 그 기능을 따져보면 구치소와는 완전히 다르다.

소년분류심사원은 소년에 대한 조사와 교육에 초점을 두기 때문에 단지 신병 확보를 위해 구금하는 시설인 구치소와는 기능과 역할의 차원이 다르다고 할 것이다. 소년들이 소년분류심사원에 있는 동안은 학교 출석일수로도 인정된다.

소년부 판사는 조사 또는 심리하는 데 필요하다고 인정되는 경우, 소년을 소년분류심사원에 위탁할 수 있는데, 실무상 소년들이 소년분류심사원에 위탁되는 경우는 아래와 같이 세 가지 경우로 나누어 볼 수 있다.

첫째는 판사가 심리기일에 출석한 소년을 곧바로 심사원에 위탁하는 경우다. 소년이 저지른 비행의 죄질이 중하거나 비행을 반복하는 경우와 같이 중한 처분이 예상되는 경우에 이렇게 되는데 실무상 가장 사례가 많다. 실상은 법정구속과 같은 상황이라 판사가 법정에서 심사원 위탁결정을 하면 미처 예상치 못했던 소년과 보호자는 큰 충격에 빠지게 된다.

심사원 위탁결정에 소년의 얼굴 표정이 경직되고 손을 심하게 떨면서 "제발 한 번만 선처해 달라"고 눈물로 호소하는 경우는 다

반사고, 심지어 바닥에 무릎을 꿇고 두 손 모아 비는 경우도 있으며, 심사원 대기실에 들어가지 않겠다고 버티면서 부모의 옷을 잡아당겨 찢어지게 하는 경우도 있고, 심사원 대기실에 들어가서도 악다구니를 쓰며 난동을 부리는 경우도 있다. 이런 과정에서 보호자 또한 눈물범벅이 되곤 하는데 위탁결정을 한 판사 입장에서도 참 안쓰러운 상황이다.

나는 소년에게 한 달간의 심사원 생활이 인생에 중요한 갈림길이 될 수 있으니 조사와 교육에 최선을 다하라고 당부하곤 하는

데, 대부분의 소년들은 이에 수긍하고 심사원에서 생활을 잘하겠다고 다짐하는 편이다. 그러고 나서 부모에게 소년이 심사원에 있는 동안 부모와의 면회는 중요한 의미가 있으므로 자주 면회할 것을 당부하면 부모들도 대부분 수긍한다.

소년과 보호자는 법정에 들어올 때는 함께였으나, 심사원 위탁 결정과 동시에 소년은 법정 옆에 있는 심사원 대기실로 이동하고 보호자는 쓸쓸히 들어왔던 문으로 나가게 된다. 소년들이 심사원 대기실로 들어가면 돌발행동을 하는 경우가 잦아서 수갑을 차게 되는데 처음 경험해 본 소년들에게 그 충격은 이만저만이 아니라고 한다. 소년들은 포승줄에 묶여 호송버스에 올라타면 버스 창밖으로 먼발치에 있는 보호자와 눈인사를 나누고 심사원으로 떠난다. 심사원 위탁 기간은 1개월 이내이므로 소년들은 보통 3~4주 정도 심사원에서 지내며 특별한 사정이 있으면 이 기간은 1개월 연장될 수 있다.

둘째로는 소년이 심리기일에 정당한 이유 없이 불출석하여 동행영장이 발부되거나, 소년을 보호하기 위한 긴급한 조치가 필요하여 긴급동행영장이 발부된 후 소년의 신병이 확보되어 소년분류심사원에 위탁되는 경우다. 관할경찰서에 발부된 긴급동행영장으로 소년의 신병이 확보되면 굳이 법원으로 와서 심문하는 등의 절차를 거치지 않고도 소년분류심사원으로 인치되어 곧바로 위탁될 수 있다. 이 경우도 위탁 기간은 1개월 이내가 원칙이고 특별한 사정이 있으면 1개월 연장될 수 있다.

셋째로는 소년이 보호관찰 중에 보호관찰관의 소환에 응하지 않거나 도주하는 등의 이유로 구인된 후 관할 지방법원 판사의 허가로 소년분류심사원에 유치되는 경우다. 이 경우, 20일 동안 유치되고 연장허가결정이 있으면 추가로 20일 더 유치될 수 있다.

서울소년분류심사원의 최대 수용 정원은 150명이고 적정 수용 정원은 120명이라고 하는데, 실제로는 200명을 넘어서고 최대 수용 인원의 150%를 초과하는 게 일상적인 것으로 되어버렸다. 서울뿐만 아니라 수원, 인천, 의정부 법원에서 재판받은 소년들까지 이곳으로 몰려들게 되는데, 벌써 오래전부터 수용인원 초과, 낡은 시설 등 열악한 수용 실태에 관한 지적이 이어졌지만 여러 가지 면에서 개선이 어려운 것이 현실이다.

1984년에 현 소재지로 이전한 이후 낡은 청사에 소소한 변화는 있었지만 청사이전 또는 증축공사, 대대적인 시설개선과 같이 근본적으로 문제점을 해결하기 위한 대책은 어려운 것 같다. 수용 현황에 맞도록 시설을 개선하기 위해서는 청사를 이전하는 것이 가장 좋겠지만, 요즘 같은 분위기에는 혐오시설로 분류되어 주민들의 따가운 시선을 받고 있는 터라 어디든 이전하는 게 어려운 것이 현실이다. 그나마 어려운 상황 속에서도 심사원 직원들의 헌신석인 노력으로 부분부분 개선 작업이 이루어지고는 있으나 턱없이 부족한 시설 상황은 시원하게 해결되지 않는 것 같다.

특히 여름이면 마침 방학과 맞물려 다른 때보다 더 많은 소년들

소년법, 뭐가 다른 건가요?

이 수용되곤 하는데, 한여름 심사원에서의 생활은 지옥과도 같다. 냉방도 제대로 안 되는 상황에서 소년들은 서로 부대끼며 지내야 하는데 잠을 잘 때도 테트리스처럼 포개져 자야 한다고 한다. 심사원 직원들은 고육지책으로 페트병에 물을 담아 얼려서 소년들에게 제공한다고 하는데, 소년들은 페트병을 껴안고 자는 걸로 가까스로 무더위를 견뎌내야 한다. ADHD 또는 분노조절이 안 되는 소년들이 대부분인데 덥고 짜증나는 상황에 옆에서 조금이라도 서운하게 하면 욕설과 폭행이 난무하기 마련이다. 그나마 보호처분을 앞두고 있는 상황이라서 조심스럽게 생활해야 한다는 것을 알고 있기는 하지만 소년들은 순간적으로 충동조절이 안 되는 경우가 많다. 한때 심사원 직원들이 직·간접적으로 소년부 판사들에게 심사원의 과밀 수용 상황을 호소하면서 소년들을 적게 위탁해 달라고 부탁하기도 했었다. 정당한 요구와 적절한 방식인지는 모르겠으나 소년들과 부대끼고 지내면서 소년들을 잘 알고 공감하는 분들이기에, 오죽했으면 그랬을까 싶어 그들의 호소에 깊이 고민하지 않을 수 없었다.

소년분류심사원의 아침은 6시 30분에 기상하면서부터 시작된다. 세면, 식사, 청소를 마친 후 시작되는 교육일정은 잠자리에 드는 21시까지 꽤 빡빡하다. 성 비행 예방교육, 강·절도예방교육 등 비행예방교육뿐만 아니라 분노조절 훈련, 영화심리치료 프로그램, 미술치료 프로그램, 예절교육 등 다양한 심신순화 프로그램이 마련되어 있다. 아침 일찍 일어나 규칙적인 생활습관이 몸에 배고 잘 갖춰진 교육 프로그램을 몸소 겪고 나서 한 달 뒤에 만나는 소년들은 정신적으로 많이 성숙했음을 확실히 느낄 수 있다.

심사원에 위탁된 소년들은 매일매일 생활일지가 작성되고 최종 보고서와 함께 그 요지가 판사에게 제출된다. 소년들도 생활일지가 작성되어 보고된다는 것쯤은 잘 알고 있을 텐데, 위탁 후 초반에는 긴장하며 지내다가도 시간이 좀 지나면 본색을 드러내곤 한다. 일단 심사원 내에서는 다른 소년들과 대화·교류하는 것을 제한하고 있는데 소년이 심사원에서 친해진 동료와 잡담을 하다가 적발되는 경우가 많고, 소년들끼리 수용거실 내에서 서로 우위를 점하기 위해 기싸움을 하다가 적발되는 경우도 많다. 또 사회에서 알고 지내던 소년들끼리 서로 통방(방을 옮겨 다니는 것)하다가 적발되는 경우도 많고, 소년이 아프다면서 의무실로 자꾸 찾아와 제대로 치료를 해주지 않는다고 불평하며 째려보는 경우도 많다.

심사원에서는 상·벌점 제도를 운영하고 있는데, 상점은 칭찬카드, 벌점은 꾸중카드를 부여하는 방식으로 한다. 소년이 각 카드를 몇 장씩 받았는지는 보고서에 기재되는데 아무래도 보호처분을 결정하는 데 중요한 자료가 되지 않을 수 없다. 심사원을 이미 여러 차례 경험한 영악한 소년들은 어떻게 하면 칭찬카드를 받을 수 있는지 잘 알고 있기 때문에 한 달 동안 20개가 넘는 칭찬카드를 받아오는 경우도 있다. 판사는 소년의 그러한 영악한 행동을 간파하고 있으면서도 어쨌든 소년이 최선을 다했다는 점에서는 좋은

소년법, 뭐가 다른 건가요?

평가를 할 수밖에 없을 것이다.

소년분류심사원에는 오래된 전통인데 일명 '찹쌀떡 놀이'라는 게 있다. 점호 시간을 마치고 소등된 상태에서는 조용히 수면을 취해야 하는데 누군가 "찹쌀떡(성관계를 지칭하는 은어)!" 하고 외치면 다른 방에 있는 누군가가 이에 호응하여 "찹쌀떡!"을 외친다. 그런 외침이 있으면 웅성웅성해지기 마련이어서 심사원 당직 근무자에게는 아주 지긋지긋한 놀이다. 기껏해야 한 달 정도 지내다가는 소년들이라 구성원은 자꾸 바뀌기 마련인데 그 놀이는 몇 년째 계속되는 전통이 되어버렸다. 불이 꺼지고 익명성이 보장되는 상태에서 심사원의 엄격한 규율에 대한 소년들의 소소한 저항의 지가 표현되는 것이 아닐까 싶다. 보통 "찹쌀떡!"을 외치는 것에서 더 나아가 비행을 저지르는 것은 아니지만, 수용질서 유지 차원에서 해당 소년에게 벌점카드가 부여되는 등 불이익이 따르게 된다.

그런데 이 놀이는 좀 들여다보면 심각한 사정이 드러나는 경우가 있다. "찹쌀떡!"을 외치면 벌점을 받고 징계를 받는 것은 누구나 예상할 수 있는데, 굳이 "찹쌀떡!"을 외치는 이유는 힘 센 소년의 강요에 따라 어쩔 수 없이 하는 경우가 있다고 한다. 힘 센 소년이 평소 마음에 들지 않았던 약한 소년에게 "오늘 밤 찹쌀떡을 외치지 않으면 계속 괴롭히겠다"고 다그침으로써 "찹쌀떡!"을 외치게 해 징계를 받도록 심사원 징벌제도를 교묘히 이용한다는 것이다. 수용시설 내에서 소년들 사이에 상하관계가 있어서는 안 되기 때문에 심사원 직원들로서는 '찹쌀떡 놀이'를 시킨 소년을 반드시 찾아내야 한다고 한다.

만약 소년이 심사원에서 심각한 잘못을 저지르는 경우, 이를테면 다른 소년을 폭행한다거나 기물을 파손한다거나 심사원 직원에게 반항하는 등의 사태가 발생하면 소년은 '심신안정실'이라는 곳에 수용된다. 집단생활에 문제가 있어서 따로 분리되어 지내야 하는데 대체로 징계의 개념이라서 심사원 보고서에 심신안정실에 분리수용되었다는 내용이 있으면 심각하게 받아들일 수밖에 없고 그만큼 매우 중한 보호처분이 예상될 수밖에 없다.

소년분류심사원은 그 내부에 부속의원으로서 의무과를 두고 있다. 의무과 내에는 의무직 직원들이 근무하는데 그중에는 정신건강의학과 의사도 있다. ADHD, 충동조절장애, 분노조절장애 등 정신적 어려움을 겪는 소년들이 워낙 많아서 심사원 보고서에는 담당 의사의 진단의견이 필수적으로 포함된다. 한 가지 재미있는 것은 소년들이 하도 꾀를 내어 몸이 아프다면서 바깥 병원에 나가고 싶다는 경우가 많아서 심사원 의무과 간판에 '병원'이라고 적어놓고 웬만한 소년들은 그 '병원'에서 치료하는 걸로 대신한다고 한다.

심사원에 입소하면 일주일 동안 오리엔테이션도 받고 건강진단과 각종 심리검사를 받게 된다. 간혹 건강진단을 통해 치명적인 질병이나 성병 또는 임신과 같이 소년의 건강상태에 중대한 변화

소년법, 뭐가 다른 건가요?

가 발견되는 경우가 있는데, 그러한 사실이 법원에 알려지면 위탁 취소 등 적절한 조치가 이루어질 수 있다. 심사원에서 하는 검사는 지능, 적성, 성격, 신경심리검사 등으로 다양한데 MMPI(다면적 인성검사), MBTI(성격유형지표) 등 공인된 검사기법이 동원되기도 한다. 건강진단과 각종 검사는 입소한 모든 소년들을 대상으로 하는데 심사원에서 이런 검사비용으로 매년 지출하는 비용도 어마어마하다고 한다.

소년분류심사원의 면회 횟수는 제한이 없다. 간혹 부모들 중에는 매일 소년을 면회하는 경우도 있는데, 심지어는 매일 면회를 위해 심사원 근처에 일시 거처를 정하거나 매일매일 순번대기표 1번을 뽑기 위해 심사원에 새벽같이 도착하는 부모도 있다. 서울 도심에서 제법 거리가 있는 곳인데도 매일 면회 다니는 부모들을 보면 그것만으로도 얼마나 그들이 보호의지가 있는지 알 수 있다. 소년의 부모들은 소년이 집에 있을 때는 마주하는 눈빛이 사나웠었는데 심사원에서 지내면서 눈빛이 부드러워졌다는 얘기를 하곤 한다. 소년들은 늘 당연한 부모, 당연한 사랑이라고 여겼는데 부모와 떨어져 시설에 수용되어 있다 보니 부모가 보고 싶어지고 면회 오는 부모를 향한 눈빛이 달라질 수밖에 없을 것이다.

집에선 부모와 대화 한마디 하지 않던 소년이 심사원 면회에선 그 짧은 시간에 부모와 꽤 어른스러운 대화를 하곤 한다. 부모들은 소년과 과거와 장래에 관한 진정성 있는 대화를 나누고 나면,

소년이 그새 훌쩍 성숙했다면서 소년의 심사원 생활에 긍정적인 감정을 표현하기도 한다. 실제로 소년들이 제출한 반성문에는 제법 의젓한 생각들이 담겨 있는 경우가 많아 부모들이 단지 소년을 위해 과장해서 하는 말이 아니라는 걸 알 수 있다.

소년들이 소년분류심사원에서 한 달을 보내고 법정에 다시 오면 그들의 운명이 정해진다. 물론 중한 죄질과 반복 비행 등을 이유로 심사원에 위탁되기 전에 이미 소년원 등 시설에 보내지는 걸로 충분히 예상되는 경우도 있다. 하지만 소년들이 5호 이내의 처분을 받고 귀가하느냐 아니면 6호 이상의 처분을 받고 시설로 보내지느냐의 갈림길에 서 있는 경우가 대부분이고, 그들의 운명을 결정하는 순간 심사원 보고서는 아주 중요한 자료가 된다.

심사원 보고서는 국내 최고 또는 세계 최고 수준이라고 해도 좋을 정도로 훌륭하다. 앞서도 말했듯 각종 다양한 검사를 토대로 하고 있을 뿐만 아니라 다년간의 경험으로 소년을 바라보는 분류심사관의 시선은 매우 노련하고 정확하다. 그리고 소년이 한 달 동안 심사원에서 지내면서 보인 태도와 보호자와의 면담결과 및 면회 여부까지 어우러진다면 소년의 성행과 보호자의 능력에 대해 완벽에 가까운 파악이 가능하다.

심사원 보고서는 보통 심리기일 일주일 전 법원에 도착하는데, 영악한 소년 중에는 이 사실을 알고 보고서가 제출되었을 즈음부터 심사원에서 마구 행동하는 경우가 있다. 추가 보고의 함정이

소년법, 뭐가 다른 긴가요?

있음을 파악하지 못하는 어리석은 경우라고 하겠다.

소년분류심사원에서 출원한 이후 다시 비행을 저지르는 경우가 종종 있지만, 체감상 80% 이상의 소년들에게 심사원 경험은 평생 단 한 번이면 족한 것 같다. 일종의 쇼크구금일 수도 있지만, 심사원 생활은 단지 구금에만 그치는 것이 아니라 흔들리고 있는 소년들에게 교육을 통해 바른 지표를 제시하고 깨달음에 이르게 해준다는 점에서 큰 의미가 있다. 다만 아쉬운 것은 소년들의 바른 미래를 만들어가는 중요한 역할을 수행하는 기관인데, 시설과 인력 면에서 너무 열악하여 그 효과가 반감되지 않을까 우려된다는 점이다. 언제까지나 적절하고 충분한 지원 없이 열악한 상황에서 악전고투하는 심사원 직원들의 사명감에만 의존할 수는 없지 않을까.

전과

간혹 심리를 다 마쳤는데도 불구하고 퇴정하지 않은 채 "꼭 좀 물어볼 게 있다"고 하는 보호자들이 있다. 보호처분으로 인해 소년에게 속칭 '빨간 줄'이 그어지는 것은 아닌지 궁금하다는 것이다. 이 '빨간 줄'이라는 것은 '전과'를 의미하는 것이리라. 소년의 보호자로서 앞길이 구만리 같은 소년의 장래에 보호처분이 어떤 영향을 미치는 것인지 궁금한 것은 어찌 보면 당연하다.

우선 '전과'라는 개념을 명확히 할 필요가 있다. 쉽게 말하자면 범죄와 관련된 전력일 텐데, 그 전력을 어디서 관리하는지, 어떤 자료를 기준으로 하는지에 따라 개념이 여러 가지로 나뉜다.

일단 흔히 알려진 전과라는 개념은 수사기관에서 수사받은 전력을 말한다. 수사기관에서 수사를 받은 사람에 관해서는 수사자료표가 작성되는데, 이 표에는 범죄경력과 수사경력이 기재된다.

범죄경력이란 수사 후 법원의 재판까지 거친 전력을 의미하는데, 실제 재판에서 징역 몇 년, 벌금 얼마를 받았는지까지 자세하게 기재되는 편이다. 한편, 수사경력이란 재판까지 이르지는 않고 수사만 받은 전력을 의미한다. 수사한 결과 검사가 '혐의없음(죄가 안 됨 또는 증거불충분)'의 불기소처분을 하거나 기소유예, 기소중지, 참고인중지 등으로 불기소처분을 하는 경우 수사경력으로 기재된다. 수사경력은 14세 이상인 경우만 기재되고 14세 미만인 경우는 기재되지 않는다. 범죄경력과 수사경력은 수사나 재판, 보호관찰, 국가정보원의 보안업무 등을 위해서 필요한 경우에 조회되고 장교, 현역병, 공무원 등의 선발·임용 과정에서 조회될 수 있다.

14세 이상 소년이 만약 형사재판으로 기소되어 장기 1년, 단기 6개월의 실형을 선고받았다면 범죄경력으로 남게 되고, 만약 검사로부터 기소유예처분을 받는다면 수사경력으로 남게 되는데, 이러한 전력은 장교, 현역병, 공무원 등의 선발·임용 시에 조회될 수 있다.

소년멉, 죄가 다른 건가요?

그렇다면, 소년보호사건의 보호처분 결과는 어디에 기재되어 남는 것일까? 소년보호사건은 범죄경력으로 남지 않는다. 그러나 수사경력은 좀 다르다. 14세 이상 범죄소년의 경우는 소년부 송치 사실이 수사경력으로 기재되지만, 14세 미만 촉법소년의 경우는 소년부 송치 사실이 수사경력으로 기재되지 않는다. 그런데 범죄 소년의 경우도 수사경력으로 기재되는 것은 소년부 송치되었다는 사실일 뿐, 소년재판부에서 어떤 처분을 받았는지는 기재되지 않는다. 여기서 주의할 점은, 소년이 몇 호 처분을 받았다는 불이익한 사실만 기재되지 않는 것이 아니라 소년이 심리불개시 결정 또는 불처분결정 등 이익이 되는 결정을 받았다는 사실 역시 기재되지 않는다는 점이다. 수사기관은 소년보호재판의 결과를 알 수 없기 때문이다.

어떤 소년이 나중에 커서 공무원이 되고 싶은데 15세 무렵 소년보호재판을 받은 적이 있다면 관계기관에서 그 사실을 조회할 수 있다. 그런데 당시 소년보호재판의 심리결과 소년이 무죄의 의미로 불처분결정을 받았다고 하더라도 수사경력에는 소년부 송치되었다는 사실만 기재되어 있을 뿐 불처분결정을 받았다는 사실까지는 기재되지 않기 때문에 공무원이 되려는 소년에게 불리한 영향을 미칠 수도 있다. 그래서 만약 심리불개시 또는 불처분결정을 받았다면 나중에라도 그 사실을 소명해야 할 필요가 있을 수 있으니 미리 법원에서 결정문 등본을 받아둘 것을 권유하고 싶다.

전과 요약표

		범죄소년 전력	촉법소년 전력	공무원 등 임용 시 조회
수사 자료	범죄경력	형사처벌 기재됨	대상 아님	조회될 수 있음
	수사경력	불기소처분, 소년부 송치 사실 기재됨	기재 안 됨	조회될 수 있음
법원전력		보호처분 기재됨	보호처분 기재됨	조회 안 됨

설명을 더하자면 14세 이상 범죄소년들의 소년부 송치 사실은 범죄경력에는 기재되지 않지만 수사경력에는 기재된다는 것이고, 14세 미만 촉법소년들의 소년부 송치 사실은 범죄경력에도 수사경력에도 기재되지 않는다는 것이다.

앞서는 수사기관의 전력 관리·조회를 설명했는데, 법원의 전력 관리·조회는 좀 다르다. 실무상 법원의 소년재판부 직원들과 판사들은 전산시스템을 통하여 소년이 14세 이상인지 14세 미만인지 불문하고 그동안 전국의 어느 법원에서 어떤 처분을 받았는지 전부 조회할 수 있다. 그래서 가능하다면 소년에게 이미 보호처분을 했던 판사한테 사건을 이송하거나 재배당하는 것이 실무다. 물론 법원은 재판, 수사 또는 군사상 필요한 경우를 제외하고는 외부에 보호처분 결과를 공개하지 않기 때문에 이러한 범죄전력 조회를 엄밀한 의미의 전과라고 말하기는 어려울 것이다.

소년법, 뭐가 다른 건가요?

5

소년을 위한
재판

보호처분과 집행감독

소년보호재판의 결과물인 보호처분에 관해서는 그 내용이 잘 알려져 있지 않다 보니 오해를 받는 경우가 많다. 소년의 성향에 맞게 다양한 보호처분을 부과할 수 있는데, 일반 국민들에게는 단지 교육이나 봉사 위주로만 알려진 것 같다. 게다가 보호처분 중 시설에 보내는 처분은 실상 구금의 효과가 있어 소년의 심적 부담이 징역형과 크게 다르지 않은데도 교도소에 가는 것보다 훨씬 편한 것처럼 인식되는 것 같기도 하다.

나는 학교 선생님이나 보호관찰관 등을 상대로 소년보호재판에 관한 강의를 해보았는데, 강의를 듣는 사람들에게 가장 관심 있는

소년을 위한 재판

부분은 각 보호처분에 관한 설명 부분인 것 같았다. 소년법에서 가장 핵심적이고 주목할 만한 부분인데도 그만큼 잘 알려져 있지 않다는 것을 방증하는 것이라 할 수 있다.

먼저 보호처분과 비교하기 위해 형사재판에서 소년에 대해 선고할 수 있는 형벌을 살펴본다. 형법에서는 사형, 징역형, 금고형, 벌금형, 구류, 과료 등을 형의 종류로 열거하고 있다. 그런데 그중 소년에게 의미 있는 형벌은 징역형뿐이라고 해도 과언이 아니다. 우선 사형에 관해 보면 소년법은 소년에 대해 사형을 할 수 없도록 규정하고 있는데, 국제법(UN 아동권리협약 등)으로도 소년에 대한 사형은 금지되어 있다. 다음으로 금고형은 노역의무 없이 구금만 되어 있는 것으로 보통 교통사고 사범에게 부과되는 것인데 소년에게 선고될 만한 경우가 많지 않다. 한편 소년에 대해 벌금형이 선고되더라도 그 벌금은 소년의 부모가 대납하는 것에 불과하여 소년에게는 별로 영향이 없다. 마찬가지로 구류나 과료도 소년에게 적절한 형벌이 아니다. 이렇게 이런저런 사정을 따지다 보면 소년에게 선고될 수 있는 형벌로는 징역형만 남게 된다.

소년에 내한 징역형은 상기 몇 년, 단기 몇 년 식으로 선고되는데 단기가 지나면 소년의 개선 정도를 평가하여 석방할 수도 있고, 경우에 따라 징역형의 집행유예도 가능하다는 점에서 소소하게 소년의 개선 가능성을 염두에 둔 형벌선고가 가능하기는 하다. 그러나 그렇다고 하더라도 형벌은 '과거의 책임'에 중점을 둔 것이어서 '장래의 개선'을 목표로 하는 보호처분과는 본질적으로 다를 수밖에 없다.

소년법에서 규정하고 있는 보호처분의 종류는 다음과 같다.

보호처분의 종류

(나이는 만 나이)

구분	보호처분의 종류	기간 또는 시간 제한	대상 연령
1호	보호자 또는 보호자를 대신하여 소년을 보호할 수 있는 자에게 감호 위탁	6개월(6개월 연장 가능)	10세 이상
2호	수강명령	100시간 이내	12세 이상
3호	사회봉사명령	200시간 이내	14세 이상
4호	보호관찰관의 단기 보호관찰	1년	10세 이상
5호	보호관찰관의 장기 보호관찰	2년(1년 연장 가능)	10세 이상
6호	「아동복지법」상의 아동복지시설이나 그 밖의 소년보호시설에 감호 위탁	6개월(6개월 연장 가능)	10세 이상
7호	병원, 요양소 또는 「보호소년 등의 처우에 관한 법률」상의 소년의료보호시설에 위탁	6개월(6개월 연장 가능)	10세 이상
8호	1개월 이내의 소년원 송치	1개월 이내	10세 이상
9호	단기 소년원 송치	6개월 이내	10세 이상
10호	장기 소년원 송치	2년 이내	12세 이상

소년을 위한 재판

1호부터 5호까지의 보호처분은 사회로 돌아가는 것이기 때문에 '사회 내 처분'이라 불리고, 6호부터 10호까지의 보호처분은 시설에서 지내는 것이 강제되기 때문에 '시설 내 처분'이라고 불린다.

사회 내 처분은 하나의 보호처분만 부과하는 것이 아니라 여러 개의 보호처분을 한꺼번에 부과할 수 있고, 실무상 2호 이상의 보호처분을 부과하는 경우에는 여러 보호처분을 함께 부과하는 것이 보통이다. 1호 처분으로 보호자 위탁, 2호 처분으로 수강명령, 3호 처분으로 사회봉사명령을 한꺼번에 부과하거나 1, 2, 3호 보호처분과 더불어 4호나 5호의 보호관찰 처분을 동시에 하기도 한다. 각각의 보호처분은 그 방법도 다르지만 소년의 성행 개선에 미치는 효과도 각각 다를 것이기에, 여러 보호처분을 동시에 하는 것은 증상에 맞는 여러 종류의 약을 처방하는 것과 같은 의미로 볼 수 있다.

시설 내 처분 중에는 6호 처분과 8호 처분이 4호나 5호의 보호관찰 처분과 함께 부과될 수 있고, 통상적으로 5호 장기보호관찰 처분과 함께 부과된다. 이것은 6호 처분의 6개월, 8호 처분의 1개월 기간이 만료된 후로도 2년이 될 때까지 남은 기간 동안 보호관찰관의 지도·감독을 받게 한다는 데 의미가 있다.

입법자의 의도는 잘 모르겠으나 7호 처분과 9호 처분에는 왜 보호관찰을 함께할 수 없도록 했는지 아쉬운 점이 있다. 소년보호재판 절차에 익숙한 소년들은 6호 처분보다 9호 처분을 더 선호한다고 하는데, 그 이유는 소년원에서 조금만 버티면 귀찮은 보호관찰

없이 보호처분이 금방 끝나기 때문이라고 한다. 특히 9호 처분에 관해서는 보호관찰을 함께 부과할 수 있도록 소년법을 개정하는 것이 필요하다.

소년부 판사가 보호처분을 하면 그걸로 법원의 역할이 끝나는 걸까? 아니다. 보호처분은 그 정해진 기간이 끝날 때까지 소년의 성행 개선 여부를 계속 확인하고 미흡하면 보호처분을 변경할 수 있다는 점에서, 일단 선고되고 확정되면 변경의 여지가 없는 일반 형사처벌과 분명히 다르다.

보호처분 중 1호 처분(보호자 등 위탁), 6호 처분(아동복지시설 등 위탁), 7호 처분(치료시설 위탁)은 판사가 직권으로 보호처분을 변경할 수 있다. 그래서 위탁보호위원에게 위탁하거나 아동복지시설 또는 치료시설에 소년을 위탁하는 경우는 소년의 비행에 관한 원래 사건 외에도 집행감독만을 위한 사건이 따로 만들어지고, 집행감독사건에서 법원 조사관을 통해 소년에 대한 조사가 주기적으로 이루어진다. 만약 조사결과 소년이 재비행을 하거나 시설 내에서 말썽을 일으키는 등의 사정이 보고되면, 판사는 집행감독 사건으로 심리하여 소년에 대한 보호처분을 신속하게 변경할 수 있다.

1, 6, 7호 처분을 제외한 나머지 보호처분에 관해서는 해당 집행기관(예를 들면 보호관찰소, 수강명령 집행기관)의 보호처분변경 신청이 있으면 판사가 이를 심리한 후 보호처분을 변경할 수 있다. 통상적으로 소년이 보호관찰 중에 재범을 하거나 가출을 하거나 보

소년을 위한 재판

호관찰관의 소환에 응하지 않는 등의 사유가 발생하여 보호관찰소장이 처분변경신청을 하면, 심리를 거쳐 시설 내 처분 등으로 중하게 변경되는 경우가 많다.

충동적이고 반복적인 소년비행의 특성을 고려할 때, 소년에 대한 처분은 일회적인 것으로는 부족하다. 아무리 무거운 처분이라도 그 의미를 제대로 알지 못하는 소년에게는 그때뿐이다. 소년의 성행이 개선될 수 있도록, 그래서 소년의 비행으로부터 이 사회를 보호할 수 있도록, 일회적 처분으로 끝낼 것이 아니라 소년에 대한 관심을 지속하고, 소년의 변화에 신속하게 대처할 수 있어야 한다. 나는 그런 면에서 보호처분이 형사처벌로는 결코 할 수 없는 것을 해낼 수 있다고 본다.

1호 처분 : 보호자, 위탁보호위원 위탁

앞서 소년의 성행 개선을 위한 가장 주된 해결책을 '가정'이라고 한 만큼, 보호처분 중 가장 기본이 되는 보호처분은 '보호자 위탁'이라고 할 수 있다. 그런데 소년이 잘못을 저질러서 법정에 왔는데 소년을 보호자에게 맡긴다고 해버리면 사실 별로 체감되는 것이 없을지 모르겠다. 어차피 보호자가 소년을 양육하고 있었는데, 새삼 보호자에게 맡긴다는 것이 무슨 의미가 있는 것인지 의아해할 수도 있다.

하지만 내 생각으로는 꼭 의미가 없는 것은 아니라고 본다. 굳이 보호자 위탁의 의미를 찾자면 소년부 판사의 위탁결정이 있은 후부터는 법적으로 위탁하는 것인 만큼 보호자는 단지 소년을 양육하는 것 외에도, 더 이상 비행을 저지르지 않도록 소년의 성행을 개선할 수 있도록 지도·감독해야 할 공적인 의무를 부담한다고 볼 수 있다.

그래서 소년법에서는 1호 처분으로 위탁받은 보호자에게 보고 의무를 부과하거나, 보호자가 제대로 의무를 이행하고 있는지 감독할 수 있는 근거조항을 두고 있다. 또한 소년부 판사는 보호자가 소년을 제대로 지도·감독할 수 있도록 보호자에 대해 특별교육을 받을 것을 명할 수도 있고, 만약 교육을 거부하면 과태료에 처할 수도 있다. 나는 보호자 중 소년을 더 가까이서 챙길 수 있는 한 사람을 특정하여 소년을 위탁하는 처분을 하고 있는데 이는 좀 더 명백한 의무를 부과하고 그 책임 소재를 분명히 한다는 의미이기도 하다.

굳이 어렵게 법적 의무를 말하지 않더라도 소년과 보호자에게 6개월 동안 교환일기를 써서 제출하도록 명할 수도 있고, 특히 면밀한 관찰이 필요한 소년의 경우는 보호자 위탁만 했더라도 법원 조사관을 통해 그간의 경과를 조사 후 보고하도록 하는 등 보호자 위탁의 실효성을 높이기 위해 보호자에게 다양한 의무부과가 가능하다.

'보호자'는 단지 부모에 국한되는 것은 아니다. 주로 할머니가

소년을 위한 재판

소년을 양육해 오고 있었다면 할머니가 보호자가 될 수 있고, 보육시설에서 소년을 보호해 왔다면 보육시설의 장이 보호자가 될 수도 있다. 간혹 법정에 성년인 언니나 오빠가 보호자로 오는 경우가 있는데, 실제로 언니와 오빠가 소년을 보호할 수 있는 능력이 있다면 그들에게 소년을 맡기는 처분도 가능하다.

보호자의 보호능력과 보호의지가 충분히 양호하여 그대로 소년을 보호자에게 맡길 수 있다면야 좋겠지만, 실상 그렇지 못한 경우가 많다.

아버지가 알코올 중독이라더니 법정 대기실에서까지 술 냄새를 풍기면서 누워 있는 경우도 있고, 어머니가 우울증이 있다더니 법정에서 말 한마디 하지 않고 눈물만 흘리다가 어느 순간 자기 신세한탄 애기만 늘어놓는 경우도 있다. 아버지가 이 사건으로 소년을 때려 아동학대로 수사를 받았다더니 법정에 들어올 때부터 얼굴색이 붉으락푸르락하고 눈에서는 당장 광선이라도 쏘아낼 듯 듯 온통 불만으로 가득한 경우도 있고, 부모가 이혼하고 할머니가 소년을 양육한다더니 법정에 온 할머니는 치매가 있어 소년이 없으면 혼자서 집으로 돌아가지 못하는 경우도 있었다. 누군가를 보호할 수 있는 처지가 아닌 경우들이다.

꼭 그렇지 않더라도 보호자가 소년을 지나친 애정과 허용으로만 대해서 소년이 보호자를 어려워하지 않아 소년을 통제할 수 없거나, 보호자가 소년의 잦은 비행에 너무 실망하여 더 이상 소년

일로 귀찮아지고 싶지 않다고 하는 등 보호능력과 보호의지를 상실한 경우라면, 보호자를 믿고 소년을 맡길 수 없는 상황이 된다.

그래서 소년법에서는 1호 처분으로 보호자 외에 '보호자를 대신하여 소년을 보호할 수 있는 자'에게 소년을 위탁할 수 있도록 규정하고 있다. 실무상 이를 위탁보호위원이라고 하는데, 위탁보호위원은 아예 시설에서 소년을 데리고 있는(신병인수) 방법도 가능하고, 소년을 직접 데리고 있지는 않지만(신병불인수) 주기적으로 만나 상담 또는 면담하면서 지도·감독하는 방법도 가능하다.

-시설(신병인수) 위탁보호위원

소년이 가정에서 제대로 지원을 받지 못해 집에서 지내는 것만으로는 도저히 소년의 성행을 개선하기 어렵다고 판단되는 경우에는 1호 처분으로 소년을 시설에 위탁할 수 있다. 6개월 동안 반드시 그곳에서 지내야 하는 부담이 있다는 점에서 후술하는 6호 처분(아동복지시설 등에 위탁)과 유사하다. 그러나 입소 초기에는 어느 정도 제한이 있더라도 그곳 생활에 적응하고 나면 학교나 직업교육을 받으러 다니는 등 외출이 가능하고 주말에는 집으로 돌아가서 지낼 수도 있다는 점에서 6호 처분과는 본질적으로 다르다. 1호 처분으로 시설 위탁 처분은 비행 죄질 자체로는 중하지 않은데 경제적으로나 정서적으로 지원을 헤주면 성행이 개선될 것으로 보이는 소년들을 주로 대상으로 한다.

서울가정법원의 경우 1호 처분으로 소년을 위탁할 수 있는 기

소년을 위한 재판

관은 남자소년 시설 세 군데와 여자소년 시설 두 군데 정도다.

남자소년 시설 중 A시설은 사회복지사업을 많이 하는 기독교재단이 구청의 지원을 받아 운영하고 있다. 이 재단은 워낙 재정이 건실해서 지역주민들이 이용하는 사회복지관을 스스로 운영하고 있고 그 복지관 내에 A시설을 마련하고 있다. A시설은 '쉼터' 개념으로 운영되고 있는데 보호처분을 받은 소년들만 지내는 것은 아니고, 학대피해아동 등 여러 루트를 통해 보내진 소년들로 구성된다. 정원은 15명 정도인데 시설 운영비(숙식비 등)는 시설 자체적으로 대부분 조달가능하다고 한다.

A시설 담당 선생님은 소년이 시설에서 이탈하지 않게 하기 위해서는 소년의 기대에 부응하는 생활수준을 맞추어 주어야 한다고 한다. A시설은 그 생활공간이 침대방, 온돌방, 거실 등으로 깔끔하게 잘 갖춰져 있을 뿐만 아니라, 소년은 사회복지관 내에 있는 수영장, 헬스장, 체육관을 언제든지 원할 때 사용할 수 있고, 매끼 집밥처럼 정성스럽게 마련된 식사를 할 수 있으며, 검정고시나 수학능력시험 등 학업 관련 학원을 다니거나 독서실까지 지원받을 수 있다. 또, 사회복지관 내 필라테스 강사, 헬스 트레이너는 자원봉사 개념으로 소년에게 무료로 레슨을 해주기도 하고, 인근 대형병원에서는 건강검진을 지원해 주고 시설과 협력관계인 치과에서는 천만 원이 넘는 교정치료를 무료로 해준다고도 한다. 실제 소년이 얼마의 계산상 이익을 얻는가가 중요한 게 아니라 한 소년을 둘러싸고 온 사회 구성원들이 합심해서 보내주는 따뜻한 손길

이 중요한 관점이다. 소년이 가정과 사회에 품었던 서운하고 소원한 감정을 지워버릴 수 있도록 사랑을 듬뿍 주는 것도 소년을 변화시키는 좋은 방법 중 하나일 것이다.

남자소년 시설 중 B시설은 법무부 산하의 소년지원 시설이다. 법무부 소속인 데다 공무원들이 운영하는 곳인 만큼 분위기가 딱딱하거나 부담스러울 거라는 생각이 들 수도 있는데, 가정집을 개조해 만든 B시설을 실제 방문해 보면 괜한 선입견이었다는 것을 금방 깨닫게 된다. 이곳 역시 보호처분을 받은 소년들만 지내는 것은 아니고 보육시설에서 위탁된 소년 등을 포함하여 15명 내외의 소년들이 지내고 있다.

시설이 가정다운 따뜻한 분위기인지 아닌지는 건물 구조나 내부 인테리어 같은 외적인 면도 중요하지만 담당 직원들의 마인드와 태도가 무엇보다 중요하다. B시설의 직원들은 공무원 신분이라 몇 년 근무하고 나면 다른 곳으로 임지를 이동하기는 하지만 이 시설에 부임할 때부터 이임할 때까지 큰 사명감으로 임하고, 임지를 옮긴 후에도 주말이면 B시설을 찾아와 소년들을 살피기도 한다. 남자소년들이라 대부분 무뚝뚝하고 퉁명스럽기 마련인데, B시설에서 며칠만 지내다 보면 소년과 밀착해서 대화하고 챙겨주는 직원들과 금방 마음을 터놓는 관계가 된다. 소년들은 보호처분이 끝나도 스스로 시설에 남아서 생활하는 경우가 많고 시설에서 퇴소한 이후에도 종종 들러 직원들에게 근황을 터놓고 얘기하기

소년을 위한 재판

도 한다. 직원들은 사비를 부담하여 소년들에게 먹을 것을 사 먹이기도 하고 병원에 데려가기도 하고, 간혹 이탈하는 소년들을 찾아 며칠 밤을 헤매기도 한다.

　내가 담당했던 소년 중 비행 자체는 그리 중하지 않았지만 수시로 가출하고 학교에서 말썽을 일으켜 학교를 자퇴한 소년이 있었다. 가정형편이 너무 어려워 가족들은 실제로 소년을 돌볼 여력이 없는 것과 마찬가지였고 소년은 친구들과 새벽 길거리를 배회하면서 막 오토바이에 관심을 가지는 단계였다. 처음에는 소년의 생활태도를 바로잡기 위해 서울가정법원 베테랑 위탁보호위원에게 맡겼으나, 소년의 가출이 시작되고 학교 자퇴 등으로 걷잡을 수 없는 지경이 되자 나는 소년을 B시설에 위탁하는 결정을 했다.
　위탁결정 후, 2개월 정도가 지나 마침 내가 그 시설을 방문할 기회가 있었는데 궁금하던 차에 소년의 근황을 물었더니 의외의 답을 들을 수 있었다. 소년이 B시설 내에서 귀염둥이 역할을 자처한다는 것이었다. 한창 제과·제빵을 배우고 있는 소년은 매일 아침이면 갓 구운 따뜻한 빵을 직원들에게 나눠주고 뒤를 졸졸 따라다니며 얘기를 나눈다는 내용이었다. 그리고 소년은 시설에 있으면서 마음의 여유가 생겼는지 기존 위탁보호위원에게 연락도 하고 자원봉사를 하는 기회에 자기도 힘을 보태고 싶다고 했다고 한다. 아직은 더 지켜보아야 하겠지만 무언가가 소년의 마음을 한참 따뜻하게 데워주고 있는 게 아닌가 싶다.

여자소년 시설 중 C시설은 기독교 재단에서 설립한 성매매 피해소녀 지원시설이다. 앞서도 말했듯이 성매매를 어른들이 저지르는 그루밍 성폭력의 일종으로 인식하고 성매매 전력이 있는 여자소년들에게 거주지원, 학업지원, 의료지원 등 필요한 지원을 해주는 곳이다. 이곳 역시 보호처분을 받은 소년들만 지내는 곳은 아니고 다른 루트를 통하여 입소한 소년들을 포함해 10여 명의 소년들이 함께 생활하고 있다. 소년들은 이곳에 거주하면서 학교를 다닐 수도 있고 이 시설과 협업관계에 있는 대안학교나 직업훈련센터를 다닐 수도 있다. 이곳에서 지내는 여자소년들은 시설 담당자들의 헌신적인 노력으로 서로 위로하면서 가정과도 같은 따뜻한 분위기를 만들어 지낸다고 한다.

-개인별(신병불인수) 위탁보호위원

일반적으로 위탁보호위원이라는 개념은 시설보다는 자연인으로서의 개념이 더 쉽게 와 닿는다. 굳이 시설을 갖춰 소년을 직접 데리고 있는 것이 아니라 주기적으로 소년을 만나거나 연락을 취하면서 일대일로 소년의 생활을 지도·감독할 수 있는 개인별 위탁보호위원도 있는데, 법원은 정신과 의사, 심리학자, 사회사업가, 청소년회복시설 종사자 등 사회적으로 학식과 덕망을 갖춘 사람을 위탁보호위원으로 위촉하고 있다. 시울가정법원의 경우에는 200명 가까운 위탁보호위원이 위촉되어 있는데, 2년마다 재위촉하는 과정을 통해 위탁보호위원을 평가·관리하고 있다.

소년을 위한 재판

소년부 판사는 개별 사건에서 위탁보호위원의 직업, 자격, 연령, 거주지역 등 여러 요소를 고려하여 소년에게 적합한 위탁보호위원을 선정한다. 판사가 소년을 맡기는 결정을 하기 전에 미리 위탁보호위원에게 전화하여 소년에 관한 설명을 하고 당부를 해두는 만큼, 소년부 판사와 위탁보호위원은 소통 창구가 열려 있다.

위탁보호위원은 통상적으로 일주일에 1회 이상 소년을 만나거나 연락하여 면담 또는 상담하고 1개월마다 활동보고서를 제출한다. 위탁보호위원은 소년의 신변에 문제가 발생하는 경우, 보고서 제출로 알리는 것 외에도 법원 조사관과 소년부 판사에게 이를 신속히 알릴 수 있다. 그리고 소년부 판사는 조사관을 통해 위탁보호위원 활동에 관한 보고를 받는 식으로 집행감독을 하게 되는데, 본래의 사건과 별도로 집행감독만을 위한 사건이 생성되는 만큼 소년의 신변에 문제가 발생하면 집행감독 사건으로 즉시 동행영장을 발부하고 소년분류심사원에 위탁하는 등 신속한 처리가 가능하다.

이런 과정을 거치다 보면 각 위탁보호위원마다 역량과 열정이 드러나기 마련인데, 소년부 판사들끼리 모인 자리에서 위탁보호위원 이야기가 나오면 특히 열정적인 활동이 돋보이는 위탁보호위원에 대한 찬사가 이어지곤 한다.

위탁보호위원이 무슨 대단한 보수를 바라고 활동하는 것도 아니고 활동하다 보면 오히려 사비가 더 많이 드는데도 그들은 특별한 대가를 원하지도 않는다. 요즘 같은 시절에 법원에서 맡긴 역할을 수행한다고 해서 남들이 알아봐주는 대단한 명예가 있는 것도 아니고, 걸핏하면 약속시간을 어기고 다소 버릇없는 행동을 하는 소년들과 자주 만나야 한다는 건 사실 무척 인내심이 필요한 일일 텐데, 위탁보호위원의 열정에 관해서는 소년 계도에 관한 사명감·보람 외에 달리 설명할 방법이 없다. 각자 직업은 따로 있는데 위탁보호위원으로서 자신이 맡은 소년에 대해 역량이 닿는 범위 내에서 최선을 다하는 모습을 보면, 이 사회의 어른으로서 스스로 느끼는 사명감 같은 게 있는 것 같다.

특히 감동적인 위탁보호위원이 한 분 있어 소개하고자 한다. 주로 서울 성북구 일대의 소년을 맡고 있는 K 위탁보호위원인데 위탁보호위원을 오래 맡아온 분이라 자긍심도 대단하지만 자신의 역할에 대한 열정은 정말 남다르게 느껴진다.

나는 어느 날 K 위원으로부터 한 통의 전화연락을 받았다. 내가 재판부를 맡기 전 보호처분을 받은 어느 소년에 관한 것이었는데 전임 판사님은 그 소년이 워낙 통제가 안 되어 K 위원에게 특별히 맡겨두었던 것 같았다. 나는 K 위원과 통화를 하면서 소년이 어떻게 지내고 있는지, 그리고 그동안 K 위원이 어떤 활동을 했는지 충분히 알 수 있었다. K 위원은 소년뿐만 아니라 그의 부모, 조부모, 형제들까지도 완벽히 파악하고 또 장악하고 있었다. K 위원은 '소년이 바뀌려면 우선 보호자가 바뀌어야 한다'는 지론으로 부모건, 조부모건, 형제건 소년의 가족들을 지속적으로 만나고 연락하면서 가족들의 소년에 대한 태도를 변화시키려고 힘껏 노력하고 있었다. 만약 소년이 면담시간에 나타나지 않으면 소년의 집으로 찾아가 가족들과 밤늦도록 이야기를 나누며 소년이 귀가하기까지 기다리는 건 예사고, 소년이 외박이라도 하면 끊임없이 연락을 시도하여 지친 소년이 자진해서 연락하게 만들었다. 소년은 귀찮아 하면서도 결국은 K 위원의 지도에 순응하기 마련이었고, K 위원의 정성과 노고, 그리고 자기를 위해주는 마음을 잘 알고 있기에 반감도 없었다.

K 위원은 농담 반, 진담 반으로 소년부 판사들이 자기에게는 어려운 소년들만 골라서 맡겨 불만이 좀 있다고도 하지만, 그만큼 판사들이 자신을 신뢰하는 것을 자랑스럽게 여기는 것도 같다.

내가 K 위원에게 맡긴 소년 중 특별히 기억에 남는 한 소년이 있다. 갓 중학생 나이가 된 소년은 친구들과 함께 자전거를 훔치다가 적발되었다. 자전거 절도 그 자체만으로는 소년이 비행단계에 본격적으로 들어선 것으로 단정하기 어렵지만 소년에 관한 보고서 내용은 다소 심각했다. 자전거 절도 때문에 실망한 아버지는 소년을 폭행했고 결국 아동학대 사건으로 입건되어 경찰 조사를 받았다. 소년은 내성적인 성격 탓에 말수가 적고 학교에서는 은따(은근히 따돌림)를 당하고 있었는데, 특히 자전거 절도가 사건화되면서 심하게 주눅이 들어 있었다.

나는 사건을 진행하기 위해 심리기일을 정했는데, 소년과 보호자는 소환장을 받고도 출석하지 않았다. 소년의 아버지는 심리기일에 출석하지 않았을 뿐만 아니라 우리 재판부로 계속 전화하여 실무관에게 "왜 자꾸 남의 가정사에 개입하느냐"며 폭언을 거듭하고 있었다. 결국 나는 과태료 명령을 내려 아버지가 어쩔 수 없이 소년을 데리고 법정에 출석하게 했는데, 소년을 계속 그런 보호자에게 맡길 수는 없어서 구원투수로 K 위원을 위탁보호위원으로 선정했다.

한두 달 즈음 지나고 K 위원으로부터 반가운 연락을 받았다. 드디어 소년이 마음을 열었다는 내용이었는데, 처음에는 위탁보호위원을 찾아오지 않거나 마지못해 찾아와 묻는 말에 대꾸도 않던 소년이 이번에는 스스로 위탁보호위원을 찾아와 배가 고프다고 했다는 것이다.

K 위원은 보통 자신의 집으로 소년들을 불러와 따뜻한 밥을 한 끼 지어 먹이는 것부터 시작하는데, 밥을 먹으면서 얘기를 나눈 다음, 집으로 돌아갈 때는 차비까지 쥐어준다고 한다. 소년의 경우, 처음에는 위원님이 찾아오라고 하는 게 불만이었지만 밥을 먹으면서 하나 둘씩 얘기를 꺼내놓더니 나중에는 물어보지 않은 얘기도 스스럼없이 하는 관계가 되었다고 한다. K 위원은 상담사 자격이 있는 분답게 소년의 내면에 있는 응어리진 부분을 알아보고 충분히 들어주면서 소년의 눈높이에 맞는 조언을 해주었다. 더욱 다행스러운 것은 K 위원이 소년의 아버지와도 소통이 잘되어 아

버지에게 소년을 어떻게 대해야 하는지 지속적으로 조언하고 있다는 것이었다. 또, 학교 선생님과도 수시로 연락하면서 소년의 급우관계에 대한 관심을 특별히 부탁하여 소년이 학교에서도 잘 적응하게 하고 있다고도 했다. K 위원의 도움이 어려운 환경 속에서 흔들리던 소년에게 긍정적인 변화의 시초가 되었음은 두말할 나위가 없다.

물론 그런 K 위원도 끝까지 맡지 못하는 소년들이 있다. 가출하여 행방이 묘연해지거나 하면 도대체 방법이 없기 때문이다. K 위원은 그런 경우에도 소년부 판사에게 신속히 알리고 스스로 부모나 학교 선생님, 소년의 지인을 통해 백방으로 수소문하는 등 최선의 노력을 다한다. K 위원에게 맡긴 소년들은 적어도 포기되는 경우는 없다.

-경찰 위탁보호위원

내가 근무하는 서울가정법원에서 드러내놓고 자랑할 만한 위탁보호위원 제도가 있어 이를 소개하고자 한다. 바로 경찰 위탁보호위원이다. 서울가정법원은 서울지방경찰청 여성청소년계와 협력관계를 맺고 경찰청으로부터 위탁보호위원을 추천받아 위촉하고 있는데, 경찰 위탁보호위원들의 면면을 보면 대부분 SPO(학교전담경찰관), APO(학대예방경찰관)로 특채된 분들이다. 보통 선생님이나 청소년상담사 등 청소년 관련 일을 하고 있다가 경찰청의 학교폭력 관련 전담 경찰관으로 특채된 분들인데 위탁보호위원으로 활동하기에 적임이다.

경찰 위탁보호위원들은 직업 자체가 청소년 선도를 주된 업무로 하기 때문에 위탁보호위원으로서 사명감이 대단하고 그만큼 열정도 대단하다. 또한 경찰청에 근무하며 관할지역 위기청소년들 대부분을 관리하고 있기 때문에 소년부 판사가 위탁하면서 따로 설명하지 않아도 이미 소년에 대해 판사보다 더 잘 알고 있는 경우가 많다.

자신의 관할지역 소년 중 심각한 경우는 우범소년 사건으로 접수시키기도 하는데 이 사건의 위탁보호위원으로 선임되면 그 효과가 매우 좋다. 경찰 위탁보호위원 입장에서도 법원의 위탁보호위원 제도가 도움이 되는 경우인데, 소년으로서는 단지 경찰의 관리대상이 되는 것과 달리 보호처분을 받고 또다시 비행을 저지르는 경우, 시설 수용 등 중한 처분으로 변경될 위험이 있기 때문에 위탁보호위원의 지도·감독에 잘 따를 수밖에 없다. 또한 관할지역의 위기청소년 무리 중 이른바 우두머리에 해당하는 소년 몇 명을 위탁보호위원으로서 지도·감독하면 그들 밑에 있는 다른 소년들도 자연스럽게 관리할 수 있게 되는 이점도 있다고 한다.

대부분의 경찰 위탁보호위원이 너무나 훌륭하게 열정적으로 활동하고 있는데, 그중 인상적인 경찰 위탁보호위원 사례를 소개한다. 서울 관악구 일대의 위탁보호위원으로 활동하고 있는 L 위원은 관악경찰서에서 근무하고 있다. 인상 깊은 점은 자신도 관악구

소년을 위한 재판

에서 자라면서 청소년기에 많이 방황했는데 마음을 다잡고 경찰이 된 것이라 특히 관악구 지역 소년들에게 관심과 애정이 많다고 한다. L 위원은 소년들과 주기적으로 문자나 전화를 주고받으며 생활태도를 체크하고, 소년들의 부모와도 자주 연락하면서 소년 신변의 변화를 수시로 살피며, 소년들과 여행도 같이 다니는 등 소통을 위해 노력하고 있다고 한다. 특히 L 위원이 맡고 있는 소년들은 어차피 그 지역 소년들로 서로 잘 알고 지내는 관계라서 한 소년이 문제를 일으키면 다른 소년들을 통해 재빨리 정보를 입수하고 함께 문제를 해결하기 위해 나서기도 한다. 혹시 L 위원이 맡고 있는 소년이 재비행을 해서 소년분류심사원이라도 가게 되면 수시로 면회를 다니고, 심리기일에 법정에 출석하여 소년의 사정을 탄원하기도 한다.

L 위원에게 맡겨진 소년들의 장래희망을 들어보면 대부분 경찰이라고 한다. L 위원은 자신이 그랬던 것처럼 흔들리는 소년들을 제때 바로잡아주면 나중에 커서 의미 있는 일을 하게 될 거라고 믿고 있는데, 소년들이 L 위원과 가까이 접하면서 이런 그의 진심을 알아가게 되는 것 같다. 관악구에 심어진 이 작은 묘목들이 잘 자라나 '그늘만도 강농 팔십리 간다'는 수양산과 같이 장성하길 소망한다.

어렸을 적, 독서량이 그리 많지 않았던 나였지만 유독 가슴에 남아 있는 책 한 권이 있다. 내가 중학생 시절에 유명했던 책인데 J.M. 바스콘셀로스(Jose Mauro de Vasconcelos)라는 브라질 작가가 지은《나의 라임 오렌지나무》라는 제목의 소설이다. 이 소설에는 가난한 환경에서 자라 말썽만 피우던 어린 꼬마가 '뽀르뚜가'라고 불리는 동네 아저씨와 우연히 만나게 되면서 마음의 안정을 찾고 성장하는 과정이 그려져 있다. 부모가 생업에 바빠 늘 관심 밖에 있던 꼬마는 자기를 '크리스마스에 태어난 악마'라고 여겨왔지만, 소년의 얘기를 들어주고 보듬어주는 뽀르뚜가의 사랑스런 마음이 전해진 덕분에 자기가 소중한 존재라는 것을 깨닫게 된다는 내용이다.

어쩌면 흔들리는 소년들에게 굳이 많은 것이 필요하지 않을지도 모른다. 그저 소년의 이야기를 들어주고 진심으로 공감해 줄 수 있는 제대로 된 어른이 딱 한 명만이라도 있다면…….

2호 처분 및 3호 처분 : 수강명령, 사회봉사

-2호 처분 : 수강명령

소년법에서는 보호처분 중 2호 처분으로 소년들에게 수강명령을 할 수 있도록 규정하고 있다. 단지 '수강'이라는 부분에만 방점을 두면 그냥 교육받는 것으로 생각하기 쉽다. 법정에 오는 소년들은 대부분 학교 수업에 성실하지 않은 소년들인데, 잘못을 했는데도 그냥 앉아서 졸며 수업이나 듣고 지나가는 거라고 생각한다면 수강명령이야말로 그냥 빈껍데기에 불과할 수 있다. 그러나

소년을 위한 재판

15~50시간의 적지 않은 수강 시간과 횟수, 수강명령 집행기관의 전문성, 각종 비행에 특화된 교육 및 상담 프로그램, 보호자특별교육 등 수강명령의 실제를 알게 된다면 수강명령에 대한 그러한 시각은 단순한 선입견이라고 치부할 수 있다.

서울가정법원의 경우 소년부 판사들이 명하는 수강명령은 통상 15~50시간 정도로 그 수강시간과 횟수가 적지 않고(통상 1회당 1~2시간씩이므로 10회 이상 출석해야 한다), 소년의 비행에 맞게 특화된 교육프로그램, 일대일 개인상담 프로그램과 보호자특별교육 프로그램 등을 갖추고 있는 전문화된 상담기관들을 통해 집행된다. 수강명령을 집행하는 기관은 주기적으로 소년의 수강명령 집행상황을 판사에게 보고해야 하고, 만약 소년이 불성실한 태도를 보이거나 이사, 유학 등으로 수강명령을 이행할 수 없는 상황이라면 보호처분변경신청을 할 수 있다.

서울가정법원의 경우에는 수강명령 집행기관을 보호관찰소로 한정하지 않고 다양한 청소년전문 상담기관으로 확대하고 있다. 구체적인 사건에서 소년부 판사들이 수강명령 집행기관을 정할 때는 가능한 한 소년의 거주지역을 고려한다. 이것은 거주지 인근으로 정함으로써 나이 어린 소년들의 출석 편의를 도와 출석을 장려하는 데 그 의의가 있다. 한편, 16세 이상인 소년들은 꼭 거주지 인근이 아니더라도 좀 거리가 있는 곳으로 정하는 것도 좋다는 이견도 있다. 수강하러 가는 동안만큼은 불량한 친구들과 어울리는 시간이 줄어들 수 있다는 것인데 실무 경험상 꽤 설득력 있는 의견이다.

서울가정법원의 수강명령 집행기관은 시설규모, 재정상황, 대표자 자격유무 등의 요건에 관해 다각도로 엄격한 심사를 통해 선정되었는데, 그중 특색 있는 몇 군데만 소개하고자 한다.

서울 송파구에 있는 서울시립청소년드림센터는 서울시의 지원을 받아 천주교 살레시오회에서 운영한다. 이곳은 가히 종합적이라고 해도 좋을 만큼 모든 비행을 아우르는 교육과 상담이 가능하고 바리스타, 목공 등 전문화된 직업교육까지도 가능하다. 센터장님은 소년들이 이곳에 자주 오게 하려면 일단 먹여야 한다는 생각이어서 컵라면과 즉석밥, 간식거리를 항상 준비하고 있다고 하는데 오랜 기간 소년들과 함께한 노하우를 토대로 하는 것 같다. 소년에 대해 20~40시간 정도 수강명령이 부과되면 교육이나 상담 또는 교육과 상담을 병행하여 진행하게 되는데, 이곳은 특히 성 관련 비행의 교육과 상담을 위한 전문 프로그램과 시설을 잘 갖추고 있다. 이 센터는 시설 규모도 크고 접근성이 좋을 뿐만 아니라, 프로그램이 잘 갖춰져 있고 담당자들의 마인드가 훌륭하므로, 나는 소년의 거주지역으로부터 거리가 좀 있더라도 일부러 수강명령 집행기관을 이곳으로 정하는 경우가 많다.

서울 서초구에 소재한 정소년폭력예방재단은 특히 소년들의 폭력 비행에 관해 특화된 교육 상담 프로그램을 갖추고 있다. 이곳은 재단 설립자가 학교폭력으로 아들을 잃게 된 후 '청소년의 폭력을 예방하기 위한다'는 큰 뜻으로 설립했다고 할 만큼 유서 깊은 곳이다. 이 재단은 수강명령 집행 이외에도 서울시 학교들을 상대로 폭력예방교육을 하는 등 폭넓은 활동을 하고 있고, 재정상태도 훌륭하여 만약 소년이 학대를 받은 적이 있다면 그에 관한 지원도 가능하다고 한다. 특히 서울가정법원과는 매년 캠프 행사를 함께 주관하고 있는데 다년간의 노하우로 캠프 운영과 프로그램이 매우 전문적이라는 평가를 받고 있다.

서울 동대문구에 소재한 DM상담센터는 소년의 성행 개선을 위해 심리를 치료하는 방법으로 접근한다. 모래놀이치료 분야의 세계적 권위자인 K 수녀님이 설립한 이곳 상담센터에는 수녀님에게 상담기법을 배우기 위해 전국 각지에서 관심 있는 상담사들이 몰려온다고 한다. 센터 내 각 상담실에는 모래판과 각종 피규어들이 마련되어 있다. 소년이 모래판에 자신이 원하는 피규어들을 가져다 놓고 그걸로 각각의 상황을 표현하면서 심리상태가 파악되고 그에 맞추어 놀이를 통해 집중적인 상담이 이루어진다고 한다. 상담도 상담이지만 소년 스스로 자신의 심리상태를 표현하고 모래놀이를 통해 상처 입은 마음을 치유하는 데 중점을 두고 있는 듯하다. 수강명령은 통상 30시간 정도 부과되는데 이곳 상담센터를 거친 소년들의 예후가 좋은 점에 비추어 보면, 분명 모래놀이치료는 효과가 있는 것 같다. 특히 이곳에서는 10시간 정도의 보호자특별교육도 함께 이루어지는데 보호자들이 모래놀이치료 과정을 통해 함께 치유되는 경우가 많다고 하니 그 효과에 다소 놀라운 점이 있다.

−3호 처분 : 사회봉사

소년부 판사는 보호처분 중 3호 처분으로 사회봉사를 명할 수 있는데, 실무상 보호관찰소에서 사회봉사명령을 집행하게 된다. 판사는 소년에게 200시간을 초과하지 않는 범위 내에서 사회봉사를 명하고, 각 보호관찰소는 협력관계에 있는 봉사기관을 정해 소년이 그곳에서 하루 9시간 정도씩 봉사하게 한다.

사회봉사는 그 성격상 너무 어린 소년은 감당하기 어려우므로 14세 이상의 소년에게만 부과하도록 되어 있다.

나는 무면허 운전, 주민등록증 부정행사, 오토바이 불법개조 등과 같이 피해자가 특정되지 않으나 사회적으로 물의를 일으킨 비행과 피해자의 뜻이 완강하여 도저히 합의할 수 없는 비행을 저지른 소년에게 사회봉사를 명하는 경우가 많다. 소년들이 장애인 요양기관이나 노인 요양기관 등에서 봉사하며 이 사회의 일원으로서 책임감을 갖게 되는 기회가 되길 바라는 마음이다.

소년을 위한 재판

4호 처분 및 5호 처분 : 보호관찰

보호처분 중 4호 처분과 5호 처분은 보호관찰이다. 4호 처분은 단기 보호관찰로 1년, 5호 처분은 장기 보호관찰로 2년간 행해지는데, 5호 처분의 경우 보호관찰소의 신청이 있으면 1년 더 연장될 수도 있다.

보호관찰 처분이 명해지면 소년은 보호관찰소로 가서 신고하고 등록해야 한다. 그러고 나면 담당 보호관찰관이 정해진다. 담당 보호관찰관은 주기적으로 소년을 출석시켜 면담하는 방식으로 소년의 생활을 지도·감독하는데, 어떤 보호관찰관이 소년을 맡게 되느냐는 의미가 있는 것 같다. 간혹 소년들이 보호관찰관과의 면담 과정에서 형식적이고 딱딱한 말투에 상처를 입었다고 말하기도 하지만, 소년의 사정을 상세히 파악하고 소년과 마음을 터놓는 친근한 관계를 유지하면서 소년의 성행 개선을 위해 여러 가지 프로그램을 권유하는 등 적극적으로 소년을 지도하는 보호관찰관도 있는 것 같다.

최근 근황이 궁금한 소년이 있으면 나는 관할 보호관찰소로 연락하곤 한다. 연락을 받은 보호관찰관 중에는 소년의 성명, 생년월일을 물어보고 컴퓨터로 조회한 후에야 보호관찰소에 언제 다녀갔는지, 그동안 재비행은 없었는지 피상적인 확인만 해주는 보호관찰관이 있는가 하면, 그냥 소년 이름만 대도 최근 소년의 가정환경에 어떤 변화가 있었는지, 소년이 누구를 만나고 다니는지,

어떤 걱정거리가 생겼는지 자세한 상담을 통해서만 알 수 있는 얘기를 방금 소년을 만나 들은 것처럼 술술 말해 주는 보호관찰관도 있다.

작년 말쯤, 나는 한 소년의 근황이 궁금해서 보호관찰관에게 연락한 적이 있다. 소년이 비행에 이른 경위는 이렇다. 배우자를 잃고 상심에 빠져 술만 마시는 아버지의 방임으로 집안 가득한 쓰레기 더미에서 어린 남매가 극적으로 구조된 적이 있는데, 그 후로도 어려운 가정환경이 나아지지 않자 남매 모두 집 밖으로 돌며 불량한 친구들과 어울렸다. 그러다 결국 여동생은 친구들이 물건을 훔치고 사람을 때리는 현장에 같이 있다가 소년보호재판을 받게 되었다. 소년분류심사원에 위탁되어 한 달간 고된 생활을 하면서도 "아빠가 보고 싶고 걱정돼요" 하며 눈물을 글썽였던 그 여자 소년이 불현듯 생각나, 담당 보호관찰관에게 연락을 했던 것이다. 그런데 내 걱정과는 달리 소년이 담당 보호관찰관의 지도하에 착실하게 취업을 준비하며 바람직한 생활을 하고 있음을 금방 알 수 있었다.

보호관찰관은 소년의 성장력, 가족력에 관한 것은 물론이거니와 최근 친구들과의 관계, 배우고 있는 취미, 이성 친구 문제, 가족들의 직업 및 음주습관 등 소년을 둘러싼 많은 것들을 상세하게 파악하고 있었다. 소년은 보호관찰관을 많이 의지하고, 면담 과정에서는 속마음을 털어놓고 세세한 것까지 얘기한다고 했다. 소년은 보호관찰관의 추천으로 구청에서 장학금 혜택까지 받았고, 최근에는 미래를 위한 꿈을 갖게 되어 관련 학원을 다니면서 취업을 준비하고 있다고 하니 다행스런 마음이 들었다.

'보호관찰을 받는다'는 것은 소년들에게 많이 부담되는 일이다. 주기적으로 보호관찰소에 출석하여 보호관찰관을 면담해야 하고 출석하지 않거나 생활 태도를 게을리하면 다른 비행을 저지르지 않았더라도 보호처분이 중하게 변경될 수 있기 때문이다.

물론 소년들이 단지 한두 번 의무를 위반했다고 해도 보호관찰소에서 곧바로 보호처분변경을 신청하는 것은 아닌 것 같다. 보호처분변경신청을 위한 보호관찰소 내부 기준은 까다로운 편이다. 수차례 출석에 응하지 않았다거나 야간외출제한명령을 제대로 지키지 않는다거나 늦은 밤 시간에 불량한 친구들과 거리를 배회한다거나 주거지에 상주하지 않고 수시로 가출했다는 등 구체적인 정황이 있는 경우에만 보호처분변경을 신청한다. 그만큼 보호처분변경신청 사건에서는 중한 절차를 거치게 될 가능성이 매우 높다.

통상적으로는 보호관찰관이 보호처분변경 신청을 한 다음 소년부 판사가 심리기일을 열어 소년을 소년분류심사원에 위탁하는 등의 절차를 거치게 되지만, 보호관찰관이 보기에 소년의 의무위반 정도가 심각하고 시급하게 신병 확보 조치가 필요한 경우에는 보호관찰법에 따라 곧바로 구인하여 소년분류심사원에 유치할 수도 있는 만큼 소년에게 보호관찰은 심적 부담이 클 수밖에 없다.

간혹 소년들 중에는 보호관찰을 받는 것보다 차라리 보호관찰을 함께 처분할 수 없는 9호 처분을 받아 소년원에서 몇 개월 생활하는 게 더 낫다고 여기는 소년들도 있다. 만약 소년의 그러한 의중이 파악되면 예상과 달리 훨씬 더 어려운 처분을 받게 되므로 그런 소년들이 꼭 영악하다고 할 수는 없을 것이다. 어쨌든 소년들에게도 소년법의 맹점이 간파된 만큼 9호 처분에도 보호관찰을 함께 처분할 수 있도록 소년법 개정이 꼭 필요하다고 본다.

소년에 대한 형사재판에서도 집행유예를 명하면서 보호관찰을 부과할 수는 있다. 그런데 형사재판에서 다루는 소년형사재판 사건 수가 그리 많지 않기 때문에 소년에 대한 보호관찰이라고 해서 성인 보호관찰과 별반 다르지 않은데 비해, 소년보호재판의 보호관찰은 성인 보호관찰과 달리 좀 특수한 부분이 있다. 보호관찰과 동시에 주거지에 상주할 것, 나쁜 습관을 버리고 불량한 사람들과 교제하지 말 것, 보호관찰관의 지도·감독에 따를 것, 주거지 이전 시 신고할 것 등 일반준수사항이 부과될 뿐만 아니라 해당 소년의 성행을 개선하기 위해 필요한 특별준수사항이 부과될 수 있기 때문이다.

나는 이러한 특별준수사항을 '소년 맞춤형 보호처분'이라고 표현한다. 소년법에 열거된 10가지 보호처분 외에도 이러한 특별준수사항을 통해 그 소년의 성행 개선을 위한 꼭 필요한 다양하고 창의적인 조치가 이루어질 수 있기 때문이다. 내가 맞춤형 보호처분으로 부과하는 특별준수사항 몇 가지를 소개한다.

소년법에서는 소년의 야간 등 특정 시간대 외출을 제한하는 명령을 부과할 수 있도록 하고 있다. 야간 등 특정 시간대로 규정되어 있지만 실무상 야간으로 제한하는 경우가 거의 대부분이다. 소년들이 저지르는 절도, 폭행 등 대다수 비행이 야간에 이루어지는 만큼 소년의 야간외출을 제한함으로써 비행환경에 노출되는 것 자체를 막으려는 의도가 있다.

법에서 규정하고 있는 만큼 결정문의 주문에서 적시하는 예도 있지만, 보호관찰관이 그 이행을 챙길 수 있도록 보호관찰 특별준수사항으로 부과하는 예가 많다.

어른들에게 익숙한 개념은 아니지만 비행을 저지르고 법정에 오는 소년들에게는 '야간전화'라는 명칭으로 잘 알려져 있는데, 이 야간전화는 그만큼 소년들에게 부과되는 매우 부담스러운 의무 중 하나다.

야간외출제한 명령을 받은 소년은 보호관찰소에 신고하러 갈 때, 자신의 음성을 전자기기에 등록하는 절차를 거치게 된다. 그러면 보호처분 당시 정해진 기간 동안(1년 이내로 통상 2개월 내지 6개월) 보호관찰소에서 자동음성 시스템을 통헤 메일 밤 10시부터 다음 날 새벽 6시 사이에 무작위로 소년의 집 전화로 연락한다. 그러면 소년이 직접 전화를 받아 자동음성기기에서 제시하는 대로 따라하거나 묻는 말에 답변해야만 한다. 소년이 이미 전자기기에 등록한 음성과 전화로 답하는 음성의 일치 여부가 전자적으로 분석

되는데, 일치된 음성으로 인정되어야만 소년이 그 시간대에 집에 있는 것으로 인정될 수 있다. 만약 소년이 전화를 받지 못했다면 다음 날 보호관찰관의 확인 전화에 정당한 사유를 소명해야 한다. 전자기기로 체크되는 만큼 의무기간 동안 소년의 야간외출제한 위반율도 퍼센트(%) 단위로 정확하게 집계된다.

간혹 야간전화를 받은 다음 곧바로 외출하여, 밖에서 기다리던 친구들과 어울려서 오토바이를 타고 밤거리를 누비는 영악한 소년들도 있다. 그러나 보호관찰소도 그러한 사정을 모를 리 없고, 야간전화가 하루에 단 한 번만 있을 것이라는 소년들의 예상과는 다르게 무작위로 여러 번 실시되기도 한다.

사실 야간전화는 소년이 안정적으로 수면을 취할 수 있는 권리를 제한하고, 소년뿐 아니라 다른 가족들에게도 불편함을 야기할 수 있는 문제점이 있기는 하다. 그렇더라도 그러한 불편함의 정도와 소년이 야간시간대에 외출함으로써 생기는 위험성을 저울질해 보았을 때, 그 정도의 불편함은 참고 받아들일 수 있는 범위 내인 것으로 이해된다.

나는 최근 법무부 소년범죄예방팀 공무원들과의 간담회에서 야간전화가 야간팔찌로 대체될 수 있다는 소식을 들은 적이 있다. 우리나라는 워낙 IT 선진국이라 아이디어가 나오자마자 금방 관련 모델 및 시스템 준비가 마쳐졌는데, 아무래도 이것은 기본권 제한과 관련된 부분이라 법률로 규정하는 절차가 필요하여 이를

소년을 위한 재판

준비하고 있다고 한다. 야간에 특정시간대가 되면 소년은 야간팔찌를 착용해야 하고 집 안에 있는 시스템과 팔찌의 상호 연동을 통해 소년이 집안에 있는지 파악된다는 것이 이 제도의 요지다. 야간팔찌는 야간전화의 맹점을 보완하여 소년과 가족들의 수면권에 미치는 영향을 최소화하면서도 야간외출제한 명령의 실효성을 높일 수 있는 좋은 아이템인 것 같다.

-금주·금연할 것

실무 경험상 법정에 오는 소년들의 생활에 음주와 흡연은 기본인 것 같다. 소년들이 최초로 음주·흡연을 경험한 시기를 따져 보면 초등학교 4~5학년부터인 경우가 많으니, 보호처분을 받는 소년들에게 금주·금연의무를 부과하는 것은 이상한 일이 아니다.

소년들의 폭행 사고는 음주에서 비롯되는 경우가 많다. 요즘 소년들이 조숙하다고는 해도 음주를 받아들이기에는 아직 신체적으로 미성숙해서 술을 마시면 감정을 조절하지 못해 사소한 시비에도 주먹을 휘두르기 일쑤다. 또한 술을 구하려고 절도나 공문서부정행사 등 비행을 저지르는 경우도 많기 때문에 술을 마시지 못하게 하는 것은 장래의 비행을 예방하는 네 큰 의미가 있다.

담배 또한 마찬가지다. 삼삼오오 모여 담배를 피우는 곳에서 비행을 모의하는 경우가 많을 뿐만 아니라 담배를 구하려고 절도나 공문서부정행사 등 비행을 저지르는 경우도 많기 때문에 담배를 피우지 못하게 하는 것은 의미가 있다.

금주·금연할 것을 특별준수사항으로 부과하면 보호관찰관은 보건소 등의 연계 프로그램으로 소년의 금주·금연을 돕기도 한다.

－학교수업에 성실히 참여할 것, 검정고시 응시에 관한 보호관찰관의 지도에 순응할 것

법정에 오는 소년들 대부분은 학업에 별 뜻이 없다. 무단결석과 지각을 반복하여 학업유예의 위기에 처한 경우가 많고 이미 학교를 자퇴한 경우도 많다. 간혹 재미있는 경우가 있는데, 보고서에는 분명 학교를 자퇴했다고 기재되어 있는데도 심리기일에 말끔하게 교복을 입고 오는 소년들이 있다. 물어보면 그래도 판사에게 잘 보이려고 예전에 학교 다닐 때 입던 교복을 단정하게 다려 입고 나온 거라고 하는데, 찬찬히 들여다보면 도대체 학교를 언제 그만둔 것인지 재킷 소매는 이미 손목을 벗어나 팔뚝으로 향하고 있고, 셔츠를 중간에서 붙들고 있는 단추는 터지기 일보직전이다. 한편으로 생각하면 소년이 영악한 것 같으면서도 또 한편으로는 그렇게라도 좋은 태도를 보이려는 노력을 대견하게 생각해 줄 수밖에 없다.

아무튼 소년이 학교에 가지 않으면 낮에는 무위도식하다가 밤에는 친구들과 밤거리를 활보하며 비행을 저지르는 경우가 많기 때문에, 학교생활을 제대로 하도록 지도·감독하거나 자퇴한 소년들이 검정고시 응시를 목표로 공부할 수 있도록 지도·감독하는 것이 필요하다. 학업을 제때 마쳐야 소년이 안정적으로 장래 계획

을 세울 수 있으므로 학업 관리는 중요한 의미가 있다. 보호관찰관은 학교 출석 및 생활태도를 체크하거나 검정고시 응시와 관련한 학원 수업 여부 등을 체크하게 된다.

소년들 스스로도 학업을 마쳐야 한다는 생각은 있어서 법정에서는 이런 준수사항을 꼭 지키겠다고 쉽게 다짐하지만, 법정을 나서는 순간 이것은 소년들이 가장 지키기 어려운 의무 중 하나가되는 것 같다. 소년들은 이런 준수사항에도 불구하고 다니던 학교를 자퇴하거나 검정고시 응시는커녕 배달 아르바이트를 전전하면서 시간을 보내기 일쑤라 보호관찰소의 보호처분변경 신청서에적시되는 가장 흔한 준수사항 위반 항목 중 하나로 손꼽힌다.

-정신과 치료 또는 심리치료를 지속할 것

앞서도 언급했듯이 법정에 오는 소년들은 정신적으로 어려움이 있는 경우가 많다. 굳이 거창한 병명으로 분류하지 않더라도 ADHD, 분노조절장애, 충동조절장애 등 감정을 조절하는 데 어려움이 있는 경우가 대부분이기 때문에 정신과 전문의의 진단과치료가 필요한 경우가 많다. 과거에는 이런 것들이 '정신병'이라며 심각한 놀림감이 되므로 숨기기에 급급했겠지만, 최근에는 정신적 어려움이 워낙 사회에 만연하고 관련 의술이 발전하여 마치감기처럼 쉽게 걸리고 또 꾸준히만 한다면 그리 어렵지 않게 치료될 수 있는 질병으로 분류되는 것 같다. 소년정신건강의학과라는명칭으로 소년의 정신적 어려움을 전문적으로 치료하는 병원들이 꽤 많이 생겨 치료 접근성이 좋아진 만큼, 정신적 어려움을 조기에 발견하고 신속한 진료가 이루어진다면 금방 극복할 수 있고 예후도 좋은 것으로 보인다.

내가 맡았던 사건 중에는 사회적으로도 이슈가 된 방화(放火)사건이 있었는데, 전문가 진단 결과 소년의 반사회적·공격적 감정이 감지되어 소년의 재비행 가능성 및 개선 가능성을 고려한 심도 있는 보호처분이 필요한 사건이었다. 다행히 보호자의 경제적 능력이 충분하고 소년에 대한 보호의지가 높아 시설 내 처분보다는 전문적인 치료를 받는 것이 좋겠다고 판단하여 자발적인 치료를 받는 것을 전제로 보호관찰을 명했다.

소년은 서울의 일류 병원에 입원해 치료받게 되었는데, 워낙 관심이 많이 가는 소년이라서 보호처분을 명한 이후로도 병원 담당의사와 보호관찰관, 법원 조사관, 판사가 함께 소년의 변화에 긴밀하게 대응하게 되었다. 어느 날 나는 소년의 근황이 궁금해서 병원 담당의사에게 연락을 해보았다. 그러자 최근 소년의 보호자가 의사의 진료 지시에 불만을 표시하면서 퇴원하겠다는 의사를 밝혔지만 의사 소견으로는 소년의 심리상태가 불안정하여 그대로 퇴원하는 것은 위험하다는 답변을 듣게 되었다.

나는 급하게 법원 조사관 및 보호관찰관과 연락하여 대응방안을 강구했고, 결국 보호관찰의 특별준수사항을 더욱 구체화하여 보호자가 함부로 소년을 퇴원시킬 수 없게 하는 방법을 택했다.

'현재 치료받고 있는 병원에서 정신과 진료를 꾸준하게 받고 매월 말일 진료 경과를 확인할 수 있는 서류를 보호관찰관에게 제출하며, 의사의 입원지시가 있는 경우 그에 따를 것'을 특별준수사항으로 추가하는 방법이었다. 다행히 그 후 치료가 잘 되어 소년의 심리상태가 안정되고 학교에도 잘 적응하고 있다는 소식을 들었고, 별다른 사고 없이 보호관찰기간이 만료되었다. 법률에 정해진 보호처분만으로는 예상할 수 없는 상황에 처하여 보호관찰의 특별준수사항을 통해 성공적으로 해결된 사례라고 할 수 있다.

–대안교육을 받을 것 또는 진로교육을 받을 것

'교육을 받을 것'이라는 명령은 2호 처분인 수강명령으로 대부분 이루어지지만, 보호관찰 특별준수사항으로 정할 수도 있다. 서울가정법원에서 보호관찰 특별준수사항으로 교육을 명하는 경우는 '청소년꿈키움센터에서 35시간의 대안교육을 받을 것'과 '서울시학교밖청소년지원센터에서 60시간의 교육을 받을 것'을 명하는 것이 대표적인 경우다. 이 센터들은 서울가정법원과 협력관계가 잘 이루어져 신뢰도가 높고, 수강명령과 달리 센터에 비용을 따로 지급하지 않아도 되며, 해당 센터들이 비행예방교육을 하고 싶다는 의사를 적극 표명하고 있어 수강명령과는 다른 측면의 장점이 있다. 소년이 과거에 이미 수강명령을 받은 전력이 있는 경우에는 새로운 내용의 교육이 필요하여 이런 교육명령을 선택하기도 하고, 소년의 진로와 관련한 특성화된 교육이 필요한 경우에도 이러한 교육명령을 선택한다.

특히 서울시학교밖청소년지원센터는 이 센터에서 교육 전체를 주관하되 서울 각 지역에 분포된 특성화교육기관과 연결하여 요리, 목공 등 특정 직업교육은 물론이고 캠프를 통해 집중적인 심성순화교육을 실시한다고 한다. 교육기간 동안 상담사와 소년의 라포관계(Rapport Relationship, 심리적 신뢰관계)가 잘 형성되어 교육이 끝난 후에도 연락을 주고받는 경우가 많다고 하니 소년들의 성행 개선에 좋은 기회가 아닐 수 없다.

-그 외 특별준수사항의 예

그 외에도 소년의 비행 원인을 살펴 특별준수사항을 통해 비행 반복의 습성이 될 만한 요소를 찾아 이를 제한하는 다양한 방법이 동원될 수 있다. 소년이 게임이나 인터넷에만 빠져서 생활하는 경우라면 '인터넷과몰입방지 프로그램에 참여할 것'을 부과할 수도 있고, 인터넷 도박에 빠져 있는 경우에는 '도박중독방지 프로그램에 참여할 것'을 부과할 수도 있다. 또, 음란동영상에 빠져 성 충동을 조절하지 못하는 경우는 '음란사이트에 접속하지 말 것'을 부과할 수도 있다. 소년이 똑같은 비행을 다시 저지르지 않도록 소년의 생활습관을 지도·감독할 수 있는 다양한 방법이 고려될 수 있는데, 사실 관건은 이를 실제 집행하는 보호관찰소에서 특별준수사항에 기재된 프로그램을 직접 운영하거나 운영하는 기관으로 연결할 수 있는 역량이 있는지에 달려 있다.

소녀을 위한 재판

어제·오늘이 다르고 내일이 다른 변화무쌍한 소년들의 장래 재비행을 방지할 수 있는 방안을 강구한다는 차원에서, 보호관찰 특별준수사항이야말로 획일적·일률적으로 나열된 법 조항의 한계를 넘어 다양하고 창의적으로 접근하는 방식으로 보호처분의 목적을 달성할 수 있는 효과적인 방안이라고 하겠다.

6호 처분 : 아동복지시설 등 위탁

보호처분 중 6호 이상의 처분은 소년이 시설에서 지내는 것이 강제되는 만큼 '시설 내 처분'이라고 불린다. 6호 처분은 아동복지법에서 정하는 아동복지시설 또는 소년보호시설, 즉 민간운영시설에 6개월간 위탁하는 것이다. 사실 아동복지법에서 정하는 수준을 갖춰 인·허가를 받는 것 자체가 쉽지 않기도 하고, 이러한 시설을 운영한다는 것이 여러 모로 어려운 일이어서 6호 처분 위탁 시설의 수가 많지는 않다. 서울가정법원은 다행히 6개 시설(남자소년 시설 4개, 여자소년 시설 2개)을 확보하고 있어 다른 법원보다는 사정이 나은 편인데, 일부 법원에서는 6호 처분을 집행할 시설이 거의 없어서 어쩔 수 없이 소년원 송치 처분을 할 수밖에 없는 경우도 있다고 한다.

서울가정법원과 연계된 6호 시설들은 모두 종교단체를 기반으로 하는 시설들이다. 처음 업무를 접하면서는 종교단체가 국가사무를 위탁받아 운영한다는 것이 조금 어색하게 느껴졌으나 업무를 하다 보니 그럴 수밖에 없다는 것을 금방 깨닫게 되었다. 6호 시설을 운영한다는 것 자체가 수익을 기대할 수 없고 국가 및 지방자치단체의 지원금과 법원에서 지급하는 비용으로 빠듯하게 운영될 수밖에 없다. 그런데 하루가 멀다 하고 동료들과 다투고, 집기를 부수고, 의사를 거칠게 표현하는 소년들을 데리고 지내려면 고귀한 사명감 없이는 불가능하다. 혹자는 이 각박한 세상에서 대가를 바라지 않고 일방적으로 사랑을 베풀 수 있는 건 부모와 종교가 아니고서는 불가능하다고 하니, 그런 차원에서도 종교단체가 기반이 된 6호 시설 운영은 어쩌면 당연한 것이라는 생각이 든다.

소년부 판사들은 사실 6호 처분에 많은 정성을 들인다. 소년원 송치 처분은 보호처분 이후 판사가 개입할 여지가 별로 없지만, 6호 처분의 경우는 판사가 직권으로 집행감독을 실시하는 등 보호처분 이후에도 개입할 수 있는 소년법상 근거규정이 마련되어 있다. 나는 소년보호재판을 하면서 6호 시설을 거쳐 간 소년들의 기적 같은 변화를 무수히 많이 경험했기에 6호 처분에 많은 애정을 느끼는 편이다. 우스갯소리지만 소년들 사이에서 나를 두고 '처음 와도 6호 시설로 보내고 다시 와도 6호 시설로 보내는 판사'라는 소문이 나 있을 정도라고 한다. 물론 실제 소문과 같은 것은 아니지만, 어쨌든 내가 6호 처분을 매우 중요하게 여기는 것은 사실임을 고백한다.

6호 시설의 운영 모토는 '가정과 같은 보호력'이므로 6호 처분은 가정에서 제대로 돌봄을 받지 못하는 소년들을 주된 대상으로 하는데, 비행 초기 단계라면 우선적으로 위탁보호위원이나 보호관찰 등을 통한 사회 내 지도 감독이 가능하겠지만, 소년의 비행이 반복되는데 가정에서 더 이상 소년을 통제할 수 없는 상황에 처하면 비로소 6호 처분을 고려하게 된다.

6호 시설마다 위탁받을 수 있는 정원은 그리 많지 않은데, 서울가정법원에서 위탁하는 6호 시설들은 수원, 의정부, 인천, 춘천, 청주 등 다른 법원에서 보내는 소년들도 위탁받고 있어서 심리기일한 번에 6호 처분을 할 수 있는 소년은 한두 명에 불과하다. 소년들은 6호 처분을 받았다고 심통을 부리기도 하지만, 소년부 판사들 입장에서는 빡빡한 입소정원 때문에 그 소년의 자리를 확보하려고 시설 담당자에게 수차례 전화를 걸어 "우리 아이 좀 받아달라"고 부탁해야 하는 경우가 많다. 이번에 그냥 돌려보내면 가출하여 재비행할 것이 뻔히 예상되고, 그렇다고 소년원에 보내기엔 나이가 너무 어리고 죄질이 그렇게 중하지 않은 경우라면 6호 시설의 자투리 정원이라도 어떻게든 파고들어야 한다.

사실 이 부분은 소년부 판사의 적성과도 관련되어 있다. 소년보호재판을 해봤는데 적성에 안 맞았다는 판사들이 더러 있는데, 굳이 시설 담당자에게 부탁하면서까지 보호처분을 해야 하는 과정을 겪고 나면 과연 판사가 이렇게까지 해야 하는 것인지 의구심이 든다고 한다. 일반 형사재판처럼 판사가 판단하는 대로, 정하는 대로 법무부에서 그대로 집행하는 것과는 차이가 크게 나는 만큼 그러한 심정이 드는 것도 어찌 보면 당연하다.

법정에서 6호 처분을 고지하면 소년들은 각오했던 터라 차분하게 받아들이는 경우가 대부분이지만, 몇몇 소년들은 너무 아쉬워하며 다시 한 번만 선처해 달라고 두 손 모아 호소하는 경우도 있다. 어쨌든 시설에 강제적으로 위탁되는 것이기에 소년에겐 충격적인 일이고, 시설로 떠나기 전에 마지막으로 부모님을 안아볼수 있게 해달라고 부탁하는 경우도 많다. 보호자들은 소년이 집으로 돌아와도 어차피 통제가 안 되니 곧바로 가출할 것으로 예상했기에 그보다는 6호 시설에서 보호받는 것이 낫다고 여겨 처분에 수긍하는 경우가 대부분이다. 소년을 6호 시설에 보내달라고 미리 요청하면서 그에게는 비밀로 해달라고 부탁하는 경우도 간혹 있다.

6호 처분을 받게 된 소년은 심사원 대기실로 다시 들어가고 나중에 각 6호 시설 담당자가 찾아와 소년의 신병을 인수한다. 소년은 6호 시설로 가는 차 안에서, 그리고 6호 시설에 도착한 후 몇 주간은 자기를 그곳에 보낸 판사를 원망한다. 앞서도 말했듯 그 소년을 시설에 입소시키기 위해 애쓴 판사들 입장에서는 좀 억울한 면이 있기도 하다. 그런네 1개월 정도 시나 소년이 시설에서 적응할 무렵이 되면, 판사가 자기를 시설에 보낸 이유를 알게 되었다면서 만약 이곳에 오지 않았더라면 불량한 친구들과 어울려 계속 비행을 저지르고 있었을 것이라며 오히려 감사한 마음이 든다는 얘기를 하곤 한다. 물론 듣는 사람의 기분을 고려하여 과찬하는 부분이 있음을 감안해야 하지만, 6호 시설의 따뜻한 분위기가 소년의 차가운 마음을 녹이고 있다는 사실은 놓칠 수 없는 부분이다.

소년이 6호 시설에 있는 동안은 소년의 생활태도에 관한 감호일지가 작성되고, 매월 한 번씩 그 일지가 보고서 양식으로 판사에게 제출된다. 판사는 감호일지와 시설장의 총평을 보면서 소년이 어떻게 지내고 있는지 한눈에 확인할 수 있는데, 법정에서 거칠게 불만감을 표현했던 소년들도 시설 담당 선생님들의 지도를 받으면서 솔선수범하는 소년으로 거듭나고 있는 걸 발견할 때마다 뿌듯한 마음이 든다. '이 맛에 소년보호재판 한다'는 마음이 들 정도이고, 이래서 '소년은 소년이구나' 싶다.

소년부 판사들이 6호 시설에 있는 소년들과 소통할 수 있는 기회는 제법 많은 편이다. 일 년에 한두 차례씩 판사들이 각 시설을 직접 방문하여 소년들과 면담하는 시간을 갖기도 하고, 법원에서 6호 시설 소년들을 위주로 한 각종 행사를 개최하기도 한다. 각 법원마다 주최하는 행사는 가지가지인데 축구대회, 엽서대회, 바리스타대회, 제과제빵대회, 청소년문화축제 등 소년들이 시설에서 갈고닦은 실력을 뽐낼 수 있는 기회가 많다.

특히 1년에 한 번씩 서울, 인천, 의정부, 수원, 춘천, 대전 등 각 법원이 돌아가면서 주최하는 청소년문화축제는 6호 시설 소년들이 2~3개월 동안 배우면서 준비한 치어리딩, 뮤지컬, 그룹댄스 등을 무대 위에서 선보이는데, 보는 이들에게 가슴 뭉클한 감동을 선사한다. 밤거리 으슥한 곳을 누비며 술과 담배에 찌들어서 내내 어둡게 지냈던 소년들이 언제 그랬나 싶게 밝은 분위기의 옷을 갖춰 입고 무대 위에서 동료들과 호흡을 맞추어 최선을 다하는 모습을 보여주는데, 그런 모습이 '원래 소년의 모습이겠거니' 싶은 생각이 들게 만든다. 한 공연 당 불과 10여 분에 지나지 않지만 공연 속에서 재능이 정말 뛰어난 소년들을 많이 발견하게 된다. '이 소년들도 다른 소년들처럼 가정에서 뒷받침이 잘 되었더라면, 우연한 기회에 나쁜 친구들을 만나지 않고 제 길을 걸었더라면, 지금쯤 남들 앞에서 주목받는 날을 기다리며 열심히 미래를 준비하고 있을 텐데……' 하는 아쉬운 마음도 든다.

최근 IT 기술의 발전으로 법원과 6호 시설 간에도 화상통화 시스템이 구축되었다. 소년부 판사들은 6호 시설에서 제대로 생활하지 못하고 있는 소년들을 굳이 법정으로 불러들이지 않더라도 화상통화 또는 유선전화를 통해 수시로 연락하고 훈계할 수 있다.

간혹 소년들이 정성스럽게 손 편지를 써서 판사에게 보내는 경우도 있다. 나 또한 소년들로부터 종종 편지를 받곤 하는데 글씨가 어떻든 내용이 어떻든 그건 중요한 게 아니다. 소년들이 편지를 쓰는 그 시간만큼은 과거를 돌아보고 현재의 처지를 고민하며 미래를 계획하려 했다는 그 마음가짐 자체에 의미를 두고 싶다.

소년을 위한 재판

처음 편지를 받았을 때는 나도 감격스런 마음에 정성스럽게 답장을 준비했으나, 판사가 보내는 답장이 시설에 있는 다른 소년들에게 또 다른 영향을 줄 수 있다는(서로 경쟁적으로 편지를 써서 보내는 상황) 주변의 조언을 듣고서는 편지를 부치지 않고 책상 서랍에 넣어둔 채, 마음으로만 칭찬과 격려를 할 수밖에 없었다.

서울가정법원은 6호 시설 소년들이 퇴소하기 1개월 전 즈음, 판사들과 식사를 함께하며 담소를 나누는 자리를 마련하고 있는데 이를 '퇴소 전 면담'이라고 한다. 사실 판사들 입장에서는 법정에서 호되게 꾸짖은 소년들을 마주하고 식사한다는 게 많이 어색하고 어려운 자리일 수 있지만, 소년들이 6개월 가까이 성장한 모습을 직접 확인할 수 있다는 점에서 의미가 있다. 소년들 입장에서도 판사와 만나 가까이 마주보며 식사하고 대화할 수 있다는 것을 신기하게 여기기도 하고, 시설 생활을 마무리할 때가 다 되어 그동안 자신이 긍정적으로 변화된 모습을 보여준다는 데 큰 의미를 두는 것 같다.

퇴소 전 면담에서는 얼마 전 법정에서 마주했던, 거무튀튀한 얼굴에 윤기 없는 머리카락을 하고 눈동자가 아래로 향해 있던 비쩍 마른 소년의 모습을 더 이상 찾아볼 수 없다. 얼굴에는 생기가 넘치고 뭐든지 할 수 있다는 자신감에 눈빛이 반짝인다. 10킬로그램 이상 살이 찐 여유롭고 든든한 몸매의 소년들은 식사하는 자리에서 그동안 검정고시에 합격하고 각종 자격증을 취득했으며 수십 권의 책을 읽은 것을 쉴 새 없이 자랑한다. 불과 몇 달 전 판사를

No.
2019.01.09
521

To. 존경하는 재판장님께

안녕하세요 심재판 판사님 저 ○○○이에요. 판사님께 편지를 처음 써드
리는거라 어떻게 말을 해야할지 모르겠어요. 그래도 판사님께 지금 되게 감사
하게 생각하고 있어요. 두번째 재판볼때 판사님이 정말 미웠어요. 하지만
여기와서 생활을 하고 반성을 하니 판사님께서 시설 안에 보내주신게 기회
가 아닌가 싶었어요. 유튜드서 강철호 말 기회트 주시고 저를 돌아보며 반성
할수도 있게 하고 정말 감사해요 판사님. 부모님과의 관계도 더욱 좋아졌어요.
이제는 부모님이 저로 인해 속상하지 않았으면 했는데 부모님도 저를 믿고 기다려주
셔서 저도 여기서 생활 잘 하도록 노력하고 있어요. 판사님께서 첫재판때
기회주셨으면 반성을 잘 받고 학교 잘 다녔을꺼라는 후회도 많이 하고있어요.
이제는 이게 제 마지막기회라고 생각하고 열심히 생활하겠습니다. 저까 다시
바르게 돌아오게 해주셔서 정말 감사합니다. 판사님께 편지 쓰는거 정말
떨리지만 판사님께 이말 꼭 해드리고 싶었어요. 저 여기서 시회에서
싸웠던 애들 만났는데도 다시 좋게 풀고 만나서 생활 잘 하고와어요 부모님께도
전저도 미안 쏘구요 판사님 이제 6개월 생노 하고 나가면 다시는 사고당신
끊임히 생활 할게요 예전에 너무 어리다른 제 태도 잊어주시고 2019년도에는
좀더 노력하고 고치도록 하겠습니다. 정말 감사합니다. 판사님

designed by@artbox MADE IN KOREA

6호 처분을 받은 소년이 시설에서 보내 온 편지

소년을 위한 재판

향한 원망의 기운은 전혀 느껴지지 않고, 첫눈에 '우리 판사님'이라면서 알아보고 달려와 밝은 모습으로 인사하는 소년들을 보면 소년을 소년답게 만드는 6호 시설의 묘한 힘이 느껴진다.

　물론 6호 시설을 거친 소년들 전부가 완전히 개선되어 비행의 마침표를 찍는 것은 아니다. 이 때문에 소년부 판사를 하면서 7~8개월 정도 지나면 심각한 슬럼프에 빠지기도 한다. 퇴소 전 면담에서 마주하고 식사한 지 불과 몇 개월도 되지 않아 그렇게 자신감 넘치던 소년들의 고개 숙인 모습을 법정에서 다시 마주하는 때가 그 무렵이다. 판사도 사람이기에 철석같이 소년들을 믿었던 만큼 배신당했다는 감정을 느끼는 것은 어쩔 수 없다. 법정에서 목소리 높여 소년에게 왜 또 그랬는지 물어보면, 대부분 답은 뻔하다. 여전히 아빠는 술 마시고 들어와 이유 없이 때리고, 학교에 가면 시설에 다녀왔다는 이유로 다들 멀리 하려 하고, 집에 혼자 있기 어려워서 결국은 예전 친구들과 연락하게 되고, 함께 있던 친구의 비행을 말리고 싶었지만 소년의 힘으로만은 도저히 부족하고······.
　사실 소년 스스로 노력을 세울리하는 경우도 있지만 소년의 의지만으로는 환경의 어려움을 이겨낼 수 없는 경우가 더 많다. 소년이 아무리 바뀌어도 소년이 돌아간 환경이 바뀌지 않으면 비참한 결론은 되풀이된다.

우울한 이야기를 꺼냈지만, 6호 시설을 거쳐 간 대부분의 소년들은 매우 희망적이다. 일단 6호 시설에서 지낸 기간 동안 학교 출석일수가 인정되어 학교로 다시 돌아가도 원래의 학년에 자연스럽게 편입할 수 있다. 간혹 훌륭한 학교 선생님들은 소년이 6호 시설에서 지내는 동안 자주 면회를 오고 학급 친구들과 함께 소년을 응원하는 편지를 보내기도 하는데, 그럴수록 소년은 개선의지를 불태우는 모습을 보이곤 한다.

학교를 자퇴한 소년들은 6호 시설에서 학습 자원봉사자들의 집중적인 조력을 받아 검정고시에 대부분 합격하고, 간혹 시설에서 지내면서 대학교에 수시입학으로 합격하는 경우도 있다. 학업뿐 아니라 컴퓨터, 네일아트, 바리스타, 애견미용 등 다양한 자격증도 취득하여 당장은 아니더라도 나중에 유용하게 쓸 수 있는 기술을 배워나가기도 한다. 다른 친구들과 달리 시설에서 생활하면서 다소 뒤처질 수 있는 소년들에게 이것은 어쩌면 역전의 기회가 될 수도 있다.

소년들이 특히 많이 변하는 부분은 가족에 대한 감정이다. 시설에서 생활하다 보니 항상 잔소리로 귀찮게 여겼던 엄마가, 가출했다고 체벌해서 서운했던 아빠가, 집 나간 엄마나 아빠를 대신해서 고이고이 키워주시던 할머니가 그렇게 보고 싶을 수 없다. 각 시설에서는 소년들이 성행을 개선하는 데 보호자의 역할이 무엇보다 중요하다는 걸 잘 알기 때문에 보호자의 면회를 자주 허용하고

소년을 위한 재판

보호자와 함께하는 캠프 등 여러 가지 행사를 기획하기도 한다. 시설에서 6개월을 보내고 나면 결국 보호자의 품으로 돌아가야 하기 때문에 소년과 보호자의 관계 회복은 가장 큰 숙제라고 할 수 있다.

-S센터

서울에 소재한 S센터는 청소년을 사랑했던 돈 보스코 성인이 창립한 천주교 단체에서 운영하는데 남자소년들을 대상으로 한다. 이 센터에는 돈 보스코 성인의 말씀이 벽면에 붙어 있다. '젊다는 이유 하나만으로 사랑받기에 충분합니다.'

소년을 사랑하는 것만으로 충분하지 않고 그들이 사랑받고 있음을 느끼게 해주어야 한다는 돈 보스코 성인의 가르침을 받들어 이 센터의 모든 담당자들은 소년들에게 아낌없이 사랑을 베푼다.

S센터는 서울 도심에서 멀지 않은 곳에 있어 소년들이 마음만 먹으면 쉽게 이탈할 수도 있다. 간혹 소년의 친구들이 센터 앞으로 몰려와 오토바이 클랙슨을 울리고 소년의 이름을 부르며 나오라고 외치는 경우도 있다고 하는데, 센터를 이탈하는 소년들은 거의 없다. 심지어 S센터는 문을 항상 열어놓고 있어 문만 나서면 버스나 택시를 타고 곧장 친구를 만나러 달려갈 수 있지만, 이탈하는 소년은 거의 볼 수 없다. 그만큼 S센터의 소년들에 대한 믿음과 사랑의 마음을 소년들이 외면하지 않는 것 같다.

S센터에서 소년들은 검정고시를 준비하거나 학업을 계속할 수 있도록 수업을 듣는다. 인근 대학교 자원봉사자들의 도움을 받는다고 하는데, 다른 6호 시설들처럼 S센터 소년들의 검정고시 합격률도 상당히 높은 편이다. S센터는 목공과 도예 프로그램이 특색 있는데 이 분야의 전문 선생님도 상주하고 있고 관련 시설도 제대로 갖추고 있다. 굳이 소년이 나중에 전문예술가가 되는 것을 목표로 하는 것은 아니더라도 이 프로그램은 그 자체로 큰 의미가 있다. 소년들의 목공과 도예 작품을 보면 대부분 부모님께, 동생들에게 또는 여자친구에게 선물하려고 수십 일 동안 작업에 매달린 결과물인데, 많은 시간 누군가를 생각하면서 정성을 들인다는 것만으로도 소년의 심성 순화에 큰 도움이 되는 것 같다. 지금 어려

운 상황 속에서 의지할 수 있고 믿을 수 있는 사람을 떠올리면서 보답의 의미로 최선을 다하는 소년의 모습에 의미를 두고 싶다.

　S 센터는 매년 가을 음악회를 개최한다. 이 음악회는 S 센터의 후원자들을 초청하는 행사로 소년들이 준비한 합창이나 악기 연주 등으로 공연이 구성되는데, S 센터의 모든 소년들이 하얀 티셔츠를 맞춰 입고 무대를 가득 메우는 합창 공연이 하이라이트다. 실력으로야 외국의 유명한 소년합창단과 견줄 바 아니지만 소년들이 선사하는 무대의 감동은 그 이상이다. 가끔 음 이탈이 있더라도 오히려 그 노력이 더 가상하게 느껴지고 약간의 실수가 있더라도 실수로 느껴지지 않는다. 입고 있는 하얀 티셔츠만큼이나 순수해진 소년들의 모습은 그냥 한없이 예쁘기만 하다.

-R 학교

　충청도에 있는 R 학교는 시골 한적한 곳에 자리 잡고 있는데 남자소년들을 대상으로 한다. 주변에 냇물이 흐르고 산으로 둘러싸여 있어서 탁한 공기와 인스턴트 음식에 피폐해진 소년들의 심신을 치유하기에 딱 좋은 장소다. R 학교 주변은 인적이 드문 곳이어서 소년들이 함부로 이탈할 수도 없다. 소년들이 이탈하기 위해서는 산을 넘어야 하는데, 최근 주변 산에 벌목작업이 이루어져 산을 넘는 소년을 발견하는 게 어렵지 않다고도 한다.

R학교에서 5~6개월을 보낸 소년들에게 그곳 음식 중 뭐가 제일 맛있냐고 물었더니 '김치'가 제일 맛있다고들 한다. 다른 6호 시설 소년들처럼 삼시 세끼 맛있는 식사와 시시때때 나눠주는 간식거리에 10킬로그램씩 몸을 살찌운 소년들이라서, 당연히 치킨이나 피자 같은 걸 좋아할 줄 알았는데 그 답변은 의외였다. R학교는 소년들이 직접 고추와 배추를 재배해서 그걸로 김치를 담근다. 소년들이 먹는 것이니만큼 농약도 전혀 쓰지 않고 천혜의 자연환경에서 수확된 그대로라서 소중한 식재료이자 소중한 경험의 산물인 것이다. 아스팔트와 보도블록이 아닌 땅은 제대로 밟아보지도 못했던 소년들이 밭에서 흙을 밟으며 직접 김을 매고 비료주고 정성스럽게 농사를 지으니 자연 속에서 이루어지는 그 과정만으로도 훌륭한 깨달음의 시간이 되지 않을 수 없다.

R학교라고 하면 가장 먼저 떠오르는 것이 바이올린이다. 이곳에 입소한 모든 소년들은 바이올린을 배운다. 오토바이 액셀을 당기던 거친 손으로 가느다란 바이올린 활을 쥐는 게 조금 어색할 수도 있지만, 6개월 정도를 줄기차게 연습하다 보면 어느덧 남들 앞에서 연주할 수 있는 수준을 갖추게 된다. 퇴소하기 전까지 30곡을 외워 그중 6곡을 틀리지 않고 연주하면 그동안 다루었던 바이올린을 선물로 받는다고 하니 연주 연습에 더 열심일 수밖에 없다.

사실, 내가 이 시설을 처음 방문하기 전에 동료 판사로부터 "손

수건을 준비하는 게 좋을 거예요"라는 조언을 들었다. 소년부 판사들이 방문했다고 앞에 앉혀놓고 소년들이 다 함께 바이올린을 연주하는데, 그걸 듣다 보면 울컥해서 손수건이 없으면 민망해질 수도 있다는 것이었다. 아닌 게 아니라 30여 명 소년들의 어깨에 올려진 바이올린 현에서 모여든 소리는 공연실을 가득 메우고 난 후, 듣는 사람의 마음속으로 파고들어 심금(心琴, 마음 속의 거문고)을 울리게 하는 마법이 있었다. 얼마 전까지만 해도 분노한 감정을 조절하지 못해 주먹을 휘두르던, 갖고 싶은 충동을 조절하지 못해 물건을 훔치던 소년들이 고운 소리를 내려고 한 손에 쥔 활을 이리저리 조절하면서 조심스럽게 바이올린 현을 다루는 과정을 보니, 그들의 감정도 이렇게 잘 조절하고 아름답게 만들어갈 수 있을 거라는 기대감이 들었다.

-H 시설

대전에 있는 H 시설은 1970년대 소년보호에 큰 뜻이 있는 한 신부님이 설립했는데, 서울·수도권과 대전뿐만 아니라 전주, 광주, 부산, 울산, 대구 등 전국 각 법원으로부터 남자소년들을 위탁받고 있고 정원도 115명에 이를 정도로 그 규모가 크다. H 시설은 그 규모만큼 근무하는 직원 수도 많고, 각 프로그램은 매우 전문화되어 있다. 학업뿐만 아니라 제과·제빵, 이·미용 등 소년들이 원하는 직업 교육을 체계적으로 할 수 있도록 시설도 제대로 갖추고 있다. 가끔 소년 행사에 H 시설 소년들이 직접 만들었다는 빵과

쿠키가 제공되곤 하는데, 일류 제과점에서 만든 것 못지않게 그 맛이 훌륭하다.

설립자 신부님이 돌아가신 이후로도 H시설에는 천주교 재단에서 파견된 신부님이 상주하시는데, 신부님은 볼 때마다 소년들과 어깨동무를 하고 있고 방금 전까지 함께 공을 찼는지 이마에는 송골송골 땀방울이 맺혀 있다. 누가 보아도 소년들과 정을 흠뻑 나누고 있다는 것을 알 수 있다.

H시설은 정원이 다른 곳의 2~3배에 이를 정도로 소년 수가 많

소년을 위한 재판

지만, 소년부 판사든 법원 조사관이든 그곳에 전화하여 그냥 소년의 이름만 대면 전화 받는 사람이 누구든지 간에 그 소년이 요즘 어떻게 생활하고 있는지, 걱정거리가 무엇인지 등을 소상하게 알려준다. 그만큼 전 직원이 소년 하나하나에 관심이 많다는 증거다. H시설은 주기적으로 회의를 열어 소년 한 명 한 명에 관한 토의를 한다고 하니 그 열정을 높이 사고 싶다.

한번은 퇴소 전 면담을 하면서 소년들에게 H시설 원장님이 어떤 분인지 슬쩍 떠본 적이 있다. 소년들은 한참을 고민하다가 조심스럽게 "원장님이 귀여우세요"라고 한다. 항상 만면에 인자한 웃음을 짓고 있는 원장님에게 소년들은 '귀엽다'는 표현으로 애착감정을 표현하는 것 같다. H시설은 시설이 오래되었어도 리모델링 등을 통해 전체적으로 깨끗한 인상이지만, 자세히 들여다보면 소년들이 거주하는 방의 창문이며 문고리며 개인장롱이며 성한 것이 별로 없다. 소년들이 수시로 다투고 던지고 하면서 부서지기 일쑤인데 원장님은 그저 웃으면서 "원래 소년들은 다 그런 것이고 더 안전한 것으로 다시 바꿔주면 됩니다"라고 한다. 잘못에는 항상 호된 다그침을 받았던 소년들에게 이런 관용의 마음은 오히려 어색할 수 있으나 예상 외의 용서에 스스로 많은 생각도 하고 자제하는 법도 배우는 것 같다. 어쩌면 말썽만 일으키는 소년을 다루는 데는 오랜 연륜에서 비롯된 지혜가 필요한 것인지도 모르겠다.

H 시설은 1년에 한 번씩 국토종단 행사를 한다. 국토를 여러 구간으로 나누어 매년 일부 구간씩 걸어가는 것인데, 2018년에는 서울에서 임진각까지 걸어 드디어 목표 구간 전체를 완성했다. 무거운 짐을 메고 내내 걸어야 하는 과정이 힘들지 않을까 싶은데 오히려 소년들에게 인기가 많아 선발된 인원만 참여할 수 있다고 한다. 한 걸음 한 걸음 걸으면서 혼자 조용히 생각을 거듭하는 그 과정 속에서 소년은 한층 더 성숙해지는 것 같다. 기회가 된다면 백두산까지 가고 싶다고 하는데 소년들의 국토 종단 지도가 한반도 전체로 완성되길 희망해 본다.

– M 센터

서울에 있는 M 센터는 천주교 살레시오 여자수도회에서 운영한다. 이 수도회의 수녀님들 위주로 여자소년들을 데리고 운영하는 곳인데 여자소년 시설답게 깔끔하고 예쁘게 가꾸어져 있고, 예민한 여자소년들을 다루는 만큼 이곳 수녀님들의 정성도 시설만큼이나 훌륭하고 아름답다. M 센터는 입소 후 기간 경과에 따라 교육과정을 나누고 있는데 프로그램이 매우 체계적이다. 소년들은 이 시설에서 검정고시에 응시하여 대부분 합격하는 편이고 컴퓨터, 바리스타 등 관련 직업 교육을 받은 후 자격증을 따고 퇴소하는 소년들도 제법 많다.

M 센터는 수녀님들이 운영하는 곳이어서 다른 곳보다 규율이 더 엄격한 편이다. 아침 일찍 정해진 시간에 일어나 규칙적인 생

소년을 위한 재판

활을 해야 하고, 화장이 허용되지 않는 것은 물론이거니와 머리 길이와 머리 묶는 방법도 통일되어 있다. 워낙 치장에 관심이 많은 연령대의 여자소년들이라서 그렇게라도 하지 않으면 통제가 어렵다고 한다. 그래서 그런 분위기에 잘 적응할 수 있는 어린 연령의 여자소년들이 주로 그곳에 보내진다.

M 센터는 서울 도심에 위치하여 보호자들이 면회하기에 쉬운 편이다. M 센터는 보호자들의 면회를 자주 허용하고 가족행사도 자주 열어 보호자와의 관계 회복을 위해 노력하는데, 그렇게 하는 것이 소년이 마음을 다잡고 시설에 적응하는 데도 도움이 된다고 한다. 문제는 가족행사를 열어도 소년을 찾아와 줄 마땅한 보호자가 없는 경우인데, 그런 때는 수녀님들이 직접 소년의 보호자를 자처한다고 한다. 특히 예민한 여자소년들이 소외감을 느끼지 않도록 세세한 부분까지 배려해야 하는데 이것은 숱한 시행착오를 겪은 후에나 알 수 있는 오랜 경험이 뒷받침되는 부분이라 하겠다.

M 센터 원장 수녀님과 대화를 나누다 보면 보고서에 드러나지 않은 소년들의 가정사, 입소 후 가족들 사이의 관계 변화와 더불어 장차 퇴소 후 소년에 대한 관찰 방법론까지 들을 수 있다. 원장 수녀님은 소년이 돌아갈 가정이 마땅치 않은 경우에는 M 센터와 연결된 자립관 또는 그룹홈 등으로 연계해 주기도 하고, 소년들이 M 센터를 나간 이후 어떻게 지내고 있는지 SNS 등으로 수시로 확

인하는데 만약 문제가 생기거나 하면 보호관찰소보다 먼저 법원에 알려주기도 한다. 원장 수녀님은 M센터에서 지낸 소년 하나하나의 장래에 관해 보호자다운 정성을 쏟는데, 소년들에게 진정 필요한 것은 이런 깊은 배려와 관심이 아닐까 싶다.

-N 시설

경기 북부에 있는 N시설은 장로교회에 바탕을 두고 있는 곳으로 여자소년들을 대상으로 하고 있다. N시설은 한때 지방자치단체가 '지원금을 주지 않겠다'고 선언하는 바람에 재정에 어려움을 겪기도 했지만 다행히 관할 지방자치단체 간에 협의가 잘 이루어져 현재는 운영에 특별한 문제가 없다.

N시설 또한 다른 시설과 마찬가지로 학업에 많은 신경을 쓴다. 이곳 소년들의 검정고시 합격률은 매년 100%에 가깝다. 또한 책이라고는 접해본 적이 없는 소년들이 이곳에서 많은 양의 독서를 하게 되는데 새삼 독서의 재미에 빠져드는 소년들이 많고, 독서 실력을 바탕으로 시를 쓰는 등 글쓰기 실력이 제법인 소년들도 많다. 시설 곳곳에는 소년들이 작성한 독서감상문과 자작시들이 빼곡히 정리되어 있다. 그 외에도 밴드를 결성할 정도로 드럼, 기타 등 악기연주를 배울 수 있고, 피아노 급수 시험이나 한식 조리사 자격증도 준비할 수 있다. 특히 이곳은 마당에 견사(犬舍)를 갖추고 있어 애견미용에 관심 있는 소년들이 직접 실습하면서 관련 자격증을 취득하기도 한다.

서울가정법원 봉사단과 N시설 소년들이 함께 김장하는 모습

　　N시설은 사회 각 층으로부터 많은 지원을 받고 있다. 시설 한
곳에는 치과용 체어까지 마련되어 있는데 이것은 서울 치대 여동
창회에서 기증한 것으로 실제 이 동창회원들이 주기적으로 봉사
를 나와 소년들의 치아 진료를 해준다고 한다. 그리고 소년들의
질병 검진과 치료에 시설 인근 개업의들이 많은 도움을 준다고도
한다. 주말이면 교회 단체에서 이 시설에 봉사하러 와서 갖가지
자원봉사를 한다고도 하고, 주중에는 자원봉사 상담사들이 소년
들을 상담해 주기도 한다. 서울가정법원의 봉사단도 매년 N시설

의 김장을 돕고 있는데 판사들과 소년들이 함께 팀을 이루어 김치를 버무리는 과정에서 자연스럽게 면담이 이루어지기도 한다.

퇴소 전 면담 무렵, N시설 소년들에게 장래희망을 물어보면 청소년상담사가 되고 싶다고 답하는 소년들이 매우 많다. 소년들은 그곳 선생님이나 자원봉사 상담사들과 상담하는 과정에서 많은 도움을 받았기에, 자신도 나중에 상담사 자격을 취득해서 어려운 처지에 있는 소년들을 돕고 싶다는 포부를 밝힌다. 그만큼 사회 각층의 따뜻한 손길이 소년들을 감동시키고 새로운 온정의 씨앗을 싹 틔우는 것 같다.

7호 처분 : 치료시설 위탁

보호처분 중 7호 처분은 소년을 병원이나 요양소 또는 소년의 료보호시설에 위탁하는 것이다. 7호 처분의 가장 대표적인 시설은 대전소년원 부속의원이지만, 그 외에 각 법원이 위탁계약을 체결하고 있는 민간 병원도 있다. 실무 경험상 소년의 비행 정도가 가볍고 전문적인 치료가 필요한 경우라면 민간 병원이 적합하고, 소년의 비행 정도가 무겁고 치료도 치료지만 감호의 필요성이 더 큰 경우라면 대진소년원 부속의원이 디 적합한 깃 같다. 한편 법정에 오는 소년들은 대부분 ADHD나 품행장애 등의 소견이 있는데 이러한 정신적 어려움은 다른 시설에 수용하더라도 행동 통제가 가

소년을 위한 재판

능하므로, 우울증이나 조현병과 같이 본격적으로 심각한 정신적 어려움을 겪는 경우가 주로 치료위탁의 대상이 되고 있다.

서울가정법원의 경우 주로 서울 도봉구와 중랑구에 있는 청소년전문 정신과 병원에 치료위탁을 하는데, 이 병원들은 중학교와 고등학교의 대안학교 과정도 함께 운영하고 있어서 소년들의 학업을 유지할 수 있다는 장점도 있다. 이곳들은 청소년전문 정신과 병원으로 워낙 유명한 곳이어서 보호처분과 상관없이 늘 청소년 환자들이 많은 편이다.

이 병원들이 소규모 개인병원이라면 서울 광진구에 있는 국립 정신건강센터는 대규모 공공병원이다. 공공지원을 받는 대형병원답게 이 병원은 정신건강의학 분야의 권위 있는 전문의들이 모여 있고, 최근 시설을 옮기면서 최신식 설비도 갖추게 되었다. 다만 좀 아쉬운 점은 이 병원이 최근 시설을 옮기며 치료 중심에서 연구 중심 병원으로 바뀌면서 병상 수가 대폭 줄어들었다는 것이다. 그래서 입원치료는 그만큼 더 어려워졌는데 다행히 서울가정법원과는 협력관계가 잘 유지되는 편이어서 소년부 판사가 병원 업무 담당자와 미리 연락하는 등으로 사전 조율을 하면 입원치료도 가능하다.

대전소년원은 남자소년들의 8호 처분인 초단기 소년원 송치 처분을 집행하기도 하지만 그 부속의원이 7호 처분 시설로서 의료

소년원의 기능도 하고 있다. 이 부속의원에는 정신과전문의, 정신건강간호사, 정신건강임상심리사 등 정신건강의학 분야의 전문 인력들이 배치되어 있다. 소년이 다른 신체 부위를 다친 경우라면 일반 소년원에 수용되어 있으면서도 외래 진료 방식으로 치료가 가능하겠지만, 정신적 어려움이 있는 소년들은 다른 소년들과 함께 생활하기 어렵고 전문 치료가 지속되어야 하기 때문에 대전소년원 부속의원이 그러한 치료 기능을 맡고 있는 것이다. 이 부속의원은 7호 처분을 받은 소년을 위탁받기도 하고, 치료를 위해 다른 소년원에서 이감된 소년을 수용하기도 하는데, 문제는 갈수록 늘어가는 치료 대상 소년 규모에 비해 인력이나 시설의 규모가 턱없이 부족하다는 점이다. 다행히 2020년까지 완공을 목표로 하는 의료소년원 신설 공사가 한창 진행 중이라고 하는데, 이 의료소년원의 정원도 그리 많지 않은 것으로 보여 시설 부족 논란은 계속되지 않을까 우려스럽다.

정신적 어려움이 있는 소년이라고 해서 항상 7호 처분이 부과되는 것은 아니다. 만약 소년이 일류 병원에서 전문적인 치료를 받을 수 있도록 보호자의 자력과 보호의지가 뒷받침되는 경우라면, 보호관찰관의 감독 하에 일류 병원에서 입원치료를 받는 것이 더 나을 수 있다. 그러나 경제적 형편이 어려워서 소년이 제대로 된 치료를 받을 수 없거나 소년과 보호자의 자발적인 치료를 기대하기 어려운 경우라면 7호 처분으로써 치료위탁을 고려할 수밖에 없다.

소년을 위한 재판

현행 소년법에서는 7호 처분에 다른 보호처분을 병과할 수 없도록 규정하고 있다. 그러나 소년이 치료위탁시설에서 퇴원한 이후로도 지속적인 치료가 필요하다면 이를 주기적으로 지도·감독하기 위해 다른 보호처분(예를 들면, 1호 위탁보호위원 처분이나 4, 5호 보호관찰 처분)이 함께 부과될 필요가 있는 경우가 있다. 물론 소년부 판사들은 7호 처분을 한 소년에 대해 집행감독을 하고, 필요에 따라 보호처분을 변경하는 방식으로 제도의 허점을 보완하고는 있지만, 향후 7호 처분의 집행효과를 높이기 위해서 다른 처분을 함께할 수 있도록 소년법 개정이 필요하다고 본다.

8호, 9호, 10호 처분 : 소년원

보호처분 중 8호 처분은 1개월 이내의 초단기간, 그리고 9호 처분은 6개월 이내의 단기간, 10호 처분은 2년 이내의 장기간 소년원에 송치하는 처분이다. 8호 처분을 하는 경우 4, 5호 보호관찰 처분을 더할 수 있어 소년원 입소와 별도로 정해진 기간 동안 보호관찰을 받게 할 수 있다.

그런데 9호 처분과 10호 처분은 보호관찰 처분을 더할 수 없고, 또 소년원 송치 후에는 소년원장이 소년의 개선 정도를 확인한 후 퇴원신청을 하고 보호관찰심사위원회를 거쳐 법무부장관의 허가로 퇴원됨으로써 그 실제 집행기간이 정해진다. 그만큼 9호, 10호

처분을 한 후에는 더 이상 법원과 소년부 판사의 개입 여지가 없다고 해도 과언이 아니다.

-8호 처분

8호 처분으로 1개월 이내의 초단기간 소년원에 송치하는 것의 실효성에 관해서는 그동안 학계의 꾸준한 비판이 있어 왔다. 소년의 성행을 개선하기에는 기간이 너무 짧은 것 아닌가 하는 생각에서 비롯된 것 같다. 그런데 실무 경험상 8호 처분은 매우 유용하다. 이른바 '쇼크구금'의 개념으로 경미한 범죄를 반복하여 저지르는 소년들에게 소년원의 쓴맛을 한번 맛보게 해준다는 것인데, 분명히 8호 처분이 효과적인 경우가 있다.

소년에 대한 보호처분도 소년이 저지른 비행의 죄질과 어느 정도는 비례해야 하므로, 9호 처분과 10호 처분은 적어도 6개월 이상 징역형에 상응하는 중한 비행을 저지른 경우에 고려되는 것이 바람직하다고 본다. 소년의 태도가 좋지 않아 개선 가능성이 낮고 재비행 가능성이 높다고 하더라도 중한 죄질의 비행을 저지른 것이 아니라면 곧바로 9호 처분 이상의 소년원 송치 처분은 어려울 것이고, 8호 처분으로 일단 소년원을 한번 경험해 보도록 하는 것도 좋은 방법 중 하나다. 나아가 8호 처분은 보호관찰을 함께 부과할 수 있으므로 보호관찰관이 소년들의 생활을 지속적으로 지도·감독할 수 있고, 소년들이 보호관찰에 태만하거나 재비행을 하는 경우에는 보호처분변경 신청으로 신속하게 대응할 수 있는 장점도 있다.

한편 소년이 소년분류심사원에 위탁되어 있으면서 말썽을 일으키는 경우에는 심사원 위탁기간을 1개월 정도 연장할 수도 있기는 하지만, 소년에게 이미 익숙한 심사원 생활 연장보다 새로운 엄격한 분위기가 필요하다면 8호 처분을 적극 고려할 수 있다.

8호 처분은 다른 소년원 송치 처분과 달리 처분 후 일단 집으로 귀가했다가 매월 정해진 시각(보통 첫째 주 월요일 오후 2시)에 정해진 소년원으로 집결하게 된다. 4주간의 교육 일정을 갖추어 진행하므로 소년들을 한꺼번에 모아서 집행해야 하기 때문이다. 8호 처분 일정은 매우 빡빡하다. 초단기간에 큰 효과를 내야 하는 만큼 4주 내내 교육 프로그램 일정으로 꽉 차 있는데, 대전소년원을 견학한 나와 동료 판사들은 소년들이 8호 처분을 한번 겪고 나면 다시는 오고 싶지 않을 만큼 힘든 과정이라고 느꼈다.

소년분류심사원에 있으면서 스스로 6호 처분이나 9호 이상 처분을 예상했던 소년들에게 8호 처분을 고지하면 "선처해 주셔서 감사합니다" 하고 꾸벅 인사하고 돌아가는 경우가 많다. 대부분의 소년들은 그런 마음으로 정해진 시각에 제대로 입소하여 문제 없이 4주간의 소년원 일정을 소화한다. 실무 경험상 8호 처분을 받고 소년원을 다녀와서 재비행하는 비율은 많이 낮은 것 같다. 소년들에게는 소년원 경험으로 인한 각성효과를 무시할 수 없다고 하겠다.

소년분류심사원에서 나와 8호 처분을 받고 당장 집으로 돌아가는 것에만 의미를 두는 소년들 중에는 간혹 정해진 시각에 소년원에 입소하지 않는 소년들도 있다. 지금 당장 더 놀고 싶은 마음에서 그랬겠지만, 이런 경우는 불과 며칠 지나지 않아 긴급동행영장으로 인치되고 다시 소년분류심사원에 위탁되어 더욱 중한 시설 내 처분을 받게 되는 경우가 대부분이다.

-9호 처분

9호 처분은 단기 소년원 송치 처분이다. 이미 6호 처분이나 8호 처분을 받았는데도 재비행을 하는 경우에는 좀 더 높은 단계의 보호처분으로써 9호 처분이 고려되기도 하고, 가정의 보호력과 상관없이 중한 죄질의 비행을 저지른 경우에 곧바로 9호 처분이 고려되기도 한다.

9호 처분은 6개월짜리 처분이 아니다. 9호 처분을 받은 소년은 성행 개선 정도에 따라 6개월이 지나기 전이라도 임시 퇴원할 수 있기 때문이다. 실무상 4개월이 좀 넘으면 소년은 출원심사를 받게 된다고 하는데, 임시 퇴원을 하더라도 집행기관에서 부과하는 보호관찰을 받게 되고 만약 보호관찰기간 중 잘못을 저지르면 다시 소년원에 들어가 남은 기간을 지내야 한다. 장래의 재비행을 예방한다는 측면에서 6개월을 다 채우고 나가는 것보다 잔여기간을 남겨두고 보호관찰로 예의주시하면서 재비행하지 못하도록 심리적 부담을 지우는 것이 낫긴 한데, 보호관찰 의무를 위반하더라

소년을 위한 재판

도 소년부 판사가 부과하는 보호관찰 처분처럼 보호처분 변경 등 효과를 기대할 수는 없다.

실무상 9호 처분은 비판을 많이 받는다. 기간이 너무 짧고 판사가 보호관찰을 함께 부과할 수 없다는 점에서 그렇다. 6호 처분과 비교했을 때 6호 처분은 그 기간이 6개월로 정해져 있을 뿐만 아니라 여기에 보통 2년간 장기보호관찰이 더해지지만, 오히려 9호 처분은 4개월 정도 지나고 출원하면 쉽게 종료되므로, 소년들에게는 9호 처분의 부담이 6호 처분보다 덜한 것이 사실이다.

10가지 보호처분 중 9호 처분이 주는 무게감과 9호 처분 대상 소년들이 저지른 비행의 죄질을 고려하면, 상대적으로 그 기간은 너무 짧다는 생각이 든다. 법정에 자주 들락거려 소년보호재판 절차에 익숙한 소년들은 9호 처분을 받으면 오히려 감사히 여긴다고도 한다.

그래서 소년법 개정 논의 중 9호 처분의 개정 문제가 가장 활발하게 논의되고 있다. 9호 처분을 1년으로 늘리거나 1년짜리 소년원 송치 처분을 새로이 만드는 등 여러 방안이 연구 중이고, 조만간 개정될 예정이다. 또, 9호 처분에도 소년부 판사가 4호나 5호 보호관찰 처분을 더해 처분할 수 있도록 하는 개정안도 곧 국회 발의를 앞두고 있다고 한다.

장기 소년원 송치 처분인 10호 처분. 소년들에게 10호 처분은 그야말로 '공포의 끝판왕'이다. 법정에서 10호 처분을 고지하는 경우, 소년들의 얼굴색이 흙빛으로 변하는 것을 금세 느낄 수 있다. 다른 처분이야 한 번만 선처해 달라고 호소하는 경우도 있지만 10호 처분은 하늘이 무너져 내리는 충격이라 그런지 다시 한 번만 고려해 달라는 말조차 꺼내지 못한다.

소년들이 어떤 경우에 10호 처분을 받는다고 일률적으로 말할 수는 없지만, 적어도 단 한 번에 10호 처분을 받는 경우는 많지 않은 것 같다. 나는 6호, 8호, 9호 처분을 이미 거쳤는데도 재비행이 지속되는 경우 마지막 카드로 10호 처분을 고려하는 편이긴 한데, 비행이 장기간에 걸쳐 이루어지고 비행 횟수도 지나치게 많은 경우에는 다른 처분을 받은 전력이 없더라도 곧바로 10호 처분을 한 예가 있기는 하다.

소년들은 말도 잘 지어내서 '10호 천사'라는 말이 소년들 사이에서 유행하기도 한다. 이것은 '수호천사'에서 유래된 것인데 '천사 같은 외모의 판사님인데 하늘로 데려간다'는 의미로 10호 처분을 많이 하는 판사를 그렇게 부른다고 한다. 서울가정법원의 경우, 몇 년째 10호 천사 판사의 자리가 이어지고 있다.

소년들이 법정에서 느낀 공포와는 달리 막상 소년원에 적응하고 나면 의미 있고 알찬 시간을 보낼 수 있는 것 같다. 전국 각지의 소년원은 보통 '학교'라는 이름을 따로 정해두고 있는데, 남자소년들의 경우 서울, 부산, 광주 등 여러 곳에 산재된 소년원들이 각각 특성화되어 있고, 소년들의 성향에 맞게 각 지역 소년원으로 보내진다.

특히 서울소년원의 경우는 학업에 많은 비중을 두고 있고, 높은 검정고시 합격률을 자랑한다. 학교에 다니던 소년이라면 소년원에서 지내는 동안 학교 출석일수가 인정되어 출원 후 원래 학교에서 졸업장을 받을 수도 있다. 서울소년원의 경우에는 바리스타, 한식조리사, 사진사 등 전문화된 직업교육 시스템이 잘 갖춰져 있다. 사회 각 층의 뜻 있는 개인과 기업으로부터 협찬을 받아 소년원 시설 내에 카페, 대형 주방, 사진관 등 실제와 같은 수준의 실습시설을 갖추고 있기도 하다. 서울가정법원에서는 소년원과 6호 시설 소년들을 대상으로 한 커피 제조 및 서빙 실력을 경주하는 바리스타 대회를 개최한 적이 있는데, 아마추어와 프로 선수 사이에 실력 차이가 나는 것처럼 소년원 소년들이 상위권 순위를 휩쓸어 버리기도 했다.

여자소년들의 경우 소년원은 안양과 청주 단 두 곳에만 있다. 여자소년원들도 검정고시 합격률이 매우 높은 편이고 바리스타, 이·미용, 네일아트, 제과·제빵 등 전문화된 직업교육 시스템이 잘 갖춰져 있다. 특히 네일아트의 경우, 전국 대회 1등은 매년 소년원 몫이라고 하니 교육수준이 매우 높다는 것을 알 수 있다.

소년부 판사들은 10호 처분을 최후의 보루라고 생각해서 일단 낮은 수준의 보호처분을 하다가 소년의 성행 개선을 위해 중한 처분이 절실하다고 생각할 때 비로소 10호 처분을 고려하는 것이 보통이다. 그런데 소년원 측 입장은 다르다. 이미 소년의 성행이 망가질 대로 망가진 다음에 소년원에 오는 것보다 좀 더 일찍 와서 소년원을 경험하는 것이 더 예후가 좋다는 것이다. 실제로 소년원을 방문하여 잘 갖춰진 교육 프로그램을 접하고 나면 소년원 측 의견도 일리가 있다는 생각이 든다. 특히 여자소년들의 경우는 낮은 수준의 보호처분만으로는 가출과 성매매의 고리를 끊기가 어렵기 때문에 비교적 장기간 소년원에 있으면서 사회의 나쁜 관계를 단절시켜 주는 것이 필요하다는 주장도 매우 일리가 있다.

과거 다른 보호처분이 별로 없어 주로 소년원으로 보내지던 시절, 소년원을 거친 후 사업에 성공하거나 유명인이 된 경우도 종종 있다. 그런 만큼 소년원은 소년의 인생을 긍정적으로 바꿀 수 있는 또 하나의 요람으로 볼 수 있다.

그런데 서울·수도권 소년원의 경우에는 지나친 과밀수용이 문제가 된 지 오래되었는데도 시설 증·개축에 어려움을 겪고 있다. 실무상 소년원 시설이 부족해서 소년들이 좀 일찍 출원하게 된다는 얘기가 있을 정도다. 시설 증·개축이 어려운 문제는 단지 예산상의 문제라기보다는 지역주민의 반발 등 현실적인 문제가 더 큰 것 같다. 하지만 소년원은 단순한 구금시설이라기보다는 흔들리는 소년을 제대로 잡아주어 사회의 한 구성원으로 성장시키는 교육현장인 만큼 좀 더 관대하게 도와주길 바라는 마음이다.

소년을 위한 재판

앞서 설명한 것처럼 보호처분을 집행하는 방법과 기관은 다양하다. 보호자, 위탁보호위원, 수강명령 집행기관, 보호관찰소, 아동복지시설, 소년원 등이 각 보호처분의 취지에 맞춰 실행하는 각각의 역할을 설명하고 나면, 그 중심에 있는 소년재판부, 소년부 판사의 역할을 설명하지 않을 수 없다.

군이 비유하자면, 교통사고가 나서 병원에 온 환자 상태를 살펴본 후에 통원하면서 물리치료를 할 것인지, 입원이나 수술 등 집중치료를 할 것인지를 결정하는 의사의 역할이 소년부 판사의 역할과 유사하다고 할 수 있다. 잘못을 저지르고 법정에 온 소년에 대해 성행을 개선하기 위한 실제 조치는 각 기관 등이 수행한다고 하더라도, 소년의 상태를 진단하기 위해 조사를 명하고 이를 토대로 적합한 조지를 선택하는 것은 오로지 소년부 판사의 몫이다. 물론 이런 과정은 소년부 판사 혼자서 하는 과정이 아니고 재판부 팀을 통해 이루어지는데, 여기서 재판부 팀을 이루는 파트너들을 소개하고자 한다.

실무관과 참여관

재판부에서 사건을 가장 먼저 맞이하고 가장 나중까지 관리하는 사람은 재판부 실무관이다. 새로운 사건이 접수된 후 기록 조제, 전산 입력 등의 업무와 함께 각종 명령을 보내고 재판기일에

서울가정법원 소년4단독 재판부(좌로부터 법정경위, 참여관, 소년부 판사, 실무관, 법정경위)

관계자를 소환하고 재판결과를 입력하며 사건 기록을 보관하는 기본적인 업무와 각 단계마다 해야 하는 세부적인 업무까지 따져 보면, 실무관의 업무량은 참으로 많다. 특히 소년재판부 실무관은 한 달에 100건 가량이 접수되고 처리되는 소년보호사건뿐만 아니라 한 달에 100건 가량의 가정보호사건, 아동보호사건까지 함께 담당하므로 어지간히 일에 숙달되지 않고서는 감당하기 어려울 정도다.

실무관은 이렇게 그 업무량이 많을 뿐만 아니라 업무 중간중간

소년을 위한 재판

걸려오는 민원 전화와 민원인 방문에도 응해야 하기 때문에 업무에 집중하기도 어려워서 업무 환경은 최악의 수준이라고 할 수 있다. 그럼에도 그들은 고된 업무에 숙달되고 각종 민원에 익숙해지고 나면 겪은 시련만큼이나 단단해진 모습을 보이곤 한다. 당장 화가 나서 폭언을 퍼붓는 민원인들을 접하면서 마치 경지에 이른 달인처럼 차분하게 그들의 입장을 공감하고 필요한 정보를 전하는데 나중에는 민원인들이 "아까는 미안했습니다"라고 얘기할 정도가 된다.

간혹 실무관이 판사보다 기록을 먼저 보고 기관 담당자들, 보호자들과 전화해서 들었던 것까지 종합해서 알려주기도 하는데, 이러한 최신 정보가 판사의 결정에 참조되는 경우가 종종 있다. 재판부에서 실무관이 맡은 중추적 역할을 고려한다면 열악한 업무 환경 속에서도 실무관이 항상 무탈하길 기원해야 한다.

참여관은 법원 공무원으로서 오랜 경험이 있는 고참 직원들이 맡는다. 이름에서도 알 수 있듯이 이들은 재판에 참여하는 역할을 담당하는데, 가장 주된 업무는 재판기일의 조서를 작성하는 업무다. 재판 심리기일에 법정에서 있었던 일을 기록으로 남기는 업무인데, 법정에서 관계인들의 진술 요지를 기록하는 것으로 증거로서의 가치가 절대적인 만큼 업무의 중요성도 매우 높다. 그 외에도 참여관은 오랜 경험을 바탕으로 한 조언으로 실무관의 업무를 돕기도 하고, 때로는 판사가 재판을 진행하는 과정에서 절차에 관한 협의를 하기도 한다. 특히 참여관은 실무관이 감당하기 어려운 민원인에 대해 그동안의 경험과 지식을 바탕으로 절차를 설명하고 설득하는 업무를 담당하기도 하는데, 절차의 신뢰도를 높이는 데 큰 역할을 한다.

법정경위

소년과 보호자가 심리기일에 법정에 당도하면 일단 밖에서 기다리다가 순서대로 입정해야 한다. 소년보호재판의 심리는 비공개가 원칙이라서 다른 사람의 재판에는 입정할 수 없기 때문이다. 그래서 서울가정법원 소년보호재판 법정에는 법정 밖에서 순서를 정해주고 안내하는 역할을 맡는 법정경위가 있고, 또 법정 안에서 질서 유지와 재판 운영을 돕는 법정경위가 있다. 특히 소년보호, 가정·아동보호 재판은 법정에서 돌발사고가 발생할 가능성이 있기 때문에 법정경위들의 역할이 매우 중요하다.

십여 년 전에 발생한 법관 석궁테러 사건 이후로 현재는 무예에 능한 젊은 법정경위들이 특채되고 있다. 남녀를 불문하고 대학에서 경호 관련 학과를 전공하고 태권도, 유도, 합기도 등 합계 10단을 넘는 것은 예사고, 주짓수, 킥복싱, 특공무술 등 최신 무예를 섭렵할 뿐만 아니라 응급구조에 관한 자격도 갖추고 있는 경우가 대부분이다. 최근 소년보호재판에서 보호처분을 고지하던 중에 보호자가 충격을 받고 쓰러진 적이 있었는데, 법정경위들이 신속하게 심폐소생술 등을 실시하여 구조한 실제 사례도 있다.

간혹 심리 진행 도중 법정경위가 심리에 큰 도움을 주는 경우도 있다. 법정 밖에서의 상황을 판사에게 알려주는 것인데, 소년이 법정까지 불량한 친구들과 동행했다든가, 소년이 법정 부근에서 담배를 피우는 것을 발견했다든가, 법정 밖에서 대기하는 소년과 보호자의 태도에 심각한 문제가 있다든가, 소년이 법원 앞까지 오토바이를 타고 왔다든가 하는 사정을 심리 도중에 쪽지로 알려주곤 한다. 장래 개선을 목표로 하는 재판인 만큼 소년과 보호자의 태도에 관한 이런 정보는 심리에 큰 도움이 된다. 법정경위들 중에는 소년보호재판에 특별한 관심을 보이는 경위들도 있는데, 이들은 청소년기에 한창 흔들렸던 자신들의 경험이 바탕이 되어 소년보호재판에 큰 의미를 두는 것 같다.

소년부 판사

범죄 인정 여부를 따지면서 증거를 제출하고 그 증거를 믿을 수 있는지를 위주로 엄격하게 운영되는 형사재판과 달리, 소년보호재판은 그 조사방법과 보호처분이 다양한 것만큼이나 심리방식도 다양한 편이다. 소년보호재판이 장래 재비행예방을 목표로 하는 만큼 심리방식에는 그에 관한 소년부 판사의 가치관이 반영될 수도 있고, 각 소년의 특성이 감안될 여지도 있다. 그래서 각 재판부와 각 사건마다 심리방식은 특색이 있는 편이다.

소년보호재판은 미디어를 통해 재판 미담 사례가 종종 소개되기도 하는데, 소년에게 자리에서 일어나 "나는 혼자가 아니다!"를 외치게 한 다음 소년을 안아주고 싶다고 말했다는 김귀옥 판사님의 사례가 대표적이다. 그리고 한때 천종호 판사님의 재판이 공개되면서 소년보호재판이 널리 알려지기도 했는데, 천 판사님의 '호통' 심리방식 또한 앞서와 같은 소년보호재판의 심리방식 특성 때문에 가능하다고 할 수 있다.

이러한 특성 때문에 어떤 판사에게 재판을 받느냐는 소년들에게 초미의 관심사일 수밖에 없다. 소년들이 정보를 주고받는 인터넷 팁 게시판에는 "서울가정법원 몇 단독 판사는 착하고, 몇 단독 판사는 재판이 무섭고, 몇 단독 판사는 보호처분이 세고, 몇 단독 판사는 집에 보내줄 줄 알았는데 시설로 보낸다"는 소문이 돈다고도 한다. 무슨 통계가 있는 것도 아니고 특별한 근거도 없이 그저 소년들 추측으로 끼워 맞춘 것이라 신빙성은 떨어지지만 판사에 대한 그들의 지대한 관심을 반영하는 것임은 충분히 짐작할 수 있다.

그러나 아무래도 소년보호재판 자체가 소년에게 가장 적합한 보호처분을 찾아내려는 과정이기 때문에, 재판의 심리방식은 이미 조사로 파악된 각 소년의 특성에 가장 큰 영향을 받는다고 할 수 있다.

내 경우에는 심리기일 진에 김도한 조사 보고서 내용이 심리방식을 좌우하게 된다. 혹시 소년이 자해를 한 적이 있다거나 사건후에 지나치게 위축되어 있다고 조사되었다면 조심스럽게 사건을 진행하면서 소년에게 자신감을 북돋워줄 수 있는 방식을 택할 수밖에 없다. 또, 잦은 비행에도 불구하고 재비행을 저질렀다거나 비행 후 반성의 태도가 미약하다고 조사되었다면 재판으로 강한 인상을 심어줘야 하기 때문에 언성을 높일 수밖에 없다.

그동안 부모와 학교 선생님, 경찰관, 보호관찰관으로부터 셀 수 없이 쏟아지는 잔소리에 닳고 닳은 소년들이라고 해도, 법정에서 듣는 판사의 한마디 말에는 많은 영향을 받는다고 한다. 그렇기 때문에 한 심리기일에 수십 명의 소년을 만나면서도 한 소년 한 소년마다 오늘 재판의 의미를 부여하려고 노력하는 것이 나의 심리 목표이기도 하다.

그래서 굳이 시간을 들여 피해자에게 "미안하다!"는 말을 수차례 외치도록 하는 경우도 있고, 윤동주 시인의 시 〈자화상〉을 낭독하게 하는 경우도 있고, 부모님과 눈빛을 마주하게 한 다음 포옹하게 하는 경우도 있다. 또, 불량한 친구들의 이름을 낱낱이 열거하고 "다시는 그 친구들과 어울리지 않겠습니다"는 다짐을 받는 경우도 있다.

특히 소년분류심사원에 위탁되었다가 법정에서 다시 만난 소년들에게는 왜 심사원에 위탁되었다고 생각하는지, 위탁기간 동안 무슨 생각을 하며 지냈는지, 장래희망이 무엇이고 그것을 위해 구체적으로 무엇을 계획하고 있는지에 대해 꼬치꼬치 물어보고 그에 맞추어서 많은 대화를 하려고 한다. 어떤 방식으로든 소년을 감화시킬 수 있는 방식을 찾기 위해 노력하는데, 그런 과정에서 소년들이 보인 눈물은 장래 재비행을 단절하겠다는 의지를 담보할 수 있는 소중한 결과물이라고 생각한다.

나는 보호처분 결과 사회로 돌려보내는 소년들에게 다시 잘못을 저질러 법정에 오게 되면 어떤 처분을 받을 것인지 스스로 약속하게 하고, 심리를 갈무리하면서 꼭 하는 말이 있다.

"우리, 다시 보지 말자!"

진심으로…….

.

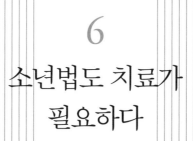

6

소년법도 치료가
필요하다

재판절차 이원화의 문제점

현행 우리 법제도하에서 14세 이상 범죄소년에 대한 재판은 형사재판과 소년보호재판으로 나뉜다. 재판이 나뉘기 때문에 재판을 하는 법원도 다르고, 적용되는 법과 절차도 다르다. 형사재판을 거치는 소년들은 형사재판부에서 형법, 형사소송법에 따라 징역형 등 형사처벌을 받게 되고, 소년보호재판을 거치는 소년들은 소년재판부에서 소년법에 따라 보호처분을 받게 된다.

그런데 이렇게 절차가 두 가지로 나뉘기 때문에 실무상 심각하게 모순적인 결과가 발생하곤 한다. 보이스피싱이나 조건사기처럼 죄질이 중한 범죄를 소년들 여러 명이서 공범으로 저지른 경우

소년범도 치료가 필요하다

를 그 예로 들 수 있는데, 최근 서울 관악산에서 일어난 집단폭행 사건도 그런 예 중 하나라고 할 수 있다.

여러 명의 공범이 저지른 소년사건의 경우, 모든 공범이 한 종류의 재판을 받는 것이 아니다. 일단 연령을 기준으로 14세 미만의 소년은 형사재판이 불가능하므로 소년보호재판을 받을 수밖에 없지만, 14세 이상 소년은 검사의 선택에 따라 형사재판과 소년보호재판 중 하나로 정해진다.

그래서 같은 공범이더라도 형사재판을 받는 소년과 소년보호재판을 받는 소년으로 나뉘게 되는데, 형사재판을 받는 소년은 나중에 형사재판부의 판단에 따라 형사처벌을 받을 수도 있고, 소년재판부로 송치되어 다시 소년보호재판을 받을 수도 있다.

지금까지 소년사건이 진행되는 여러 가지 경우의 수를 설명했는데, 경우의 수가 여러 가지인 만큼 각 소년들이 맞닥뜨리는 절차가 각 다르고, 소년들이 각 절차를 통해 겪어야 하는 부담도 다르다. 한 사건의 공범들인 만큼 기본적인 조사절차는 같아야 하는데 그렇지 못한 것이 문제이고, 죄질이 중한 소년은 무거운 부담을 느끼고 죄질이 가벼운 소년은 상대적으로 가벼운 부담을 느끼는 절차여야 마땅한데 오히려 반대인 경우가 있어서 나는 이를 모순이라고 지적하는 것이다.

이처럼 복잡한 경우의 수를 내가 다루었던 실제 사건을 바탕으로 아래의 표와 같이 4가지 과정으로 분류해 보기로 한다.

공범사건의 다양한 처분 과정 예시

연령	대상	처분과정	신병확보	형사처분	소년보호처분
14세	공범 A (범행주도)	기소(검사) → 형사재판부	구치소	집행유예	
	공범 B (경미가담)	기소(검사) → 형사재판부	구치소	소년부 송치 결정	6~10호 처분
	공범 C (경미가담)	소년부 송치(검사) → 소년재판부	소년분류 심사원		6~10호 처분
13세	공범 D (경미가담)	소년부 송치(경찰) → 소년재판부			

우선 공범들은 모두 중학교 2학년생이라고 가정한다. 그중 공범 D는 생일이 다른 친구들보다 늦어서 촉법소년에 해당되어 무조건 소년보호재판을 받을 수밖에 없다. 한편 공범 A, B, C는 14세이므로 형사재판을 받을 수도 있고 소년보호재판을 받을 수도 있는데, 그중 공범 C는 가담 정도가 경미한 편이고 수사 과정에서 반성하는 태도를 보이며 수사에 잘 협조하여 검사의 선택에 따라 소년부로 송치되었다. 이에 반해 공범 B는 가담 정도는 경미한 편이나 반성의 태도가 미약하다는 이유로 검사의 선택에 따라 형사기소되었고, 공범 A는 전체 범행을 주도했고 반성의 태도도 미약하여 마찬가지로 형사기소되었다.

일단 공범 C와 D는 소년보호재판 절차에 따라 진행되므로, 사건이 접수되고 나면 곧바로 소년재판부에서 조사가 진행되거나 심리기일이 진행될 수 있다. 중한 비행사건이므로 통상적으로 1개월 정도면 심리기일이 곧바로 잡히고 심리기일에서 소년분류심사원에 위탁되어 4주가량 조사 및 교육을 받게 된다. 그러고 난 후 속행 심리기일에서 보호처분을 받고 시설로 보내진다. 이렇듯 소년재판부에 사건이 접수된 후 2~3개월이면 법원의 절차는 대부분 마무리되는데, 절차 진행과정에서 소년의 가정환경, 비행동기, 학교생활, 교우관계, 심리상태 등 제반 환경에 관한 면밀한 조사가 이루어지고 이를 토대로 한 보호처분이 이루어진다.

그런데 공범 A와 B는 상황이 다르다.

경찰수사 단계에서 최장 10일, 검찰수사 단계에서 최장 20일 구속된 다음 기소되어 1심 판결 또는 결정을 받기까지 최장 6개월 구속된다고 했을 때, 최장 7개월 동안이나 구속된 상태로 지내게 된다. 실무상 형사재판부는 소년사건뿐만 아니라 성인범들의 사건까지 맡고 있는데, 사건 수가 많고 각 사건마다 증거조사 절차가 밀려 있어 구속기간이 거의 만기될 때까지 재판하는 경우가 많다. 실무 경험상 공범 B처럼 형사재판에서 소년부 송치 결정을 받고 다시 소년보호재판을 받으러 오는 사건을 들여다보면 소년이 구속된 지 적어도 5개월 정도 지난 사건들이 많은 편이다.

구속 기간이 지나치게 긴 것이 문제고 또 A, B 소년들이 구속되어 있는 장소가 소년분류심사원이 아니라 구치소라는 것도 문제다. 소년형사재판은 그 사건 수가 많지 않아서 구치소에 소년들만 따로 수용공간을 마련해 주기 어렵기 때문에, 소년들은 성인범들과 함께 수용된다. 소년들이 구치소에서 성인범들과 섞여 지내면서 악감화되는 것은 불 보듯 뻔한 일이다.

게다가 소년들은 최장 7개월 동안이나 구치소에 있으면서 아무런 조사도, 교육도 받지 않는다. 소년보호재판을 받는 소년들은 보호처분 결정 전 2~3개월간 면밀한 조사와 짜임새 있는 교육을 받는 것과 비교할 때, 형사재판을 받는 소년들은 비행환경 등에 관한 아무런 조사도, 비행예방에 관한 아무런 교육도 받지 못한 채 그냥 시간만 보내는 것이다. 형사재판을 받는 소년들은 죄질이 중한 비행을 저질렀으므로 더 많이 조사하고 더 많이 교육해야 하는데 오히려 아무런 조치가 없는 것은 모순이라 하지 않을 수 없다.

공범 A가 받는 형벌은 장래의 개선보다는 과거의 책임을 바탕으로 하는 것이어서 기본적으로 성인범과 유사한 기준으로 정할 수밖에 없다. 소년이기 때문에 한 번 정도 법정형이 감경될 수 있고 장기형과 단기형으로 선고되기는 하지만, 주로 성인형사사건이 위주인 재판부에서 가끔 있는 소년형사사건만을 위한 양형 기준을 따로 마련하기는 어려울 것이다.

실무상 공범 A에게 집행유예 판결이 선고되는 경우가 제법 많은데, 내 생각으론 소년에 대한 집행유예 판결은 좀 문제가 있다. 소년들은 당장의 집행유예 판결로 풀려나는 것에만 관심이 있을

소년범도 치료가 필요하다

뿐 집행유예라는 게 어떤 의미인지 제대로 알지 못하고, 의미를 안다고 하더라도 제대로 의무를 지키지 못할 것이다. 충동적이면서도 반복적인 소년 비행의 특성상 소년들은 풀려난 후 불과 몇 개월도 채 되지 않아서 또다시 비행을 저지르기 일쑤인데, 그러면 종전에 유예된 형까지 합산해서 교도소에서 복역해야만 한다.

앞서 말했듯 공범 A는 범행을 주도했을 뿐 아니라 구치소에서 지내는 몇 개월 동안 아무런 조사도 교육도 받지 않은 상태에서 그냥 풀려났기 때문에 비행을 다시 저지를 가능성이 매우 높다. 소년을 몇 개월씩 아무런 조치도 없이 성인들과 섞어놓고 악감화 되도록 두었다가 잠시 집행을 유보한다는 의미로 그냥 사회로 돌려보내는 것은 소년을 위해서도, 사회를 위해서도 너무나 무용한 절차이자 너무나 위험한 절차다.

공범 B의 경우는 뒤늦게나마 소년보호재판을 받게 되어 다행스런 면이 있지만 여전히 문제점이 있다. 앞서 말했듯 공범 B는 몇 개월씩 구치소에서 성인범들과 섞여 지내다가 소년부 송치 결정을 받은 다음에야 소년분류심사원에 위탁되어 조사 및 교육을 받게 된다. 그런데 범행을 저지른 지 너무 오래되어 새삼 실시되는 조사는 그 실효성이 많이 떨어지고, 성인범들과 수개월 동안 어울려 지내온 터라 교육 효과도 많이 기대하기 어렵다.

더군다나 공범 B는 소년보호재판을 받으면서 내심 불만이 많다. 정작 범행을 주도한 공범 A는 같은 날 집행유예 판결을 선고받고 풀려나는데, 오히려 범행을 좀 도운 것에 불과한 공범 B는 최장 7개월이나 구치소에서 보냈는데도 공범 A와 달리 새삼 소년 부로 송치되어 소년분류심사원에서 1개월 지내고 보호처분으로 6개월 이상 시설에서 보내야 하기 때문이다. 집행유예라는 것이 재범을 저지르면 유예된 형을 한꺼번에 복역해야 하는 부담이 있어 소년부 송치 결정보다 훨씬 무거운 것이라고 하더라도, 어쨌든 소년들이 당장 피부로 느끼는 부담은 정반대다. 그래서 공범 B가 불만스런 마음으로 받아들이는 보호처분은 그 효과가 반감될 수밖에 없다.

이렇듯 같이 범행에 가담한 공범이더라도 곧바로 형사재판을 받는 경우와 소년보호재판을 받는 경우는 절차의 초입부터 결말까지 판이하게 다르고 그만큼 소년들에게 미치는 영향도 많이 다르다. 단언컨대 소년들에게 소년보호재판이 훨씬 필요하고 의미 있는 절차이므로, 웬만한 소년비행이라면 소년보호재판을 받게 하는 것이 좋다.

잠깐 다른 나라의 소년사건 처리 절차를 따져 보자면, 우선 독일은 소년법원이 설치되어 있고 소년법원 판사가 교육처분, 징계처분(이 두 가지는 우리 소년법의 보호처분과 유사하다)을 명하거나 형사처벌을 할 수도 있는데, 만약 교육처분을 명하면 가정법원으로 사건을 이송하는 방식이다. 독일은 하나의 재판으로 소년에 대한 처분을 정하기 때문에 일원주의로 분류되고, 수사기관은 법에서

소년법도 지료가 필요하다

공범 A는 이후 어떻게 되었을까요? 집행유예를 선고받고 사회에 나갔다가 다시 절도를 해서 잡히고 가중처벌되었답니다.

형사재판

소년 A에게 집행 유예를 선고합니다!

킥킥. 생각보다 빨리 나가게 되었군.

며칠 뒤

오토바이 절도죄로 체포하겠다!

집행유예 기간에 사고 치면 가중처벌되는 거 몰라?

공범 B는 이후 어떻게 되었을까요? 뒤늦게나마 소년보호 재판을 받게 되어 다행스러운 면이 있지만 여전히 아쉬운 점이 있습니다.

형사재판

소년 B는 소년부로 송치합니다!

소년부 송치

소년보호재판

6개월 동안 시설에 위탁하겠습니다.

시설 처분 후

쳇! A는 벌써 나갔는데 난 이게 뭐야.

정한 예외사건을 제외하고는 소년사건을 소년법원으로 송치하도록 되어 있다.

미국과 일본은 형사재판과 소년보호재판으로 나뉘므로 이원주의로 분류되는데, 미국은 각 주마다 조금씩 다르긴 하지만 대부분의 주에서 소년법원이 소년사건을 전면적으로 관할하고, 사전 선별절차를 거쳐 중한 범죄를 저지른 소년은 형사재판으로 이송하는 시스템을 택하고 있다. 일본은 검사가 소년법원에 모든 사건을 송치하도록 하고 소년법원 판사가 소년에 대한 형사처벌이 필요하다고 인정하는 경우, 검사에게 사건을 다시 보내 검사의 기소에 따라 형사재판을 받게 할 수 있다.

우리나라는 형사재판과 소년보호재판이 분리되어 있어 이원주의로 분류되는데, 일단 모든 소년사건은 소년법원으로 송치되어 소년법원에서 절차를 정하는 미국, 일본과 달리 우리나라는 검사의 선택에 따라 형사재판, 소년보호재판 절차가 정해진다. 학계에서는 이를 '검사선의주의'라고 부르는데, 이것은 제2차 세계대전 종결 전 일본의 소년사법을 모델로 삼은 것으로 보인다.

만약 우리도 다른 나라들처럼 소년사건에 대해 일원주의를 채택하거나 이원주의하에서도 소년재판부에서 절차를 선택할 수 있도록 바뀐다면, 소년사건이 일단 법원에 접수된 후 짧은 시간 내에 소년재판부에서 면밀한 조사를 할 수 있고 조사하는 동안 소년에 대한 교육도 할 수 있어서 앞서 지적한 문제점 중 많은 부분을 해결할 수 있다.

또한 소년재판부에서 소년사건을 전체적으로 다룰 수 있게 되면서 형사재판과 소년보호재판을 나누는 기준이 좀 더 명확해질 수 있다는 장점도 있다. 현행 우리 법제도하에서 소년사건을 나누는 주체는 1차적으로 검사, 2차적으로 형사재판부인데, 서울만 놓고 보더라도 5군데의 지방검찰청과 5군데의 지방법원이 있고, 각 검찰청과 각 지방법원마다 소년사건을 담당하는 수 명의 검사와 수 개의 재판부가 있는데 서로 기준이 너무 다르다. 이에 반해 서울 전역의 소년보호사건을 관할하는 서울가정법원의 소년부 판사는 전부 5명인데, 소년부 판사들이 같은 업무환경에서 일하면서 수시로 의사교환이 가능하므로 체계적으로 비행 죄질의 경중을 구분하고 사건을 분류할 수 있다는 장점이 있다.

실무 경험상 소년보호재판으로 곧바로 송치되는 사건과 굳이 형사재판을 거쳐 소년부로 송치되는 사건을 비교해 보면, 비행 죄질의 경중에 있어서는 큰 차이가 없는 것 같다. 물론 피해자가 사망하는 결과가 발생하는 것과 같이 죄질이 극도로 중하고 회복불가능한 손해가 발생하는 경우는 애초에 소년부로 송치되지 않지만, 그 외의 경우는 특수강간, 특수강도와 같이 중한 죄질의 비행인데도 검사의 선택으로 소년부로 곧바로 송치되는 경우가 제법 많다. 그와 반대로 특수절도와 같이 소년보호사건에서 흔히 볼 수 있는 사건인데도 검사의 선택에 따라 굳이 형사재판을 거쳐서 소년부로 송치되는 경우도 제법 많다.

소년법도 치료가 필요하다

그리고 간혹 한 소년이 저지른 여럿 범죄 중 일부는 형사재판을 받고 일부는 소년보호재판을 받는 경우도 있는데, 소년보호재판을 하는 입장에서는 형사재판 중인 사건의 결과를 지켜봐야 하므로 굳이 수개월씩 소년보호재판의 진행을 늦춰가며 형사재판결과를 기다려야 하는 답답한 상황이 발생하기도 한다. 만약 모든 소년사건은 일단 소년재판부를 거치도록 한다면 이런 답답한 상황은 생기지 않을 것으로 보인다.

소년사건의 절차 이원화로 인한 문제점에 관해서는 이미 오래 전부터 학계에서 많은 논의가 있어 왔다. 문제점을 비판하고 절차 일원화 또는 소년재판부의 절차 선택권을 인정하자는 견해가 비교적 많은 편이지만, 일각에서는 이와 같은 논의가 검사의 기소독점주의와 기소편의주의라는 큰 원칙을 해할 수 있다면서 반대하기도 한다.

2007년 소년법 개정 당시 검사가 가정법원 소년재판부로만 사건을 송치하는 내용의 개정안에 관해 심도 있는 논의가 진행되었던 걸로 알고 있는데, 결국 검사의 기소독점주의 문제, 검찰과 경찰의 수사권 소성 문제와도 결부되면서 결론을 내지 못한 채 현행 제도가 유지되었다고 한다. 내 생각으로는 외국의 입법례를 기준으로 우리 법제도를 조금만 고쳐 보면 검사의 기소독점주의, 기소편의주의라는 큰 원칙을 해하지 않으면서도 절차 이원화로 인한 문제점을 충분히 해결할 수 있는 좋은 방법이 있을 거라고 본다.

소년보호재판에 대한 강의, 공청회, 인터뷰 기회가 있을 때마다 들었던 질문이 하나 있다. 우리 소년법이 지나치게 가해소년들에게 관대하고 피해소년의 피해회복에는 너무 무관심한 것이 아닌가 하는 질문이다. 막상 돌이켜보면 부산 여중생 폭행 사건이든 관악산 집단폭행 사건이든 국민적 공분을 일으킨 데에는 가해소년들의 잔인하고 영악한 범행 그 자체에 놀란 것도 있지만, 심각한 피해를 입은 피해소년들을 동정하는 마음도 큰 영향을 미쳤던 것 같다.

내 생각으로는 세월호 사건을 경험한 이후, 어른들이 만든 법과 제도로 어린 소년들을 지켜주지 못하는 것을 몹시 안타깝게 여기고 한편으론 자책하는 감정이 국민들 사이에 광범위하게 공유되는 것 같다. 큰 사건을 겪으면서 그만큼 우리 사회인식이 성숙하여 그동안 살피는 데 소홀했던 부분을 더 넓고 깊게 바라보게 된 것이 아닐까 싶다.

우선 우리 법제도 안에서 소년비행의 피해자가 범죄로 입은 피해를 회복할 수 있는 여러 가지 방법을 소개하고자 한다.

가장 보편적인 방법은 민사상 손해배상을 청구하는 것이다. 그런데 막상 피해를 당한 사람 입장에서 손해배상소송을 제기하여 승소판결을 선고받고 실제로 집행해서 피해배상금을 받아오기까지는 그 절차가 쉽지 않고 비용도 만만치 않을 뿐만 아니라 시간도 많이 걸린다는 한계가 있다.

또 다른 방법으로는 피해자 측에서 소년보호재판의 심리기일에 출석하여 의견을 진술할 기회를 얻는 것이 있다. 소년부 판사는 피해자 등의 의견진술 신청이 있는 경우에 특별한 사정이 없는 이상 반드시 의견을 진술할 기회를 부여해야 한다. 피해자의 피해감정을 보호하고 이를 절차에 반영하게 하려는 입법자의 의도지만 의견 진술 기회를 부여하는 것이 직접적으로 피해회복과 관련되는 것으로 보이지는 않는다.

간혹 형사재판과 마찬가지로 소년보호재판에서 배상명령(소송촉진 등에 관한 특례법 제25조)을 신청하는 예가 있기는 하지만, 배상책임의 유무나 범위가 명백하지 않다거나 배상명령을 따지다 보면 절차가 현저히 지연될 우려가 있다는 이유로 각하되는 예가 많이 실제로 배상명령이 받아들여지는 것은 이러운 것이 현실이다.

한편 범죄피해자 보호법에서는 생명 또는 신체를 해치는 범죄로 인해 피해를 입은 경우, 구조금 등 지급을 구할 수 있도록 규정하고 있다. 하지만 그 구조대상 범죄피해를 사망하거나 장해 또는 중상해를 입은 경우로 한정하고 있어 통상적인 소년보호사건의 피해회복 방법이라고는 보기 어려운 점이 있다.

최근에는 검찰수사 단계에서 형사조정이 활성화되고 있는데, 형사조정 절차에서 충분히 합의되고 배상까지 이루어지게 된다면 신속한 피해회복에 많은 도움이 될 수 있을 것 같다. 그런데, 막상 학폭위 절차가 진행 중이거나 사건 초기에 피해자의 감정이 제대로 수습되지 않은 상태가 대부분이라 형사조정이 이루어지는 것은 쉽지 않아 보인다.

소년법에서는 피해를 회복하기 위한 절차로 화해권고절차를 규정하고 있다. 앞서도 말했듯 변호사나 심리상담사 등 갈등해결 전문가들이 투입되어 이루어지는 화해권고절차는 비행으로 인한 손해를 배상하는 측면에서 신속한 피해회복에 도움이 될 뿐만 아니라, 소년들의 눈높이에서 다양한 약속을 정하고 이행하도록 함으로써 소년들의 관계 회복을 돕고, 혹시 모를 2차 피해까지 막을 수 있는 장점이 있어서 많이 권유하고 싶은 절차다. 다만, 화해권고 절차를 진행하기 위해서는 사전에 양측의 동의가 있어야 하기 때문에 진행조차 할 수 없는 경우가 많고, 배상금 지급 문제가 화해되지 않으면 다른 피해회복 문제도 해결되지 못한다는 한계가 있다.

현행 법제도하에서 피해소년이 실질적으로 회복하고 치유되기에는 여러 가지 어려움이 있어 나는 국가가 나서서 좀 더 적극적으로 피해소년을 회복시킬 수 있는 방안을 제안하고 싶다. 실무 경험상, 한창 예민한 나이에 소년이 입은 피해는 배상금 지급만으로는 쉽게 치유될 수 없는 경우가 많다. 학교 단체 생활 속에서 일부 소년들이 여러 명의 소년들에게 지속적으로 '왕따'를 당하는

소년법도 치료가 필요하다

일은 비일비재하다. 물론 정도의 차이는 있겠지만 가해소년 입장에서는 결과가 심각해질 것을 예상하지 못하고 장난삼아 외모 등을 놀린 것에 불과한데, 피해소년은 마음에 상처를 입어 잠도 제대로 못 자고 엉뚱한 행동을 하는 등 이상한 모습을 보이기 시작하더니 급기야 심각한 정신질환으로 나아가는 경우까지 있다.

이렇게 사건화되면 가해소년 입장에서는 피해소년의 심각한 피해결과가 과연 가해소년의 행위로 비롯된 것인지 의문을 제기하면서 제대로 수긍하지 못하는 경우가 많다. 반면 피해소년 입장에서는 피해가 너무 심각한데도 가해소년 측 태도가 너무 무심하고 오히려 피해소년이 가해소년을 피해 전학을 가야 하는 상황이 개탄스럽다고까지 한다. 이런 경우, 양측의 이해와 양보를 전제로 하는 화해는 성립되기 어렵다.

현행 법제도하에서 소년보호재판으로는 가해소년을 바라보고 보호처분을 해야 하는 입장이기 때문에 참 곤혹스러운 상황이다. 너무 심각한 피해결과를 고려하지 않을 수 없지만, 그렇다고 이 모든 결과를 가해소년 때문이라고 하기에는 좀 가혹한 면이 있기 때문이다.

내 생각으로는 소년보호재판을 통해 가해소년에 대한 보호처분뿐만 아니라 피해소년을 위한 보호처분도 할 수 있도록 제도를 만드는 것이 어떨까 싶다. '소년보호'라는 개념 속에 가해소년의 건전한 성장뿐만 아니라 피해소년의 건전한 성장도 목표로 하는 게 좋겠다는 생각이다. 가해소년의 성행을 바로잡기 위해 상담, 치료 등의 조치를 명하는 것처럼 피해소년에 대한 상담과 치료 등 치유의 과정을 국가가 직접 맡는 것이다. 우리 사회는 이미 피해소년을 감싸 안아야 한다는 사회적 공감대가 형성되어 있고, 피해소년의 회복을 위한 직접적이고 구체적인 치유 노력이 시작되는 단계에 있다. 법원과 연계된 기관은 아니지만 대전에는 학교폭력 피해학생들을 위한 기숙형 치유학교가 있다고 하는데 이러한 모델을 연구하여 좀 더 발전된 형태의 기관들을 성장시킬 수도 있을 것이라고 본다.

최근에는 일부 국회의원들이 피해소년 보호를 위한 법률안을 준비 중인 것으로 알려져 있다. 피해소년을 가해자로부터 분리하는 내용의 '긴급 임시조치(접근금지 등)'를 신설하고 전문가에게 피해소년에 대한 상담을 명할 수 있도록 하는 내용이다. 구체적인 실행방법과 타당성에 관한 문제는 계속 논의되고 연구되겠지만 어쨌든 피해소년을 향하는 시선이 다행스럽다는 생각이 든다.

물론 피해소년이 원치 않는데도 판사가 회복이라는 이유로 피해소년에게 상담을 강제할 수는 없을 것이다. 오히려 그러한 강제가 2차적인 피해를 낳을 수 있기 때문이다. 그렇더라도 실무 경험상 어른들이 주도하는 배상금 지급 위주의 합의 과정만으로 피해회복이 끝났다고 하기엔 뭔가 허전한 느낌이 든다. 간혹 소년들 마음의 상처를 치유하는 것과 별개로 어른들이 너무 배상금에만 집착하는 것 아닌가 하는 아쉬운 마음이 드는 때도 있다.

소년법도 치료가 필요하다

내가 제안하는 피해소년의 회복을 위한 절차는 구체적으로 이렇다.

① 판사가 학교폭력이나 성폭력 등의 사건에서 피해소년에 대한 상담이나 치료 등 회복 절차가 필요한 것으로 판단하면, 법원 조사관 등을 통해 조사하고 회복 절차에 관한 피해소년 측 의사를 충분히 확인한다.

② 그런 다음 법원이 위탁한 전문 상담기관 또는 치료시설에서 피해소년이 상담 또는 치료 절차를 이행하도록 유도한다. 경우에 따라 가해소년 측에서 이러한 회복 절차를 도와야 하는 경우도 있을 수 있다.

③ 피해소년이 회복 절차를 거치고 나면 그 결과를 가해소년에 대한 보호처분에 참작한다.

법원과 연계된 전문 상담기관과 치료시설에 피해소년 회복 프로그램이 마련되고 이를 뒷받침하는 예산과 법률적 근거만 갖춰진다면 구체적인 실행절차가 어려운 것도 아닐 것이다. 기왕에 학교 폭력이나 청소년 성폭력을 전문으로 다루어 온 기관이나 치료시설에서 피해소년들을 위한 프로그램을 구성하는 것은 그리 어렵지 않을 것으로 보이고, 가해소년들의 보호처분을 위해 지출되는 예산 규모에 비하면 피해소년들의 회복 절차를 위한 예산 규모는 그리 크지 않을 것으로 예상된다.

지금 한창 피해소년을 향한 사회적인 관심이 높아지고 있으므로, 이참에 피해소년의 회복을 위해 좀 더 효과적이고 실질적인 방법을 연구하여 법제화할 수 있었으면 좋겠다. 그렇게만 된다면 피해소년까지 아우르는 선진적인 의식이 반영된 새로운 유형의 법제도가 탄생할 수 있을 거라고 기대한다.

에필로그

흔들리며 피는 꽃

몇 달 전 "사회 각 분야에서 일하는 사람들이 각자 자신의 위치에서 깨달은 바를 사람들과 함께 공명하기 위해 책을 내고, 이를 통해 각종 사회 문제에 머리를 맞댈 기회를 갖고자 한다"는 출판사 대표님의 멋진 출간권유에 혹하여, 저는 선뜻 책을 써보겠다고 답했습니다.

그런데 책을 완성하려고 많은 분량의 글을 쓴다는 것은 그 자체로 힘든 과정이었고, 또 글을 쓰는 내내 엄습하는 많은 걱정거리로 저는 괴로워해야만 했습니다. 판사로 임관한지 만 12년, 판사로선 아직 청년기에 불과하여 판사임을 드러내며 글을 쓰고, 책을 쓴다는 것이 학식과 덕망이 깊은 다른 판사님께 부끄러운 일이라는 걱정이 앞섰고 한편으론 죄송스런 마음도 들었습니다.

또한 소년법에 관한 국민들의 관심이 지대하고, 계속되는 소년 강력사건으로 예민한 이때 잘난 척하며 괜한 화두를 던졌다가 오히려 오해와 불신을 낳고 새삼 불필요한 논쟁거리를 만드는 것이 아닌가 하는 걱정도 들었습니다. 이런 걱정으로 수십 번 글을 쓰고 고치고, 다시 지우고 하면서 조금이라도 문제될 만한 부분이 있다면 과감히 덜어냈지만 여전히 마음 한편엔 불안감이 남아 있습니다.

그럴 때마다 처음 이 책을 쓰겠다고 마음먹었던 초심을 떠올리면서, 소년법과 제도에 관해 누군가는 국민들께 제대로 알려야 하는데 마침 서울가정법원에서 소년보호사건을 전담하고 있기 때문에 저에게 기회가 주어진 것일 뿐이라고 스스로 위안을 삼곤 했습니다.

2016년경 저는 우연히 유튜브를 통해 법정에선 호통을 치고 저녁에는 청소년회복센터를 찾아 소년들을 살피는 천종호 판사님의 동영상을 접한 후 큰 감동에 젖어들었고, 나도 판사인데 한번쯤 그런 의미 깊은 역할을 해보고 싶다는 생각이 들었습니다. 그리고 기회가 닿아 2017년에 가사소년전문법관으로 선발되어 서울가정법원으로 전입하면서 소년부 판사가 되었고 그토록 기대했던 소년보호재판을 맡게 되었습니다.

형사사건에서 비롯된 것이지만 소년이기 때문에 마련된 특별한 절차인 소년보호재판. 제가 처음 재판부를 맡았을 때는 복잡하기도 하고 어색하기도 하여 정신이 없었지만 사건 하나하나, 소년 한 명 한 명을 만날 때마다 접하는 인생 드라마에 금방 젖어들고 '정주행'할 수 있었습니다. 그리고 소년보호제도에 관한 식견을 넓혀가는 과정에서 한 곳 한 곳 방문하며 만난 각 소년 기관의 담당자들은 저의 감동을 절정기로 접어들게 했습니다. 소년원, 소년분류심사원, 청소년꿈키움센터 등에서 일하는 공무원들은 말할 것도 없고, 각 보호처분과 관련된 위탁보호위원, 상담센터, 아동복지시설, 치료시설 등에서 소임을 다하는 분들을 만날 때도 특별한 사심 없이 사명감 하나로 소년들을 대한다는 진심을 느낄 수 있었습니다. 그분들에게 있어서 소년을 위한다는 것은 인생 그 자체의 큰 의미인 것처럼 보였습니다.

그리고 제가 소년보호재판을 맡아 온 2년, 그동안 그분들의 진정성 있는 노력으로 정말 기적처럼 변화하는 소년들을 수없이 경험했습니다. 법정에서 만날 때까지만 하더라도 반신반의했지만 소년들은 거짓말처럼 금방 변했습니다. 법과 책임에 어리석은 소년들의 이성(理性)이 소년들을 법정으로 이끌었다면 사랑과 관심, 정성은 소년들의 감성(感性)을 어루만져 소년들을 다시 바른 길로 이끄는 것 같았습니다.

예전에 평소 존경하던 대법관님의 강연을 들은 적이 있는데 그 제목은 '흔들리지 않고 피는 꽃이 어디 있으랴'였습니다. 강연 내용도 훌륭하셨지만 몇 년이 지난 지금까지도 강연의 주제어인 이 글귀를 한 번씩 곱씹어 보게 됩니다. 이 글귀는 널리 알려진 도종환 시인의 시 제목입니다. 굳이 시의 내용을 보지 않더라도 시를 통해 말하고자 하는 가르침을 충분히 전달하는 훌륭한 글귀입니다.

싹이 나고 줄기를 이루고 잎이 나고 꽃을 피우기까지는 많은 세월이 걸리고, 그 세월 동안 싹은, 줄기는, 잎은 뜨거운 태양열에, 차가운 서릿발에, 그리고 비바람에 시달리고 흔들릴 수밖에 없을 것입니다. 그런 과정을 견디고 나야 꽃을 피우며 아름다운 결실을 맺게 될 텐데 우리 소년들 또한 그러하리라 여겨집니다.

돌이켜보면 어린 시절 아무 잘못 없이 성장한 어른들은 거의 없을 것입니다. 저 역시 어린 시절 알게 모르게 많은 잘못을 저질렀음을 고백합니다. 친구들과 어울려 불장난을 하다가 놀이터 인근 나무와 잔디밭을 홀랑 태워버렸던 적도 있었고, 학교에서 마음에 들지 않는 친구와 주먹다짐을 한 적도 있었으며, 길에서 주운 돈을 신나게 써버렸던 기억도 있습니다.

당시에는 불장난하면 밤에 오줌 싼다더라, 애들이야 싸우면서 크는 거다, 애들은 호기심에 그럴 수도 있다며 별로 심각하게 받아들여지지 않았습니다. 하지만 요즘의 잣대로는 방화죄, 폭행죄, 상해죄, 점유이탈물횡령죄 등으로 경찰 수사 또는 학폭위 절차 정도는 기본으로 받을만한 잘못들입니다. 잘못인 줄 제대로 알지 못하기도 하지만 잘못임을 알면서도 그로 인한 책임까지 예상하여 스스로 자제하지 못하는 게 소년들인 것 같습니다.

저는 역사에 관심이 있어 관련 책이나 영상 등을 종종 보는 편입니다. 얼마 전에 보았던 설민석 강사의 한국사 동영상 중 인상 깊었던 부분을 인용하고자 합니다.

"어른들은 한낱 게임이나 하고 말썽만 일으키는 소년들을 한심해하며 일제강점기에는 많은 애국지사들이 소년시절부터 나라를 구하기 위해 일어섰다면서 그들을 타박하곤 합니다. 하지만 영웅은 난세(亂世)에 나는 것이므로 지금처럼 평화로운 시대에는 비록 한심스런 소년일지라도 어려운 시절이 되면 나라를 구하는 영웅이 될 수도 있습니다."

전적으로 공감되는 내용입니다. 나라가 어려울 때 누구보다 앞장서서 자신을 희생하고 뜻을 모아 함께 일어설 수 있는 사람은 꼭 자기관리에 철저하고 칭찬에 익숙한 모범생들만이 아닐 수 있습니다.

말썽 많은 소년이라고 타박하고 벌주고 가두고 할 것이 아니라, 그 소년이 이 사회를 미워하지 않고 이 사회와 어울리는 훌륭한 구성원으로 성장할 수 있게 하려는 노력이야말로 우리의 미래 사회를 위한 가장 값진 투자라고 할 수 있겠습니다.

흔들리며 피는 꽃 이야기는 꼭 소년에만 국한되는 것은 아닐 것입니다. 지금 한창 비판을 받으며 힘든 시절을 보내고 있는 소년법과 소년보호제도가 그런 처지인 것 같습니다. 제 생각으로는 우리 소년법과 소년보호제도는 틀림없이 '꽃'으로 피게 될 것이므로, 우리의 법과 제도가 모자라다고 지나치게 자학할 필요는 없다고 봅니다. 지금의 소년법과 제도에는 분명 흡족하지 못한 부분이 있지만, 소년을 위하는 마음으로 법과 제도를 뒷받침하는 많은 사람들의 진심 어린 노력이 있기에, 좀 더 수정하고 보완하는 노력을 기울인다면 세계 어느 나라 법제도에도 뒤지지 않는 우리만의 소년법, 소년보호제도로 꽃 피울 수 있을 거라고 생각합니다.

부디 소년에게, 그리고 소년법에 대해 국민들의 관용이 있길 기대해 봅니다.

2019년, 소년과 소년법의 새로운 성장을 기원하며

판사 심재광

Q&A
소년법을 묻다
소년법을 답하다

그동안 방송 인터뷰, 소년법 개
정 공청회 등에서 받았던 주요
질문과 인터넷 포털 사이트에서
자주 등장하는 질문들을 간추려
보았습니다. 이에 대해 간단한
답변을 드립니다. 좀 더 자세한
내용은 본문의 해당 부분을 참
조하시기 바랍니다.

Q1 소년법의 제정 취지와 목적은 무엇인가요? 그리고 소년보호재판
의 목적은 무엇인가요?

A 소년법은 범죄를 저지르거나 저지를 가능성이 있는, 말하자
면 비행성이 있는 소년에 대해 환경조정과 품행교정을 위한
보호처분 등의 필요한 조치를 하고 형사처분에 관한 특별조
치를 함으로써 소년의 건전한 성장을 돕는 것을 목적으로 합
니다(소년법 제1조).
소년보호재판은 소년이 성인범과 달리 그 특성상 개선이 가
능하다는 것을 전제로, 소년의 건전한 성장과 나아가 장래의
재비행 예방을 목적으로 한다고 하겠습니다.

Q2 최근 소년의 강력범죄로 인한 소년재판(소년형사재판, 소년보호재
판)은 증가하는 추세인가요? 최근 소년범죄의 경향을 어떻게 설명
할 수 있나요?

A 최근 미디어를 통해 일련의 사건들이 공개되면서 소년 강력
범죄가 폭증하고 있는 것처럼 묘사되고 있지만 통계적으로
보면 꼭 그렇지만은 않습니다.
최근 11년간 통계자료에 의하면 청소년 인구가 감소함으로
써 소년범죄도 전반적으로 감소하는 추세로 보이고 살인, 강
도, 강간, 방화 등 강력범죄가 과거에 비해 꼭 증가했다고 단

언하기 어렵습니다. 이처럼 소년범죄가 양적인 면에서는 유의미한 변화가 있다고 보기 어렵지만, 질적으로는 변화된 새로운 유형의 범죄가 등장하고 있어 주목할 필요가 있습니다. 새로운 유형의 범죄란 범죄 그 자체보다 범죄의 2차 피해가 매우 커서 피해자에게 회복하기 어려운 피해를 입히는 것이라고 할 수 있습니다. 저는 스마트 기기와 SNS 등 IT기술의 급속한 발전과 그 발전 속도를 따르지 못하는 미흡한 윤리의식을 새로운 범죄유형의 배후로 지목하고 싶습니다.

이 부분에 관한 자세한 설명은 이 책의 3장 '소년을 법정에서 마주하다 – 소년들이 도대체 어떤 범죄를 저지르길래' 부분을 참조하시면 되겠습니다.

Q3 촉법소년과 범죄소년의 최대 처벌 수위는 어떻게 되나요?

A 촉법소년(만 10세 이상 만 14세 미만)은 어떤 범죄를 저지르더라도 형법상 언제나 무죄입니다. 촉법소년은 형사처벌의 대상이 되지 않으므로 오로지 보호처분만 가능합니다. 그런데 보호처분이라고 해서 항상 형사처벌보다 가벼운 것은 아닙니다. 보호처분 중 가장 엄격한 보호처분, 이른바 10호 처분을 받으면 최장 2년간 소년원에 송치될 수 있습니다. 보호처분과 형사처벌의 비교에 관해서는 이 책의 2장 '소년은 보호처분만 받으면 되는 건가요?'를 참조하시면 되겠습니다.

한편, 범죄소년(만 14세 이상 만 19세 미만)은 보호처분을 받을 수도 있지만, 형사처벌을 받을 수도 있습니다. 소년법에서는 소년에 대해 징역형을 선고하는 경우, 장기 10년, 단기 5년 이내의 범위에서 선고할 수도 있도록 규정하고 있고, 죄를 범할 당시 18세 미만의 소년인 경우에는 사형 또는 무기형에 처할 경우 징역 15년형으로 하도록 규정하고 있습니다. 다만, 특정강력범죄의 처벌에 관한 특례법에서는 살인, 강도, 강간 등 강력범죄를 저지른 경우 장기 15년, 단기 7년 이내의 범위에서 징역형을 선고할 수 있도록 규정하고 있고, 죄를 범할 당시 18세 미만의 소년인 경우에는 사형 또는 무기형에 처할 경우 징역 20년형으로 하도록 규정하고 있습니다.

Q4 소년이라는 이유로 무조건 형벌이 감경되는 건 부당합니다. 지나치게 가해소년을 감싸는 것 아닌가요?

A 소년이라는 이유로 무조건 형벌이 감경되는 것은 아니고, 소년에 대한 형벌 감경 규정이 꼭 부당하다고만 할 수는 없습니다.

소년법 제60조 제2항에서는 소년의 특성에 비추어 상당하다고 인정되는 때에는 그 형을 감경할 수 있도록 규정하고 있습니다.

소년감경이 아니더라도 형벌을 감경하는 사유는 여러 가지가 있습니다. 범죄가 완성되지 않은 미수의 경우도 감경할 수 있고, 심신미약 상태에서 범죄를 저지른 경우도 감경할 수 있습니다. 또, 범죄를 자수한 경우나 특히 정상에 참작할 만한 사유가 있는 경우에도 감경할 수 있습니다. 소년이라고 감경할 수 있는 것도 여러 가지 감경사유 중의 하나일 뿐입니다.

또한 소년법 제60조 제2항에서는 '감경할 수 있다'로 규정하고 있으므로 반드시 감경해야 하는 것도 아닙니다. 판사가 보기에 소년의 특성에 비추어 상당한 경우에 한하여 감경할 수도 있고, 감경하지 않을 수도 있습니다. 소년은 성인처럼 사리분별할 수 있는 능력이 떨어져 범죄를 저지르는 경우가 많기 때문에 형벌을 정할 때 이를 고려할 수도 있다는 의미일 뿐이므로, 소년이라고 해서 무조건 형벌이 감경된다는 것은 정확한 표현이 아닙니다.

한편, 징역형 장기의 상한을 10년 또는 15년으로 정하고 범행 당시 18세 미만 소년에 대해서는 사형 또는 무기형을 선고할 수 없도록 한 것은 부당하다는 지적이 있을 수 있습니다. 이 부분에 관해서는 입법적인 논의가 필요한 부분이고 그런 만큼 국민적 공감대가 필요한 부분이라고 할 수 있습니다. 다만 UN 아동권리협약에서 소년에 대한 사형선고를 금하고 있는 점을 고려하지 않을 수 없고, 책임의식 없이 범행에 이르는 소년에게 형벌의 상한을 올리는 것이 얼마나 위하(威嚇,

두렵게 함) 효과를 줄 수 있는지, 소년의 사회복귀를 고려할 때 형벌을 어느 정도까지 하는 게 적정한지를 신중하게 검토하여 법률 개정 논의를 할 필요가 있습니다.

Q5 형사재판과 소년보호재판의 차이점은 무엇인가요? 범죄소년에 대하여 형사재판절차와 소년보호재판절차로 나뉘는 기준은 무엇인가요?

A 소년보호재판은 형사재판과 달리 소년의 성행을 개선하는 데 적합한 보호처분을 정하기 위한 것이므로, 그 절차 또한 형사재판과는 현격히 다릅니다. 우범소년 제도가 있고, 통고로 사건이 접수될 수도 있으며, 처분 전 조사나 교육 등 여러 가지 조치를 실시할 수 있다는 점 등에서 형사재판절차와는 기본적으로 다릅니다. 이 부분에 관한 자세한 설명은 4장 '소년법, 뭐가 다른 건가요?'를 참조하시면 되겠습니다.
또한 소년보호재판의 결과물은 보호처분이라는 점에서 형사재판의 처벌과 많이 다릅니다. 보호처분에 관한 자세한 설명은 5장 '소년을 위한 재판'을 참조하시면 되겠습니다.

독일, 미국, 일본 등과 달리 우리 법제도 하에서 소년에 대한 재판은 소년보호재판과 형사재판으로 나뉘어 있고 일차적으로 검사의 선택에 따라 재판절차가 정해집니다. 그런데 이렇게 이원화된 재판절차 구조 속에서 검사가 일차적으로 절차를 선택하는 방식에 관해서는, 소년의 구속이 불필요하게 장기화된다거나 공범들 사이에 처분이 불균형한 것으로 보이는 등 문제점이 심각하게 드러나 그동안 학계와 실무에서 많은 지적이 있어 왔습니다.

우리나라도 2007년 소년법 개정 당시 다른 나라 입법례와 유사하게 가정법원 소년재판부에서 우선적으로 절차를 정하는 내용의 개정안이 논의되기도 했지만, 결국 기소독점주의, 기소편의주의, 수사권 독립 등의 문제와 결부되면서 현재와 같이 절차가 이원화되고 검사가 우선적으로 절차를 선택하는 내용으로 유지하게 되었습니다. 이 부분에 관한 자세한 설명은 6장 '소년법도 치료가 필요하다 - 재판절차 이원화의 문제점'을 참조하시면 되겠습니다.

어쨌든 현행법하에서 범죄소년에 대한 재판을 두 가지 절차로 구분하는 구체적 기준은 따로 없습니다. 어느 절차로 시작할 것인지는 오로지 검사의 선택에 달려 있습니다.

Q6 우리 아이가 잘못을 저질러 경찰서에서 조사를 받았는데요, 이제부터 어떻게 되는 건지 대략의 소년재판 과정을 알려주세요.

A 소년의 연령에 따라 절차가 달라집니다.

만약 촉법소년(만 10세 이상 만 14세 미만)이라면 경찰 조사 이후 곧바로 소년부 송치됩니다. 물론 아주 경미한 경우는 경찰 단계에서 훈방조치될 수도 있습니다.

만약 사건이 소년부 송치된다면 우선 필요한 조사와 교육을 받게 될 수 있습니다. 조사와 교육에 관한 자세한 설명은 4장 '소년법, 뭐가 다른 건가요? - 처분 전 조치'를 참조하시면 되겠습니다.

조사와 교육을 마친 후에는 정해진 심리기일에 소년과 함께 보호자가 법정에 출석하시면 됩니다. 법정 출석에 관한 자세한 설명은 5장 '소년을 위한 재판 - 그리고 소년재판부'를 참조하시면 되겠습니다.

소년보호재판 심리기일에 출석하면 보호처분을 받게 됩니다. 보호처분에 관한 자세한 설명은 5장 '소년을 위한 재판'을 참조하시면 되겠습니다.

만약 범죄소년(만 14세 이상 만 19세 미만)이라면 경찰 조사만으로 사건이 종결되지 않습니다. 경찰은 사건을 조사한 후 검찰에 송치하게 되고, 검사는 조사 후 사건이 경미하면 기소유예 처분을 할 수도 있지만, 그렇지 않으면 사건을 소년부 송치하거나 형사재판부에 기소할 수 있습니다.

만약 검사가 소년부 송치했다면 위에서 설명한 촉법소년의 절차와 동일합니다.

만약 검사가 형사재판부에 기소했다면 소년은 일반 법원 형사재판부에서 성인과 같이 형사재판을 받게 됩니다. 소년보호재판과 형사재판의 진행 절차상 차이와 효과에 관한 자세한 설명은 6장 '소년법도 치료가 필요하다 - 재판절차 이원화의 문제점'을 참조하시면 되겠습니다.

Q7 소년보호재판은 변호사와 검사가 들어오지 않는다고 들었는데 사실인가요? 그러면 소년과 보호자만 참석하게 되나요? 그럼 어떻게 판단하는 건가요?

A 형사재판과 달리 소년보호재판의 법정에는 검사가 입정(入廷)하지 않습니다.

그 이유는 소년보호재판에서 불처분결정을 하더라도 검사에게 항고권이 인정되지 않아서 검사가 법정에 들어올 실익이 없기 때문입니다. 검사가 입정하지 않더라도 수사기관에서 수사한 자료는 사건이 접수되면서 미리 제출되므로, 소년부 판사는 심리기일 전에 수사자료를 충분히 검토하고 심리기일에 임하게 됩니다.

소년보호재판에 변호사, 정확하게 말하면 보조인은 당연히 입정할 수 있습니다.

사적으로 선임된 보조인은 당연히 심리기일에 출석하여 소년을 위해 변론하고 자료를 제출할 수 있습니다. 나아가 소년 분류심사원에 위탁된 소년들에게 사선 보조인이 없다면 필수적으로 국선 보조인이 선임되도록 하고 있습니다. 국선 보조인은 심리기일 전에 소년 및 보호자와 면담한 다음 소년을 위한 의견서 및 관련 서류를 소년재판부에 제출하고 있고, 소년부 판사는 이러한 서류를 검토한 후 보호처분 결정에 참작하고 있습니다.

Q8 우리 아이가 소년보호재판을 앞두고 있습니다. 재판 전에 집으로 어떤 서류가 오나요? 만약 재판에 참석하지 않으면 어떻게 되나요?

A 소년보호재판의 심리기일이 정해지면 보호자에게 심리기일에 소년과 함께 출석하라는 내용의 기일소환통지서가 보내집니다. 만약 소년이 심리기일 전에 청소년꿈키움센터에서 조사 또는 교육을 받아야 하는 경우에는 보호자에게 이에 협조할 것을 명하는 내용의 결정문이 함께 송달됩니다. 심리기일 전에 소년이 조사와 교육에 어떻게 참여하느냐는 최종 보호처분에 중요하게 참작되므로, 최대한 성실하게 임해야 합니다. 보호처분 전 교육과 조사 등에 관하여는 4장 '소년법, 뭐가 다른 건가요? - 처분 전 조치'를 참조하시기 바랍니다.

소년이 심리기일에 출석하지 않는 경우는 문제가 심각해질 수 있습니다. 소년이 가출하는 등 특별한 사정이 없다면 대부분 소년이 심리기일에 출석하기 때문에 소년이 심리기일에 출석하지 않았다면 소년에게 안 좋은 사정이 있다고 짐작될 수 있습니다.

또한 시급한 경우라면 동행영장이 발부될 수도 있으니 가능한 한 심리기일에 꼭 출석하는 것이 좋습니다. 그리고 보호자가 소환통지를 받았는데도 출석하지 않는 경우에는 소년법 제71조 제1호에 따라 300만 원 이하의 과태료에 처해질 수 있습니다.

만약 불가피한 사정이 있다면 미리 법원에 기일변경신청서를 제출하여 소년부 판사의 허가를 받아두어야 합니다.

Q9 경남 진주시에 살고 있습니다. 우리 아이가 잘못을 저질러 소년보호재판을 받으러 가야 하는데 창원지방법원으로 출석하라는 통지를 받았습니다. 진주에도 법원이 있는데 왜 창원까지 가야 하나요?

A 소년보호사건은 가정법원 또는 소년재판부가 있는 지방법원에서 맡고 있습니다.

관할구역 내에 가정법원이 있는 서울, 인천, 수원, 대전, 대구, 부산, 광주, 울산 지역은 각 가정법원에서, 아직 가정법원이 설치되지 않은 의정부, 춘천, 청주, 전주, 창원, 제주 지역은 각 지방법원 소년재판부에서 소년보호사건을 관할합니다. 서울을 예로 들자면 서울 권역 내에 서울중앙, 동부, 남부, 북부, 서부

각 지방법원이 있으나 소년보호사건은 서울가정법원에서 전
담하고, 또 다른 예로 진주, 통영, 마산 등에도 법원이 있으나
소년보호사건은 창원지방법원 소년재판부가 맡고 있습니다.
소년보호사건은 면밀한 조사와 다양한 조치가 필요하고 그
러한 조사와 조치는 '가정'과 주로 관련되기 때문에 전문성을
갖춘 가정법원 위주로 소년보호사건을 관할하는 것이라고
이해하시면 되겠습니다. 이 부분에 관한 자세한 설명은 1장
'왜 가정법원인가요?'를 참조하시면 되겠습니다.

Q10 청소년꿈키움센터라는 곳에서 조사와 교육을 받으라고 연락이 왔
는데 꼭 참석해야만 하나요?

A 반드시 참석해야 합니다.
소년부 판사는 보호처분을 하기 전 소년에 대한 면밀한 조사
와 교육의 필요성이 있어서 청소년꿈키움센터에 상담조사를
의뢰하는 경우가 많습니다. 보호처분을 위해서는 소년이 어떤
잘못을 저질렀는지 뿐만 아니라 장래 개선될 가능성이 있는지
도 검토되어야 하기 때문에 소년이 비행 후 어떤 태도를 보이
느냐는 무엇보다 중요하게 참작됩니다. 그래서 청소년꿈키움
센터의 규칙을 잘 따랐는지, 수업에 적극적으로 참여했는지,
그에 따라 상벌점은 얼마나 받았는지는 소년분류심사원 위탁
또는 시설 내 처분 등 중한 조치가 필요한지를 결정하는 데 중

요한 자료가 됩니다. 청소년꿈키움센터의 상담조사에 관한 자세한 설명은 4장 '소년법, 뭐가 다른 건가요? - 처분 전 조치' 중 해당 부분을 참조하시면 되겠습니다.

간혹 학교수업에 출석해야 한다는 이유로 상담조사를 거부하는 사례가 있으나, 상담조사를 받는 기간 동안은 출석일수로 인정되어 학업에는 아무런 영향을 미치지 않으니 반드시 상담조사절차에 응해야 합니다.

Q11 법원에서 청소년참여법정 절차를 진행하는 것에 동의하는지 물어보는 연락이 왔는데 어떻게 해야 할까요? 다른 소년들 앞에 서서 재판을 받는다는 것이 과연 좋은 것일까요?

A 청소년참여법정으로 진행하는 것은 여러 모로 유리합니다.

청소년참여법정은 법원에서 미리 위촉한 청소년들로 구성된 참여인단을 소년보호재판의 절차에 참여하게 하는 제도입니다. 참여인단 청소년들이 재판에 참여한다고 해서 그 역할이 보호처분 결정까지 하는 것은 아니고 소년의 성행을 개선하기 위한 부과과제를 정하는 것입니다. 최종적인 보호처분 결정은 소년의 과제 수행 여부를 확인한 후 소년부 판사가 하게 됩니다. 또한 절차 진행 도중 소년의 신원이 알려지지 않게 하기 위한 조치가 마련되어 있으니 크게 부담 갖지 않으셔도 됩니다.

청소년참여법정 사건을 진행하기 위해서는 참여인단 청소년들을 소집해야 하고 따로 기일을 정해야 하는 등 품이 많이 들기 때문에, 소년부 판사로서는 좋은 효과가 기대되는 일부 사건에 한정하여 청소년참여법정 절차를 진행합니다. 그만큼 법원에서 청소년참여법정 절차 진행에 동의하는지 묻는 연락을 받았다면 좋은 기회이므로 적극적으로 응하실 것을 권유합니다.

청소년참여법정에 관한 추가 설명은 4장 '소년법, 뭐가 다른 건가요? - 처분 전 조치' 중 청소년참여법정 부분을 참조하시면 되겠습니다.

Q12 소년보호재판에서 민사소송으로 넘어갈 수 있나요?

A 그렇지 않습니다.

소년보호재판은 기본적으로 형사절차에서 비롯된 것이므로 손해배상 등을 청구하는 민사소송과는 완전히 별개의 절차입니다. 굳이 민사소송이 진행되는 이유는 피해자가 형사고소와 별개로 손해배상청구의 소 등 민사소송을 제기했기 때문이지, 소년보호재판과 민사소송이 직접 연관이 있는 것은 아닙니다.

Q13 소년분류심사원은 재판 후 바로 들어가는 건가요?

A 소년분류심사원에 위탁되는 경우는 통상적으로 3가지 경우
로 나누어 볼 수 있습니다.

그중에서도 비행죄질이 중하고 향후 개선 가능성 등에 대한
면밀한 조사와 교육이 필요하여, 소년부 판사가 심리기일에
서 즉시 심사원에 위탁하는 경우가 가장 많습니다.

소년분류심사원에 위탁되는 것은 임시적인 조치이므로 보호
처분 결정 전에 이루어지고 통상적으로 3~4주 정도 기간이
소요됩니다. 소년분류심사원 위탁에 관한 자세한 설명은 4장
'소년법, 뭐가 다른 건가요? - 소년분류심사원'을 참조하시면
되겠습니다.

Q14 성년이 다 되어 가는 경우라면 소년보호재판에서 형사재판으로 바
뀔 수도 있나요?

A 네, 그렇습니다.

소년법에서는 소년의 연령을 만 19세 미만으로 정하고 있으
므로, 만 19세 이상인 경우는 소년보호재판을 받을 수 없습니
다. 비행을 저질렀을 때뿐만 아니라 재판을 받을 때에도 만 19
세 미만이어야 하므로, 만 19세 이전에 소년부 송치되었다고
하더라도 심리 도중 만 19세를 경과하게 되면 소년재판부는

검사에게 사건을 송치하여 형사재판을 받도록 해야 합니다.

다만, 소년이 보호처분을 받은 이후 접수된 보호처분변경신청 사건에서는 소년의 연령이 만 19세를 넘었다고 하더라도 소년보호재판을 받을 수 있습니다.

Q15 보호처분 1호부터 10호 처분 중에 벌금형은 없나요? 벌금만 물고 끝나게 될 수도 있나요? 혹시 보호처분에 대해서도 집행유예가 가능한가요?

A 벌금형은 보호처분이 아닌 형벌이므로, 보호처분 중에는 벌금과 관련된 것은 없습니다.

보호처분에 관한 개략적인 내용은 5장 '소년은 위한 재판 – 보호처분과 집행감독'을 참조하시면 되겠습니다.

집행유예는 3년 이하의 징역형 또는 금고형을 선고할 경우에 가능합니다(형법 제62조). 보호처분은 형벌이 아니므로 마찬가지로 보호처분에 대한 집행유예는 불가능합니다.

Q16 10가지 보호처분을 정하는 기준은 무엇인가요?

A 1호부터 10호까지의 각 처분을 함에 있어서 어떤 획일적인 기준이 있는 것은 아닙니다.

소년부 판사로서는 다각도로 이루어진 조사와 심리결과를

토대로 소년 개개인과 비행의 특성을 종합적으로 살펴 소년에게 맞는 최적의 보호처분을 찾기 위해 노력하고 있습니다. 특히 소년의 가정에서 소년을 충분히 보호할 수 없는 것으로 조사되었다면 비행 죄질에 관한 고려와는 별도로 위탁보호위원에 위탁(1호 처분), 아동복지시설 등에 위탁(6호 처분) 등 보호처분을 할 수 있다는 점이 소년보호재판의 특색이라고 할 수 있습니다.

각 보호처분의 종류와 그에 관한 상세한 설명이 각 보호처분을 정하는 기준에 관한 최선의 설명이 될 수 있겠습니다. 5장 '소년을 위한 재판'을 참조하시면 되겠습니다.

Q17 소년보호재판을 받으면 소년원 말고도 보내지는 시설이 있다고 들었는데요. 그런 시설에 관해서 알려주세요. 어떤 경우 그런 시설에 가게 되고, 또 기간은 어떻게 되는지 알려주세요. 또, 그런 시설이 소년원과 어떻게 다른 건지도 알려주세요.

A 보호처분으로 소년원이 아닌 시설에 소년이 보내지는 것은 1호 처분 중 신병인수 위탁보호위원 처분과 6호 및 7호 처분으로 가능합니다. 이러한 시설에서 지내야 하는 기간은 6개월이고, 한 차례 연장될 수 있습니다. 1호 시설 처분과 6호 처분은 소년이 가정에서 충분한 보호를 받지 못하여 비행에 이르게 된 경우 이를 보완하기 위해 가정다운 보호력을 발휘해

줄 수 있는 아동복지시설 등에 보내는 것입니다.

이와 같은 시설이 소년원과 가장 크게 다른 점은 민간운영시설이므로 아무래도 공적 시설인 소년원보다는 '가정다운 사랑'을 더 많이 줄 수 있다는 점이라고 하겠습니다. 또한 9호 처분이나 10호 처분과 달리 보호관찰이 함께 부과될 수 있어 시설에서 퇴소한 이후로도 보호관찰관의 지도·감독을 받아야 하고 보호처분변경 신청으로 소년의 변화에 신속히 대응할 수 있다는 점이 장점입니다. 각 시설 처분에 관한 자세한 내용은 5장 '소년을 위한 재판 – 1호 처분, 6호 처분'의 해당 처분 부분을 참조하시면 되겠습니다.

Q18 소년보호재판 결과로 보호처분을 받게 되면 소년에게 전과 기록이 남게 되나요?(속칭 '빨간 줄'이 그어지나요?)

A 통상적으로 '전과'라 함은 법원에서 형사재판을 받았던 전력인 '범죄경력'과 수사기관에서 수사를 받았던 전력인 '수사경력'을 의미합니다. 범죄경력에는 형사재판결과 등이 기록으로 남게 되고, 수사경력에는 형사재판으로 기소되지 않고 수사기관의 수사만으로 종결되는 불기소처분(기소유예, 혐의없음 등) 기록이 남게 됩니다. 소년보호재판은 형사재판이 아니므로 그 결과가 범죄경력으로는 남지 않습니다만, 소년보호사건으로 송치되었다는 사실이 수사경력에는 남게 됩니

다. 이 부분에 관한 자세한 설명은 4장 '소년법 뭐가 다른 건가요? - 전과'를 참조하시면 되겠습니다.

Q19 경찰 조사과정에서 합의할 것을 권유받았습니다. 피해자 측에서 끝까지 합의를 거부하면 반드시 재판을 받게 되나요?

A 형사재판과 소년보호재판은 저지른 잘못에 대한 공적인 처분절차이므로, 피해배상 등에 관한 합의 여부가 형사재판, 소년보호재판의 필요조건이라고 볼 수는 없습니다. 따라서 합의를 했다고 해서 기소 또는 송치되지 않는 것도 아니고, 합의를 하지 않았다고 해서 반드시 기소되거나 송치되는 것도 아닙니다.

그러나 피해자의 피해가 회복된다면 그러한 정상이 처분에 참작될 여지가 많습니다. 만약 경미한 범죄이고 달리 불리한 정상이 없는 상태에서 합의까지 이루어졌다면, 수사단계에서 불기소처분(기소유예 등)을 받을 수도 있고, 형사재판에서는 이를 감안하여 형벌이 감경되거나 집행유예를 받을 수도 있습니다.

소년보호재판에 있어서도 피해자의 피해가 회복되었다는 사정은 중요하게 참작될 수 있습니다. 이 부분에 관한 자세한 설명은 3장 '소년을 법정에서 마주하다 - 절도, 폭행 협박, 성, 교통 관련 범죄'의 앞부분을 참조하시면 되겠습니다.

또한 소년재판부에 사건이 송치된 이후로도 화해를 위한 절차가 마련되어 있습니다. 이 부분에 관한 자세한 설명은 3장 '소년을 법정에서 마주하다 - 폭행 협박 관련 범죄'편의 학교 폭력 부분이나 3장 '소년을 법정에서 마주하다 - 교통 관련 범죄'의 오토바이 부분을 참조하시면 되겠습니다.

Q20   소년보호사건의 피해자입니다. 재판결과가 궁금해서 법원에 문의해 보니 최종적으로 결정되더라도 그 결과를 알려줄 수 없다고 합니다. 왜 그런가요? 그렇다면 재판 중에 피해자가 할 수 있는 일은 뭐가 있나요?

A 소년보호재판의 결과는 비공개가 원칙입니다.

소년법 제70조에서는 소년보호사건과 관계 있는 기관은 그 사건 내용에 관하여 재판, 수사 또는 군사상 필요한 경우 외 의 어떠한 조회에도 응해서는 안 되고, 이를 위반 시 형사처 벌을 받도록 되어 있습니다. 이러한 소년법상 제재 때문에 피 해자라고 하더라도 법원에서 사건의 결과를 알려드릴 수는 없습니다. 다만, 피해자 측에서 손해를 배상받기 위하여 소송 을 제기했다면 해당 소송을 통해 소년재판부에 사실조회 또 는 문서송부촉탁을 신청하는 방법으로 사건기록을 열람하는 것이 가능합니다.

한편, 소년법 제25조의2에서는 피해자 또는 그 법정대리인, 변호인, 배우자, 직계친족, 형제자매가 의견진술을 신청하는 때에는, 이미 심리절차에서 충분히 진술하였거나 심리절차가 현저히 지연될 우려가 있는 경우를 제외하고는 피해자나 그 대리인 등에게 심리기일에 의견진술을 할 기회가 부여되도록 규정하고 있습니다. 이 규정에 따라 피해자 등은 심리기일에 출석하여 자신의 의견을 진술할 기회가 보장되고, 이러한 의견 진술은 소년에 대한 보호처분에 참작될 수 있습니다. 굳이 심리기일에 출석하는 게 부담스럽다면 의견을 기재한 서면을 심리기일 전에 제출하여 보호처분에 참작되도록 할 수 있습니다.

Q21 학교폭력으로 피해 입은 피해자는 어떤 법적인 보호 또는 지원을 받을 수 있나요? 특히 치료비 등은 어떤 절차를 통해 받을 수 있나요?

A 만약 소년이 학교폭력으로 피해를 입었다면 우선 해당 학교에 설치된 학교폭력대책자치위원회를 통하여 보호받을 수 있을 것입니다. 학폭위의 결정으로 서면사과, 접촉금지, 교내봉사, 특별교육, 강제전학 등 다양한 처분이 가능합니다. 학교폭력으로 인한 피해자 보호에 관해서는 3장 '소년을 법정에서 마주하다 – 폭행 협박 관련 범죄' 중 학교폭력 부분을 참조하시기 바랍니다.

학폭위 조치 이외에 법적으로 피해회복을 위한 절차로 가장 대표적인 절차는 민사상 손해배상청구입니다. 치료비 등 직접적인 손해뿐만 아니라 치료받느라 업무에 지장이 생기는 등 간접적인 손해도 배상청구가 가능하고, 정신적으로 입은 손해도 위자료 청구로 가능합니다. 그 외에도 배상명령, 범죄 피해자 보호법상 구호, 형사조정 등 피해회복을 위한 절차가 마련되어 있습니다.

특히 소년법에는 화해권고절차가 규정되어 있습니다. 소년법 상 화해권고절차로 단지 금전적 배상뿐만 아니라 피해소년 의 다친 마음을 치유하고 가해소년과의 관계를 회복하기 위 한 다양한 조치가 가능합니다. 만약 법원에서 화해권고절차 로 진행하는 것에 동의하는지 묻는 연락을 받았다면, 이 절차 로 진행하는 게 여러 모로 유리할 뿐만 아니라 화해권고절차 에서 화해가 강제되는 것도 아니기 때문에 절차 진행에 동의 하실 것을 권유합니다.

위와 같은 피해회복절차의 내용과 한계에 관해서는 6장 '소 년법도 치료가 필요하다 – 피해소년도 보호해야'를 참조하시 기 바랍니다.

Q22 보호관찰 중에 학교를 나가지 않으면 어떻게 되나요? 또는 보호관 찰관의 출석지시에 따르지 않으면 어떻게 되나요?

A 보호관찰 처분(4호 및 5호 처분)에는 보호관찰기간 중 지켜야 하는 일반준수사항과 특별준수사항이 부과됩니다. 보호관찰

관의 지도·감독에 따라야 하는 것은 모든 보호관찰에 부과되는 일반준수사항이고, 특히 소년의 학교수업 출석을 독려할 필요가 있으면 특별준수사항으로 학교출석 의무가 부과될 수 있습니다. 이러한 준수사항에 관한 자세한 설명은 5장 '소년을 위한 재판 - 4호 처분, 5호 처분'을 참조하시면 되겠습니다.

소년이 이러한 준수사항을 위반하는 경우에는 보호관찰소에서 보호처분변경을 신청할 수 있습니다. 통상적으로 보호처분변경신청 사건이 접수된 후에는 소년을 시설에 보내는 등 중한 처분으로 변경하는 것이 필요한지 조사하기 위해 소년분류심사원에 임시위탁할 수 있습니다. 만약 사태가 시급한 경우라면 보호관찰소에서 보호처분변경을 신청하기 전에 법원으로부터 구인장과 유치명령을 발부받아 신속하게 소년분류심사원, 소년원 등에 유치할 수도 있습니다. 그러므로 보호관찰 준수사항은 반드시 잘 지켜야 합니다.

Q23 우리 아이가 한 달 넘게 가출해서 연락이 잘 되지 않습니다. 아직 범죄를 저지른 것 같지는 않은데 나쁜 친구들하고 어울린다고 해서 걱정이 이만저만이 아닙니다. 어떻게 해야 할까요?

A 우범소년 제도와 통고 제도를 이용하면 신속한 해결이 가능합니다.

소년법은 구체적인 범죄를 저지르기 전이라도 정당한 이유 없이 가출하는 경우 등 위험한 비행환경에 처한 소년을 우범소년으로 규정하여 소년보호사건으로 처리할 수 있도록 하고 있습니다. 우범소년 사건이 접수된 후 소년의 신병을 시급히 확보할 필요가 있는 경우에는 동행영장을 발부하고 소년분류심사원에 위탁하는 등으로 즉각적인 보호조치가 가능합니다. 우범소년 제도에 관한 자세한 설명은 4장 '소년법, 뭐가 다른 건가요? - 우범소년'을 참조하시면 되겠습니다.

경찰을 통해 우범소년 사건으로 접수되는 것이 좋겠지만, 만약 그런 절차가 어려운 사정이 있다면 소년의 보호자가 직접 사건을 접수할 수도 있습니다. 바로 법원에 통고하는 것인데, 통상적으로 법원에 비치된 통고서 양식을 기입하는 것으로 가능합니다. 통고에 관한 자세한 설명은 4장 '소년법, 뭐가 다른 건가요? - 통고'를 참조하시면 되겠습니다.

Q24 보육시설에서 소년이 도저히 통제가 안 됩니다. 어떻게 해야 할까요?

A 법원에 통고할 수 있습니다.

보육시설에서 몇몇 소년들이 주도하여 시설 분위기를 안 좋게 만드는 경우가 종종 있습니다. 상태가 너무 심각한 소년에 대해서는 통고로 소년보호재판을 받게 하는 것이 효과적인 경우도 있습니다. 소년보호재판을 통해 단지 벌을 주는 것이 아니라 소년의 심리상태 등 제반 사정을 조사하고, 이를 토대로 교육이나 보호관찰 등 보호처분으로 소년의 성행을 개선시킬 수 있습니다. 다만 통고만으로 소년을 소년분류심사원에 위탁한다거나 다른 시설로 전원 시킬 수 있는 절차라고 오해하시면 안 됩니다.

자세한 설명은 4장 '소년법, 뭐가 다른 건가요? - 통고' 중 사회복리시설장에 의한 통고와 통고의 한계 부분을 참조하시면 되겠습니다.

소년부 판사, 소년법을 답하다

소년을 위한 재판

초판 1쇄 발행 2019년 3월 25일
초판 9쇄 발행 2023년 5월 15일

지은이 심재광

펴낸이 김현숙 김현정
디자인 정계수
만화 작업 신정훈
펴낸곳 공명
출판등록 2011년 10월 4일 제25100-2012-000039호
주소 121-904 서울시 마포구 월드컵북로 402, KGIT 센터 925A호.
전화 02-3153-1378 | **팩스** 02-6007-9858
이메일 gongmyoung@hanmail.net
블로그 http://blog.naver.com/gongmyoung1
ISBN 978-89-97870-35-6 03360

이 도서의 국립중앙도서관 출판시도서목록(CIP)은 서지정보유통지원시스템
홈페이지(http://seoji.nl.go.kr)와 국가자료공동목록시스템(http://www.nl.go.kr/kolisnet)에서
이용하실 수 있습니다. (CIP제어번호 : 2019008681)